METROPOLITAN

In der gleichen Reihe erschienen:

Das Enkelmann-Seminar: Der erfolgreiche Weg
ISBN 3-89623-228-2

Frühwarnsystem Balanced Scorecard
ISBN 3-89623-197-9

Power Assessment
ISBN 3-89623-223-1

Delegieren oder durchdrehen?
ISBN 3-89623-227-4

Leistungskurs Management
ISBN 3-89623-224-X

Training zum Erfolg
ISBN 3-89629-186-3

Fröhlich führen
ISBN 3-89623-201-0

Mit Liebe, Lust und Leidenschaft zum Erfolg
ISBN 3-89623-187-1

Dale Carnegie

Management: Durch Menschenführung zum Erfolg

9., neu bearbeitete Auflage
des US-Bestsellers
„Managing Through People“

Metropolitan Verlag

Die Deutsche Bibliothek – CIP-Einheitsaufnahme

Durch Menschenführung zum Erfolg / Dale-Carnegie-Management. [Aus dem Amerikan. übers. von Uta Goridis]. – 9., neu bearb. Aufl. – Düsseldorf ; Berlin : Metropolitan-Verl., 2001
Einheitssacht.: Managing through people <dt.>
ISBN 3-89623-182-0 (Metropolitan-Verl.)
ISBN 3-8029-0182-7 (Walhalla-Fachverl.)
NE: Goridis, Uta (Übers.);
Dale Carnegie & Associates <Garden City, NY>; EST

Zitiervorschlag:
Dale Carnegie Management,
Durch Menschenführung zum Erfolg,
Düsseldorf, Berlin 2001

Aus dem Amerikanischen übersetzt von Uta Goridis.

9., neu bearbeitete Auflage unter dem Imprint Metropolitan.

Umschlaggestaltung: Gruber & König, Augsburg
Druck und Bindearbeiten: Westermann Druck Zwickau GmbH
Printed in Germany
ISBN 3-89623-182-0 (Metropolitan Verlag)
ISBN 3-8029-0182-7 (Walhalla Fachverlag)

Schnellübersicht

Schnellübersicht

Vorwort zur deutschen Neuausgabe

Heute müssen sich Führungskräfte aller Ebenen neuen Herausforderungen und Veränderungen stellen, die ihnen umfassendes Wissen und Können abverlangen. Das Dale Carnegie Management-Verständnis nimmt sich dieser komplexen Aufgabe mit seinem ganzheitlichen Ansatz an. Es spannt den Bogen von der einleitenden und motivierenden Vision zu alltäglichen Vorgängen der Kommunikation und Kontrolle. Heute müssen Führungskräfte ihr Vorgehen in vieler Hinsicht durchdenken und dabei die Gefahr vermeiden, einzelne Bereiche auf Kosten des Ganzen überzubewerten.

Bis Ende der siebziger Jahre standen die rationalen und kalkulierbaren Planungs- und Organisationsaufgaben des Managers im Zentrum des Interesses. Dieses wenig mitarbeiterorientierte Managementverständnis wurde Anfang der achtziger Jahre zunehmend kritisiert, insbesondere seit der Arbeit von Peters und Waterman *Auf der Suche nach Spitzenleistungen.* Sie betonten, dass die erfolgreichsten Unternehmen großen Wert auf die „weichen" Faktoren von Kommunikation und Motivation, von Kreativität und bildhafter Vision legen. Dass dieser Ansatz auch zu Übertreibungen führte, hat der zunehmende ökonomische Druck der neunziger Jahre deutlich gemacht. Keine Führungskraft darf trotz Mitarbeiter- und Kundenorientierung die Verantwortung für zahlenmäßige Ergebnisse aus den Augen verlieren. Der besondere Wert des vorliegenden Buchs liegt darin, dass es „weiche" und „harte" Managementfaktoren verbindet und auf *wirtschaftlichen Erfolg durch motivierte Mitarbeiter* abzielt.

Dieses Buch versucht nicht, Führungswissen auf einige universelle Faustregeln zu reduzieren. Es ist dennoch ein praktisches Buch. Mit seinen Ideen und Konzepten haben sich Tausende von Führungskräften in Dale Carnegie Management-Seminaren auseinander gesetzt, sie praktisch erprobt und zum Gewinn für Unternehmen und Mitarbeiter genutzt. Einsichten aus der Unternehmenspraxis sind über Jahre in die Revisionen des Buchs eingeflossen. Aus diesem Grund haben wir die deutsche Ausgabe etwas überarbeitet und gestrafft. Beispiele von Seminarteilnehmern aus dem deutschsprachigen Raum sind dafür ein Beweis. Weitere Resultate aus der Praxis geben Ihnen die genannten Veranstalter am Ende des Buchs.

Die Leser dieses Buchs werden neue Einsichten gewinnen und sich alte in Erinnerung rufen. Wir empfehlen Ihnen darüber hinaus, dass Sie diese Einsichten erproben und umsetzen. Benutzen Sie dieses Buch als Arbeitsanleitung. Tun Sie, was die Teilnehmer unserer Seminare auch tun – setzen Sie die Ideen schrittweise in Ihre Praxis um! Machen Sie beim Lesen ab und zu eine Pause. Entwickeln Sie Ihre unternehmerische Vision. Stellen Sie einen Plan für Ihre Karriere oder Ihr Unternehmen auf. Entwickeln Sie neue Strategien. Entwerfen Sie ein neues Organisationsschema. Führen Sie Delegations- und Kritikgespräche mit System. Lesen Sie nicht nur über Mitarbeitermotivation, sondern verbessern Sie tatsächlich Ihr Motivationsverhalten.

Die Folgen werden schnell sichtbar: Kosteneinsparungen, neue Investitionsmöglichkeiten, engagierte Mitarbeiter, Senkung von Krankenstand und Fluktuation, Wettbewerbsvorteile, neue und zufriedenere Kunden, mehr Freizeit …

Angesichts des zunehmenden Wettbewerbs, notwendiger Rationalisierungsmaßnahmen und steigender Qualitätsanforderungen ist das vorliegende Buch ein wertvoller Richtungsweiser, da es nicht modischen Strömungen folgt, sondern bewährte Führungsprinzipien weiterentwickelt. Denn langfristig lassen sich unternehmerische Ziele nur mit respektierten und motivierten Mitarbeitern verwirklichen.

Dale Carnegie Training®, Deutschland

Bestseller-Autor Dale Carnegie, der bekannteste Experte für Menschenführung und Rhetorik, lädt Sie ein, Ihre Qualitäten als Manager zu testen.

Testen Sie: Ihre Manager-Qualitäten

1. Wenn ein Gerücht in Ihrer Firma aufkommt, sollten Sie

☐ es nicht beachten – es verschwindet so schnell wie es aufkam
☐ sofort Maßnahmen ergreifen: Jedes Gerücht kann die Firma schädigen

Die Antwort finden Sie auf Seite 196.

2. Kontrollsysteme werden

☐ als maschinengleiche Überwachung empfunden
☐ gerne akzeptiert, wenn sie richtig erklärt werden

Die Antwort finden Sie auf Seite 313.

3. Was ziehen Sie vor?

☐ Mitarbeiter anzutreiben oder
☐ Mitarbeiter anzuleiten?

Was richtig ist, finden Sie auf Seite 218.

4. Sind Führungsqualitäten angeboren und nicht erlernbar?

☐ Ja
☐ Nein

Die richtige Antwort steht auf Seite 211.

5. Wenn Sie Entscheidungen treffen,

☐ treffen Sie sie alleine und verkünden sie dann
☐ sprechen Sie das Problem erst durch, holen Sie Vorschläge ein und treffen dann erst die Entscheidung
☐ überlassen Sie es Ihren Mitarbeitern, die meisten Entscheidungen selbst zu treffen

Was richtig ist, finden Sie auf Seite 210.

6. Ist Ihre Einstellung zu Mitarbeitern: „Solange ich Sie nicht kritisiere, wissen Sie, dass Sie alles richtig machen."

☐ Ja
☐ Nein

Die richtige Einstellung finden Sie auf Seite 241.

Teil I
Der Manager als Führungskraft

I

Von selbst geschieht nichts auf dieser Welt
Dinge müssen in Gang gebracht werden.

John M. Hay

Richtlinien für wirkungsvolles Management

Was jeder Manager wissen soll:

- Mitarbeiter müssen zur Erreichung angestrebter Ziele zur Kooperation angeleitet werden – der Wert eines Managers gründet sich allein auf die Beziehung zu seiner Firma und zu den Menschen, aus denen sie sich zusammensetzt.
- Das Persönlichkeitsbild einer Führungskraft, einschließlich ihrer grundsätzlichen Einstellung dem Leben und besonders anderen Menschen gegenüber, ist entscheidend für Erfolg oder Nichterfolg als Manager.
- Die möglichst weitgehende Annäherung der Ziele der Firma mit den beruflichen Zielen des einzelnen Mitarbeiters ist von größter Wichtigkeit. Diese Ziele befinden sich in gegenseitiger Wechselbeziehung und müssen deshalb im Einklang stehen und miteinander wachsen.
- Es ist die wichtigste Aufgabe des Managers, seine Mitarbeiter aufzubauen und ihnen zum Erfolg zu verhelfen. Nur erfolgreiche Menschen erreichen Ziele.

1. Der Manager als Führungskraft

In allen Organisationen, ob es sich um Konzerne, mittlere oder kleinere Betriebe, Regierungsbehörden oder gemeinnützige Institutionen handelt, übernehmen Manager zwei unterschiedliche Rollen, die sie gut ausbalancieren müssen: die Rolle des Strategen und die der Führungskraft. Worin unterscheiden sich die Zielsetzungen dieser Rollen? Wo überschneiden sie sich?

Jeder Manager sollte Folgendes tun:

- Sein Hauptaugenmerk darauf richten, dass Ergebnisse erzielt und nicht nur Arbeiten ausgeführt werden.
- So wirkungsvoll planen und organisieren, dass die angestrebten Ziele erreicht werden. Er soll seine mit einer Aufgabe betrauten Mitarbeiter so leiten und koordinieren, dass jeder sein Bestes gibt.
- Wichtige und umfangreiche Ziele in Einzelziele teilen, die jeder bewältigen kann, und diese Aufgaben geeigneten Mitarbeitern übertragen. Dabei müssen für die erwarteten Resultate zeitliche Grenzen festgesetzt und Kontrollen eingerichtet werden, um Abweichungen von den erwarteten Ergebnissen zu vermeiden.
- Wirksame Leistungsnormen festlegen, damit alle Beteiligten erfolgreich mitarbeiten und wissen, was von ihnen erwartet wird und woran ihre Leistungen gemessen werden.
- Dafür sorgen, dass in seiner Firma eine auf Resultate abzielende Grundeinstellung entsteht, damit jeder Mitarbeiter Initiative entwickelt und seine Ziele mit Selbstvertrauen anstrebt.
- Seine Mitarbeiter zu Spitzenleistungen motivieren.
- Kreativ sein und anderen helfen, ihre kreativen Fertigkeiten zu entfalten.
- Aufgaben sinnvoll delegieren und so kontrollieren, dass das Geplante erreicht wird.
- Die Aufgaben aller Mitarbeiter innerhalb und außerhalb eines Unternehmens ständig so zu koordinieren, dass die Zusammenarbeit aller sich auf die gewünschten Resultate konzentriert.

- Seine eigenen sowie die kontinuierlichen Unternehmensziele kennen und ständig anstreben und seine Arbeit und die Arbeit seiner Mitarbeiter darauf ausrichten.
- Einen Führungsstil praktizieren, der bei seinen Mitarbeitern Einsatzfreude, gute Teamarbeit und Systematik in der Erledigung der anstehenden Aufgaben bewirkt.

Management ist die Fähigkeit, angestrebte Ziele durch wirkungsvolle Nutzung der Ressourcen zu realisieren. Die fünf grundlegenden Ressourcen eines Managers sind:

- Geld
- Material
- Maschinen
- Methoden
- Mitarbeiter

In der strategischen Rolle des Managers sind vor allem die ersten vier Bereiche bedeutsam.

Geld: Der Begriff beinhaltet sowohl Kapitalaufwand wie Betriebskapital. Manager müssen das für ihren Bereich bereitgestellte Budget optimal nutzen. Sie müssen wissen, dass Geld, das heute ausgegeben wird, morgen Geld einbringen kann. Und sie müssen abschätzen können, was bei einer Investition zurückfließt. Geld bewegt die Welt. Es ist der gemeinsame Nenner, der alle Phasen eines Geschäfts miteinander verbindet. Finanzmanagement ist für den Betrieb so wichtig wie Blut für den menschlichen Organismus.

Material: In einem Industriebetrieb sind das Rohmaterialien und Fertigprodukte. In einem Großhandels- oder Einzelhandelsbetrieb gehört der ganze Warenbestand dazu. Selbst im Dienstleistungsgewerbe spielt Material eine gewisse Rolle.

Maschinen: Die richtige Auswahl und optimale Nutzung von Maschinen, einschließlich der Computer und Büromaschinen sowie der in Fabriken, Geschäften und anderen Gewerberäumen benötigten Anlagen, gehört zu den wichtigsten Aufgaben eines Managers.

Methoden: Hervorragende Manager beherrschen Verfahren und Techniken, mit denen sie die verschiedenen anderen Ressourcen organisieren und nutzen.

Diese vier Ressourcen erfordern technisches Know-how. Finanzexperten sind mit den Feinheiten der Finanzplanung vertraut und wissen, wie man Geld arbeiten lässt. Ingenieure und Manager beurteilen, welche Maschinen und Materialien geeignet sind und wie man sie am besten nutzt. Techniker und Systemanalytiker entwickeln die besten Methoden zur Bewältigung ihrer Aufgaben. Diese Fähigkeiten sind unabdingbare Voraussetzung, um die Unternehmensziele zu erreichen.

Mitarbeiter: Der amerikanische Industrielle Andrew Carnegie soll gesagt haben, wenn er gezwungen wäre, auf die ersten vier Ressourcen zu verzichten (Geld, Material, Maschinen und Methoden) und ihm nur noch seine Mitarbeiter zur Verfügung stünden, könnte er jederzeit von vorne anfangen und in relativ kurzer Zeit sein Wirtschaftsimperium wieder aufbauen. Keine der vorgenannten Ressourcen bedeutet etwas ohne Mitarbeiter. Die Kraft der Mitarbeiter effektiv einzusetzen, kann Defizite bei anderen Ressourcen ausgleichen. Schlechte Mitarbeiterführung stellt jedoch die beste Organisation aller übrigen Ressourcen in Frage.

Management hängt davon ab, dass Menschen nicht nur Hände haben, um Maschinen zu bedienen, sondern auch Köpfe, um zu denken, zu organisieren und den reibungslosen Ablauf zu garantieren.

Nach Peter F. Drucker, einem der bedeutendsten Management-Theoretiker unserer Zeit, besteht Management vor allem in der Führung von Menschen: „Menschen sind der Schlüssel zum Erfolg.“ Effektive Personalführung ist der entscheidende Faktor, der Erfolgreiche von Erfolglosen unterscheidet.

Die Rolle des Managers als Führungskraft umfasst sämtliche Aspekte des Umgangs mit Menschen in seinem Bereich. Es beginnt damit, dass er Mitarbeiter auswählt. Danach muss ihr Potenzial entwickelt werden. Der Einweisung und dem anfänglichen Training folgen weitere Entwicklungsprogramme. Der Manager gibt die Impulse; er motiviert seine Mitarbeiter, fördert ihre Kreativität sowie Kooperationsbereitschaft und hält sie an, Teamgeist zu entwickeln. Wird die Arbeitsleistung eines Mitarbeiters durch Probleme beeinträchtigt, bietet der Manager seinen Rat an und hilft ihm, seine alte Leistung zu erbringen. Manager bewerten die Leistung ihrer Mitarbeiter in regelmäßigen Abständen und arbeiten mit ihnen zusammen, um Fähigkeiten und Motivation so zu entwickeln, dass sie ihre Aufgaben optimal erfüllen.

All das gehört zur Rolle des Managers als Führungskraft, die sich jedoch von der strategischen Rolle nicht trennen lässt. Es mag ein verlockender Gedanke sein, über Geld, Material, Maschinen und Methoden zu verfügen und zu hoffen, dass die Mitarbeiter mitmachen. Und für manche Manager ist es bestimmt genauso verlockend, sich ausschließlich auf Personalprobleme zu konzentrieren und anzunehmen, dass die anderen Bereiche von selbst liefen.

Warum der Manager versagt

- Er scheut sich vor Verantwortung und schiebt gewöhnlich anderen die Schuld zu, wenn Dinge schief gehen.
- Er unterlässt es, unter seinen Untergebenen eine gute Arbeitsmoral zu entwickeln und aufrechtzuerhalten.
- Er kann Probleme nicht feststellen und lösen.

noch: Warum der Manager versagt

- Er kann nicht mit Menschen umgehen. (Mangel an Takt, Bevorzugung Einzelner oder harte Kritik an anderen).
- Er kann nicht wirkungsvoll planen und organisieren, verliert sich in Einzelheiten.
- Er ist nicht flexibel, hört nicht auf andere und ist vollkommen ich-bezogen.
- Er ermutigt seine Mitarbeiter nicht, ihre Ideen und Vorschläge einzubringen.
- Er entwickelt keinen Teamgeist.
- Er ist aufbrausend, leicht gekränkt, temperamentvoll und reagiert auf echte und vermutete Kritik überempfindlich.
- Er denkt nicht im Sinne seines Unternehmens, arbeitet nicht mit anderen Managern und Abteilungen zusammen.
- Er baut seine Mitarbeiter nicht auf.
- Er hat wenig Selbstvertrauen.
- Er kann seine Vorstellungen und Gedanken weder mündlich noch schriftlich klar und präzise ausdrücken.
- Er überprüft nicht, ob die Zielvorgaben erreicht werden.
- Er widersetzt sich Neuerungen, hat Angst vor neuen Ideen.
- Er kann schlecht Entscheidungen treffen, schiebt sie auf die lange Bank oder zieht voreilige Schlüsse.
- Er ist unfähig, Anweisungen zu befolgen. Er hört nicht genau zu und stellt keine Rückfragen, um eine Situation zu klären.
- Er hat einen Mangel an Selbstmotivierung.
- Er übernimmt ungern zusätzliche Verantwortung.

Gutes Management schöpft sämtliche verfügbaren Ressourcen aus. Ebenso wichtig ist es jedoch, die Führungsrolle selbst richtig einzuschätzen. Nur wenn die Person an der Spitze Stratege und Führungskraft zugleich ist, lassen sich die angestrebten Ziele verwirklichen.

Es gibt genügend Bücher mit dem Schwerpunkt auf Geld, Material, Maschinen und Methoden. Dieses Buch wird besonders die Führungsrolle des Managers betonen, damit Ziele durch die engagierte Kooperation der Mitarbeiter erreicht werden.

Zur Geschichte des Management-Begriffs

In der ersten Hälfte dieses Jahrhunderts unternahm der Ingenieur Frederick W. Taylor die ersten Schritte zu einer Theorie *wissenschaftlicher Unternehmensführung*. Taylor wollte die Produktivität steigern. Bisher hatten bei den meisten Entscheidungen das Fachwissen und die Erfahrung der unmittelbaren Vorgesetzten den Ausschlag gegeben. Führungskräfte verließen sich auf ihr eigenes begrenztes Wissen und die Firmentradition. „So haben wir das immer gemacht", lautete die Parole.

Taylor dagegen studierte die verschiedenen Tätigkeiten und bestimmte, wie sie sich am besten durchführen ließen. Seine Absicht war, für jeden Arbeitsschritt spezifische Verfahren auszuarbeiten, die Zeit für jede Teiltätigkeit zu berechnen und gut funktionierende Systeme für den Umgang mit den Materialien zu entwickeln. Sein Konzept einer wissenschaftlichen Unternehmensführung fand großen Anklang und wurde von zahlreichen Industrieunternehmen übernommen. Es hat diesen Unternehmen eine Menge Kosten erspart, die durch die übliche Material- und Zeitverschwendung entstanden wären. Und es vereinfachte für die Arbeiter die Arbeitsabläufe. So ließen sich die Produktionsziele mit geringerem Kraftaufwand erreichen und überdies auch ungelernte Arbeitskräfte beschäftigen.

Taylors Ideen wurden in der Fertigungsplanung weiterentwickelt und differenziert: Seine berühmtesten Nachfolger waren Frank und Lillian Gilbreth. Sie setzten Zeit und ausgeführte Bewegung miteinander in Beziehung. Jede Arbeit wurde in bestimmte Schritte aufgeteilt und die genaue Zeit gemessen, die für jede Bewegung nötig war. Die Tätigkeiten wurden so einfach konzipiert, dass Arbeiter sie mit einem Minimum an Zeit und Energie ausführen konnten. Die Suche der Gilbreths nach dem *bestmöglichen Weg* wurde zum Schlagwort.

Obwohl hierdurch eine höhere Produktivität erreicht wurde, entstanden neue Probleme. Arbeiter wehrten sich gegen die Art, mit der so genannte „Effizienz-Experten" ihre Arbeitskraft verplanten. Gewerkschaften erklärten, Fertigungsplanung wäre nur ein Vorwand, um die Leute noch mehr anzutreiben. Sie sabotierten die Programme, indem sie eigene Produktivitätsmaßstäbe einführten, die weit unter denen des bestmöglichen Wegs lagen. Manager verließen sich jedoch bereits auf die wissenschaftlichen Techniken, mit denen sie alle ihre Probleme zu lösen hofften. Sie vergaßen aber dabei, dass der Mensch der ausschlaggebende Faktor hinter der Maschine war. Die analytische Methode erfüllte zwar ihren Zweck, aber etwas fehlte.

Das fehlende Glied wurde durch ein Experiment entdeckt, das Elton Mayo und Fritz Roethlisberger Ende der zwanziger und Anfang der dreißiger Jahre in den Chicagoer Hawthorne-Werken von General Electric durchführten. Sie sollten die Auswirkung physikalischer Veränderungen der Arbeitsplatzbedingungen auf die Leistung der Fließbandarbeiterinnen feststellen. Mayo und sein Team wählten willkürlich eine Gruppe von Frauen aus, die zu Beobachtungszwecken in einem besonderen Raum untergebracht wurden. Die Temperatur wurde abwechselnd erhöht oder gesenkt, die Beleuchtung wurde verändert. Zu ihrer Überraschung stellten die Wissenschaftler fest, dass sich die Leistungen der Arbeiterinnen kontinuierlich steigerten, ganz unabhängig von den jeweiligen Veränderungen. Mayo und Roethlisberger haben mehrere Jahre lang die Hintergründe dieser Situation untersucht. Sie kamen zu dem Schluss, dass die Arbeiterinnen nicht auf die physisch erfahrbaren Arbeitsbedingungen, sondern auf die Arbeitssituation allgemein reagierten. Die Erhöhung der Leistung hing also von so unmessbaren Größen ab wie der Sympathie, die die Frauen füreinander empfanden (Wir-Gefühl), und dem Gefühl, etwas „Besonderes" zu sein, als Menschen und nicht nur als Hände am Fließband wahrgenommen zu werden.

Die Aufmerksamkeit des Managements war damit auf den Faktor Mensch gelenkt. Menschen sind keine Maschinen, und Menschenführung kann nicht rein mechanistisch angegangen werden.

Der Faktor Mensch rückte immer mehr in den Mittelpunkt des Interesses. Verhaltenswissenschaftliche Erkenntnisse finden inzwischen auch im Management Anwendung. Aus den Bereichen der Psychologie, Soziologie, Anthropologie und verwandten Disziplinen wurden ebenfalls viele neue Erkenntnisse übernommen, deren Anwendung in der Praxis nicht nur zu einer Steigerung der Leistungsfähigkeit, sondern ebenso des allgemeinen Wohlbefindens führte. Durch diese erfreuliche Entwicklung finden immer mehr Menschen in ihrer Arbeit persönliche Erfüllung. Dale Carnegie leistete Pionierarbeit bei der Anwendung zwischenmenschlicher Beziehungen im Managementbereich. Sein Standardwerk *Wie man Freunde gewinnt* wurde sofort zum Bestseller. Die Leser erkannten, wie wichtig es für ihr eigenes Privat- und Berufsleben war.

Auch in Deutschland fand das Thema „Humanisierung der Arbeitswelt" Eingang in die Literatur und namhafte Schriftsteller bemühten sich, hier einen Beitrag zu leisten.

Nachdem die Automobilhersteller die Entmenschlichung der Arbeit und die daraus resultierenden Nachteile erkannt hatten, gab es bei den Produktionsmethoden bald Änderungen. Der schwedische Automobilhersteller Volvo war einer der ersten, der das laufende Band abschaltete und schon 1971 seine Fahrzeuge in Gruppen zusammenbauen ließ. „Teilautonome Gruppen" nannte man die Teams. In Italien ging man ebenfalls diesen Weg. Lancia und Alfa Romeo übernahmen das schwedische Modell und hatten damit großen Erfolg. Die Motivation der Arbeiter stieg, die Qualität der Produkte wurde verbessert und auch die Qualifikation der Arbeitnehmer wurde weiterentwickelt.

Heute geht der Trend dahin, dass die früher so nervtötenden und monotonen Verrichtungen entweder in Billiglohn-Länder vergeben werden oder, dank der sich rapide entwickelnden Computertechnologie, in vollautomatischen Fertigungszentren stattfinden.

Was früher bei den automatischen Webstühlen vorexerziert wurde, das kann heute auf so komplizierte Vorgänge wie die Herstellung von Automotoren übertragen werden. Bekannt ist zum Beispiel, dass an den in den Fiat Uno eingebauten FIRE-Motor keine Hand mehr angelegt wird. Auch bei den japanischen Autoherstellern beaufsichtigen nur wenige Ingenieure und Techniker die Herstellung der Motoren.

So von der „Kärrner-Arbeit" befreit, ist es möglich geworden, die Kreativität des Einzelnen oder der Gruppe in den Arbeitsprozess einzubringen. Das musste selbstverständlich Einfluss auf die Führungsarbeit, auf den Tätigkeitsbereich des Managements haben. Gruppen- oder Teamarbeit, Qualitätszirkel, all diese heute nicht mehr exotischen Methoden, gingen mit der technischen Weiterentwicklung einher.

POLKK – oder die fünf Primärfunktionen des Managements

Welcher Techniken bedienen sich erfolgreiche Manager, um ihre Ziele zu erreichen? Wie nutzen sie diese fünf Funktionen, um ihre Erfolgschancen zu optimieren? Die wesentlichen Techniken lassen sich in dem Akronym POLKK zusammenfassen:

- **P** für **p**lanen
- **O** für **o**rganisieren
- **L** für **l**eiten
- **K** für **k**oordinieren
- **K** für **k**ontrollieren.

Planen

Bevor etwas unternommen werden kann, muss ein Aktionsplan entwickelt werden. Planung beginnt mit der Festlegung eines Ziels oder der Ziele, die erreicht werden sollen. Dann erfolgt eine genaue Beschreibung der einzelnen Schritte zum Erreichen dieser Ziele.

Bei der Entwicklung und Durchführung eines Plans dürfen diese Ziele nie außer Acht gelassen werden. Die Zielvorgabe bei geschäftlichen Transaktionen besteht meist darin, Gewinne zu erwirtschaften. Dies wird im nächsten Kapitel noch eingehender behandelt. Es gibt jedoch auch andere Ziele, die berücksichtigt werden müssen, wenn ein Plan erfolgreich sein soll.

Planung kann kurz-, mittel- oder langfristig sein. Betriebe planen häufig auf Jahre hinaus: Wichtig ist diese Planung vor allem, wenn Geld, Einrichtungen und Führungskräfte langfristig gebunden sind. Langfristige Pläne werden häufig aus kurz- und mittelfristigen Zielsetzungen laufender Geschäfte abgeleitet. Manche Pläne werden für Situationen erstellt, die sich wiederholen: Auf diese Weise vermeidet man, dieselben Probleme ständig neu zu erörtern.

Planen bedeutet aber auch, Alternativen zur Lösung eines Problems zu entwickeln, damit der Manager auswählen kann und sich nicht auf eine Lösung beschränken muss. Wer solche Alternativen haben möchte, muss die Kreativität seiner Planer fördern.

> Die meisten Menschen besitzen kreative Fähigkeiten. Ein gutes Management hilft ihnen, dieses Potenzial zu entwickeln. Je kreativer die Planer sind, desto eher werden sie mehrere Alternativen anbieten.

Ein weiteres wichtiges Moment beim Planen ist die Entscheidungsfindung. Manager können in ihrem Unternehmen nur aufsteigen, wenn sie sinnvolle Entscheidungen treffen. In großen Firmen werden Beschlüsse häufig im Team gefasst. Ein Manager muss wissen, wie er seine Mitarbeiter motiviert, bei der Entscheidungsfindung und der Durchführung eines Beschlusses mitzuwirken. (Das Thema Planung wird in Teil II des Buches ausführlich erörtert.)

Organisieren

Wenn Pläne aufgestellt sind, muss der Betrieb so organisiert werden, dass sie auch durchgeführt werden können. Befinden sich Unternehmen in einer Phase starken Wachstums, wird die Notwendigkeit einer den veränderten Bedingungen angepassten Organisationsstruktur besonders dringlich.

Die Betriebsstrukturen sind meist hierarchisch angelegt. Jede Führungskraft hat die Kontrolle über eine Gruppe ihr untergeordneter Verantwortlicher; sie wiederum ist ihrem Vorgesetzten Rechenschaft schuldig und so weiter. Um die Bedeutung einer solchen Struktur zu verstehen, muss man die Positionen innerhalb der Organisation genau beschreiben und in Beziehung zueinander setzen.

Um vom Fachwissen der Experten zu profitieren, haben die meisten Unternehmen ihre Struktur in Stabs- und Linienstellen eingeteilt. Linienmanager sind direkt verantwortlich für ihre Mitarbeiter und die Funktionen in ihrem Bereich. Stabskräfte konzentrieren sich auf ihr jeweiliges Spezialgebiet. Diese Gruppen zu integrieren, ist eine der schwierigsten Aufgaben im modernen Management.

In den meisten Firmen gibt es zudem eine informelle Struktur – ein Geflecht persönlicher Beziehungen, das manchmal im Sinne der formalen Struktur, manchmal aber auch gegen sie arbeitet. Gute Manager müssen diese informellen Gruppen identifizieren und mit ihnen (oder auch gegen sie) arbeiten. Sie müssen wissen, welchen Einfluss diese auf die Unternehmenspolitik und -führung haben.

Um die Organisationsstruktur für sich zu nutzen, muss ein Manager delegieren können. Ein Teil seiner Arbeit und seiner Autorität kann an seine Mitarbeiter delegiert werden. Natürlich ist der Manager immer noch verantwortlich; wenn er jedoch geschickt delegiert, stehen die Chancen gut, dass seine Abteilung ihre Ziele erreicht.

Leiten

Die Struktur einer Organisation ist vergleichbar mit einem Skelett: So wie dieses erst durch seine Umhüllung mit Muskulatur zu einem funktionsfähigen Ganzen wird, so wird die Organisation erst durch ihre Ausstattung mit Menschen funktionstüchtig. Gute Mitarbeiterführung beginnt mit der sorgfältigen Auswahl von Mitarbeitern.

Um *die richtige Person für die richtige Stelle* ausfindig zu machen, muss diese Stelle sorgfältig analysiert werden. Nur so kann man die Faktoren bestimmen, die eine erfolgreiche Besetzung garantieren. Anschließend erfolgen Suche, Auswahl und Training der geeigneten Personen. Danach sollte ein durchgängiges, konsequentes Programm angeboten werden, das Orientierungshilfen und Motivation für die neuen Mitarbeiter enthält.

Einer der wichtigsten Aspekte bei der Personalführung ist die Kommunikation. Eine wirkliche Führungskraft sollte ihren Mitarbeitern Ideen, Richtlinien, Einstellungen und Zielsetzungen vermitteln können und auch sicher sein, dass diese von ihnen akzeptiert werden. Außerdem muss der Manager ihr Denken, ihre Gefühle, Hoffnungen und Nöte aufmerksam registrieren.

Der direkte Kontakt zu seinen Mitarbeitern gibt dem Manager die besten Erfolgsgarantien. Sein Führungsstil wird sich im Betriebsklima seiner Abteilung widerspiegeln. Zwischen guter Mitarbeiterführung und hoher Produktivität besteht ein direkter Zusammenhang.

Die Verhaltensforschung hat in Bezug auf Führungsverhalten und Motivation wertvolle Hinweise geliefert. Wer diese Prinzipien begreift und anwendet, wird immer die bessere Führungskraft sein. Führen setzt voraus, dass man seine Mitarbeiter kennt und versteht. In Teil IV werden wir auf einige Vorschläge der Psychologen zum Thema Zusammenarbeit eingehen und versuchen, sie auf den Alltag des Managers zu übertragen.

Außerdem werden wir uns mit Fragen der Disziplin und anderen Personalproblemen auseinander setzen. Ein Manager kann viele dieser Probleme verhindern. Solange wir es mit Menschen zu tun haben, werden wir uns auch mit ihren Schwächen befassen müssen. Wenn solche Probleme auftreten, muss der Manager sie analysieren und eine Lösung finden, die im Einklang mit den Unternehmenszielen steht.

Koordinieren

Dass die Koordination einzelner Arbeitsprozesse wichtig wird, wenn eine Tätigkeit verschiedene Bereiche umfasst, versteht sich von selbst. Wie sie das ohne großen Zeitaufwand erreichen können, darüber machen sich Führungskräfte schon lange Gedanken.

Ein Teil des Koordinationsprozesses kann in die Organisationsstruktur integriert werden. Einiges wird sich auch aus dem Verhalten der Führungskräfte ergeben.

Manchmal ist Koordination auch auf Ausschüsse angewiesen, die sich aus Experten der betreffenden Gebiete zusammensetzen. Gelegentlich wird eine Stabsstelle hinzugezogen. In anderen Fällen ist die Koordination informell. Wenn aber jeder Beteiligte die Ziele kennt, wird die Koordination trotzdem gelingen.

Kontrollieren

Wollen wir uns vergewissern, ob unsere Pläne auch tatsächlich realisiert werden, müssen wir Kontrollinstanzen schaffen. Manager tragen die Verantwortung dafür, dass Zielvorgaben erreicht werden, und das ist durch Kontrollen nachprüfbar. Die wichtigsten Hilfsmittel des Kontrollprozesses sind Leistungsnormen, die in quantitativen Einheiten ausgedrückt werden. Sie dienen als Richtwerte, an denen die tatsächlich erbrachten Leistungen gemessen werden.

Es gibt viele Wege, Leistungsnormen festzusetzen. Dies geschieht zum Beispiel bei Budgets, Verkaufsberichten, Produktionstabellen und Bilanzen. Sie erfüllen stets den Zweck, Abweichungen von vorgegebenen Leistungsnormen festzustellen. Dadurch findet ein Manager schnell seine Problembereiche.

Schwieriger ist es, immaterielle Aspekte der Arbeit zu kontrollieren, wie Firmenimage, Mitarbeitermoral, Kundenakzeptanz oder Personalentwicklung. Da diese schwer messbar sind, können sie auch schwer kontrolliert werden. Dennoch hat die Managementforschung dafür Hilfsmittel und Konzepte entwickelt.

In Teil V werden die Koordinations- und Kontrollmethoden für messbare und nicht messbare Größen analysiert und für die Managementpraxis nutzbar gemacht.

Der P/E-Faktor

Ein Unternehmen muss gute Ergebnisse erzielen, wenn es überleben will. Ergebnisse werden gewöhnlich in betriebswirtschaftlichen Begriffen ausgedrückt – Gewinn, Rendite oder Kostenminimierung.

Genauso wichtig ist es jedoch, das menschliche Potenzial zu entwickeln. Wird es vernachlässigt, können keine guten Ergebnisse erzielt werden. Orientiert sich das Management ausschließlich an Ergebnissen, können diese vielleicht kurzfristig erreicht werden, höchstwahrscheinlich aber auf Kosten langfristiger Zielsetzungen.

Im September 1981 gründeten Rainer Klaus und sein Freund Kurt Weissen ein eigenes Unternehmen, den Computer-Reparatur-Service „Compu-Flash GmbH". Ein Jahr später klappte die Zusammenarbeit der beiden Freunde nicht mehr so recht. Sie trennten sich und wurden Konkurrenten.

Rainer Klaus strebte die Marktführerschaft im Bereich der Computer-Reparatur an. Er trieb seine Mitarbeiter zu höchster Produktivität. Rentabilität und größtmöglicher Profit waren seine Hauptziele. Dabei legte Rainer Klaus nur sehr wenig Wert auf die Weiterentwicklung seiner Mitarbeiter.

Kurt Weissen hingegen legte größten Wert auf die persönliche und berufliche Weiterbildung seiner Mitarbeiter. Er ermutigte sie zu eigenen Ideen und selbstständigen Entscheidungen.

Heute hat Rainer Klaus sehr viel Geld verdient. Sein Hauptziel – Profit – hat er in jedem Jahr voll erreicht. Aber von seinem langfristigen Ziel, der Marktführerschaft, ist er immer noch weit entfernt.

Kurt Weissen hingegen wurde einer der Marktführer in der Computerbranche. Seine Gewinne sind sogar 10mal so hoch wie die von Rainer Klaus. Warum? Kurt Weissen hatte verstanden, dass, wenn er sich nicht um die Weiterentwicklung seiner Mitarbeiter kümmert, nur ein Teil von deren tatsächlichen Fähigkeiten genutzt würde. Wird dieses Potenzial gebunden, bleiben langfristige Ziele und womöglich sogar das Überleben des Unternehmens auf der Strecke.

Wie können Sie dieses Potenzial „anzapfen“?

Das Management muss sich darum kümmern, dass sich P-Faktor (menschliches Potenzial) und E-Faktor (gewünschte Ergebnisse) die Waage halten. Wird das Gewicht zugunsten des E-Faktors verlagert, können kurzfristige Ziele vielleicht realisiert werden, aber langfristige werden darunter leiden. Wird das Gewicht zugunsten von P verlagert (zum Beispiel Überbetonung des Trainings und der Personalentwicklung auf Kosten der Ergebnisse), wird das Unternehmen kaum genügend erwirtschaften, um im Geschäft zu bleiben.

Es kann ratsam sein, den Zeiger der Waage für kurze Zeit nach E oder P ausschlagen zu lassen, so unter anderem dann, wenn ein Crash-Programm eingeführt wird und alles nur auf seinen Erfolg ausgerichtet ist.

Manche Unternehmen oder Unternehmensbereiche orientieren sich vor allem an P, um langfristige Ziele zu realisieren. DuPont erlaubt seinen Wissenschaftlern und Ingenieuren, an Projekten zu arbeiten, die diese für eigene Entwicklungen als notwendig erachten, ohne dass das Unternehmen zunächst direkt davon profitiert. Wenn schließlich doch neue Produkte auf den Markt kommen, hat es sich gelohnt.

Das Hauptanliegen erfolgreichen Managements ist die hervorragende Gruppenleistung. Um das zu erreichen, müssen der P-Faktor und der E-Faktor im Gleichgewicht sein.

Wenn ein Mitarbeiter seine Ziele erreicht, wird ihm das neuen Auftrieb geben. Er wird sich noch mehr für seine Arbeit engagieren. Dadurch erzielt er noch bessere Ergebnisse.

Phil Katy, Präsident von Computer Peripherals, bestätigte, dass der Erfolg seines Unternehmens eindeutig auf das Gleichgewicht des P- und E-Faktors zurückzuführen sei:

„In unserer Branche ist die Konkurrenz besonders hart; der Markt verändert sich ständig. Weil wir unsere Leute ermutigen, die alten Gleise zu verlassen und neue Ideen zu entwickeln, sind wir unseren Konkurrenten immer um eine Nasenlänge voraus.

Wir haben ein dynamisches Team von Ingenieuren, Marketing-Experten und Mitarbeitern aus der Produktion entwickelt. Unsere Gewinne steigern sich von Jahr zu Jahr.

Aber genauso wichtig ist, dass unsere Leute mitwachsen, nicht nur im fachlichen, sondern auch im kreativen Bereich. In unserer Firma finden die Mitarbeiter ihre Bestätigung, die Moral ist ausgezeichnet."

Warum Manager Erfolg haben

- Sie führen ihre Unternehmen ergebnisbezogen statt aufgabenbezogen.
- Sie konzentrieren sich auf Vorrangiges und Wesentliches.
- Sie delegieren im Hinblick auf die Resultate.
- Sie haben realistische Leistungsmaßstäbe für ihre Mitarbeiter entwickelt.
- Sie erhalten ein wirksames Informations- und Kontrollsystem aufrecht, um sich und ihre Mitarbeiter auf das Ziel hinzuführen.
- Sie motivieren ihre Mitarbeiter, um die gewünschten Resultate zu erreichen.
- Sie führen in ausgewogener Weise, das heißt, sie widmen einigen Bereichen nicht zu viel und anderen zu wenig Aufmerksamkeit.
- Sie bilden ihre Schlüsselkräfte darin aus, erwartete Resultate zu planen und zu erreichen.
- Sie haben gelernt, wirksame Entscheidungen zu treffen und diese dann in ergebnisbewusstes Handeln umzusetzen.
- Sie konzentrieren sich nicht auf Lieblingsaufgaben, sie vernachlässigen keine unangenehmen Tätigkeiten.

Teil II

Planen

II

Wer den Hafen nicht kennt, in den er segeln will,
für den ist kein Wind ein günstiger.

Seneca

Spitzen-Planung, die Sie ans Ziel bringt
■ Die zwei Möglichkeiten, sich Ziele zu setzen. ■ Wie Sie Ihre finanziellen Ressourcen optimal nutzen. ■ Die Regeln für optimale Planung. ■ Sollten Sie in Ihrer Firma ein Organigramm haben? ■ Planungsmuster für Organisation – Marketing – Vertrieb. ■ Wie Sie langfristige Ziele angehen sollten.

2. Ziele setzen

Im Planungsprozess ist der erste Schritt die Bestimmung dessen, was erreicht werden soll. Ohne klares Verständnis unserer Ziele können wir keine Pläne machen. Ziele müssen formuliert werden und für alle Beteiligten klar und verständlich sein. Manager jeder Ebene müssen die Ziele ihres Unternehmens nicht nur kennen, sondern auch akzeptieren und sich voll dafür einsetzen.

Jedes Unternehmen hat Ziele. Sie können lang- oder kurzfristig sein. Langfristige Unternehmensziele lassen sich erst in Jahren realisieren. Zu ihnen gehören unter anderem die Erhöhung eines bestimmten Marktanteils, die Einführung neuer Produkte oder Dienstleistungen, eine verbesserte finanzielle Lage, aber auch immaterielle Dinge, wie die Entwicklung einer zweiten oder dritten Management-Generation oder die Verbesserung der Beziehungen zum Land oder zur Standortgemeinde. Kurzfristige Zielvorhaben sind entweder Zwischenstufen zu langfristigen Zielen oder spezielle Einzelziele, wie zum Beispiel der termingerechte Abschluss eines Projekts oder die Lösung eines bestimmten Problems.

In einem komplexen, strukturierten Unternehmen hat jede Einheit eigene Zielvorgaben, die mit den Zielen der übergeordneten Organisation übereinstimmen sollten. Ein wichtiger Punkt sollte dabei nicht aus den Augen verloren werden: die Kontinuität des Unternehmens. Abgesehen von Aktivitäten, die nur einen Trend ausnutzen oder ein schnelles Geschäft darstellen, sind die meisten Unternehmen darauf bedacht, auch langfristig ihren Betrieb aufrechtzuerhalten. Sie verzichten um späterer Gewinne willen auf kurzfristige Vorteile. Sie streben nach *Kontinuität, Wachstum und Sicherheit.*

Jeder Abteilungsleiter muss sich bei der Planung diese drei Aspekte vor Augen halten. Wenn nicht alle Seiten des Dreiecks berücksichtigt werden, ist der Erfolg des Unternehmens fragwürdig.

Nutzen bewusster Zielsetzung

Mitarbeiter werden durch klare Ziele motiviert. Wenn ein Mensch weiß, warum etwas getan werden muss, ist er eher bereit, sich zu engagieren und Zielvereinbarungen zu erfüllen, als wenn er nur Direktiven bekommt. Er ist gerne stolz auf seine Leistungen. Nur wenn er weiß, was erreicht werden soll, kann er beurteilen, ob er gute Arbeit geleistet hat.

Bob Myers, ein angehender Ingenieur, nahm an einem Gemeinschaftsprojekt für Nachwuchskräfte teil, an dem er sechs Monate arbeitete und gleichzeitig Seminare besuchte. Er wurde im Forschungslabor einer Plastikfirma beschäftigt und musste Routinetests durchführen. Die Arbeit war monoton, er verlor rasch das Interesse, seine Leistungen ließen nach. Der Laborleiter, der dies bemerkte, nahm Bob beiseite und erklärte ihm ausführlich, wie wichtig diese Überprüfung für die Verwirklichung der Unternehmensziele sei. Als Bob sich über Sinn und Zweck seiner Arbeit klar geworden war, stieg seine Leistung wieder. Damit half er nicht nur dem Betrieb, sondern auch sich selbst, denn dies war der Anfang seiner erfolgreichen Karriere.

Übergeordnete Ziele geben jeder Planung Kontinuität. Sind mehrere Personen beteiligt, müssen sie die Ziele genau kennen, um Pläne entwickeln zu können, die mit der allgemeinen Zielsetzung übereinstimmen. Jeder Beteiligte wird dann seinen Teil zum Gesamtplan beitragen.

Ziele erleichtern die Dezentralisierung. Viele große Firmen haben ihre Aufgabenbereiche getrennt. Dezentralisierte Teilbereiche streben nach Autonomie. Wenn die Ziele nicht klar umrissen sind, schlagen sie vielleicht eigene Wege ein, die häufig mit den langfristigen Zielen des Gesamtunternehmens nicht übereinstimmen.

Ziele bilden eine gesunde Basis für Koordination und Kontrolle. Von Zielen ausgehend, können Leistungsnormen entwickelt werden, an denen sich die erbrachte Leistung messen lässt.

Einmal festgelegte Ziele sollten nicht leichtfertig geändert werden, außer in Notsituationen. Firmen expandieren jedoch, Zeiten ändern sich, deshalb müssen gelegentlich auch Ziele überdacht und neuen Bedingungen angepasst werden.

Zum Beispiel wird eine expandierende Firma bei der Festlegung ihrer Ziele auch die der Tochterfirma berücksichtigen müssen. Der Akzeptanzverlust eines wichtigen Produkts zwingt ein Unternehmen vielleicht, Ziele neu zu definieren.

Die American Tobacco Company hatte sich auf Herstellung und Vertrieb von Tabakwaren spezialisiert. Als die Tabakindustrie ins Sperrfeuer der Kritik geriet, veränderte die Firma ihre Zielsetzung und nahm neben Tabakwaren noch andere Artikel in ihr Programm auf. Später änderte sie auch ihren Namen in American Products Company, um die neue Zielsetzung zum Ausdruck zu bringen.

Die Ziele von Abteilungen sollten erst nach reiflicher Überlegung geändert werden. Bevor ein Abteilungsleiter nicht die zur Debatte stehenden Änderungen gründlich überdacht hat, sollte er sich nicht dazu entschließen.

Hauptziel: Gewinn

In Diskussionen über Unternehmensziele wird meist der Gewinn als wichtigstes Ziel bezeichnet. Es versteht sich von selbst, dass in einer marktwirtschaftlichen Wirtschaftsordnung die Unternehmen Gewinn orientiert sind. Kein Unternehmen kann lange auf Gewinn verzichten. Aber Gewinn als einziges oder sogar wichtigstes Ziel zu betrachten, wäre eine grobe Vereinfachung. Einer der Gründe, weshalb der Gewinn so überbetont wird, liegt in dem Bestreben, den niedrigsten gemeinsamen Nenner als Maßstab zu nehmen. Wäre Gewinn tatsächlich das wichtigste Erfolgskriterium und Hauptziel eines jeden Managers, würde er riskieren, das langfristige Wachstum des Unternehmens wegen einer kurzfristigen Rendite in Frage zu stellen.

Um auf hart umkämpften Märkten bestehen zu können, muss ein Unternehmen zukunftsorientiert sein. Von den Gewinnen muss Geld für Forschung und Entwicklung, Kapitalerhöhung, Personalentwicklung und andere Projekte abgezweigt werden, das heißt für etwas, das sich erst Jahre später auszahlt.

Andererseits wird eine günstige Ertragslage zusätzliches Kapital anziehen, den Betrieb kreditwürdig machen und Aktionäre sowie Mitarbeiter zur Firma stehen lassen. Gewinne zu erwirtschaften, ist – richtig verstanden – nur eines von vielen Unternehmenszielen.

Andere Unternehmensziele

Neben kurzfristigen Gewinnen ist ein Unternehmen bestrebt, langfristige Rentabilität zu erreichen. Das kann sich in der Rendite oder in der Gewinnentwicklung je Aktie ausdrücken.

Ein Unternehmen kann als Ziel angeben, die Dividende um mindestens 10 Prozent pro Jahr zu erhöhen.

Marktanteil

Viele Betriebe messen ihr Wachstum an ihrem prozentualen Marktanteil. Ein Ziel könnte dabei sein: Innerhalb der nächsten fünf Jahre den gegenwärtigen Marktanteil von 12 auf 25 Prozent zu steigern.

Eine gesunde finanzielle Basis

Das Ziel kann auch darin bestehen, die Liquidität zu erhöhen oder Schulden abzutragen. Es ließe sich dann so formulieren: Anleihen innerhalb von sechs Jahren zurückzubezahlen. Eine Einzelfirma kann planen, an die Börse zu gehen. Dazu allerdings müssen finanzielle und juristische Vorbereitungen getroffen werden.

Technischer Fortschritt

Das Ziel mancher Unternehmen besteht in der Einführung neuer Verfahren oder technologischer Veränderungen.

Personalentwicklung

Für viele Unternehmen ist es lohnend, Mitarbeiter darauf vorzubereiten, mehr Verantwortung zu übernehmen und im Hinblick auf zukünftiges Wachstum für Kontinuität im Führungsbereich zu sorgen.

Die Entwicklung des Potenzials jedes einzelnen Mitarbeiters (das P unseres P-/E-Faktors) muss bei den Überlegungen des Managements an erster Stelle rangieren. Das Gleichgewicht zwischen Potenzial (P) und Ergebnissen (E) sollte aufrechterhalten werden. Zwischen der Orientierung an Ergebnissen und der Entwicklung menschlichen Potenzials besteht im

Grunde kein Widerspruch. Sie ergänzen sich häufig und führen zu überragenden Ergebnissen (Synergie-Effekt). Wenn die Verwirklichung der Ziele eine Herausforderung für die Verantwortlichen bedeutet, ist damit häufig ihre fachliche und persönliche Weiterentwicklung verbunden.

Gesellschaftliche Verantwortung

In den letzten Jahren haben viele Unternehmen Ziele in ihre Planung integriert, die in den Bereich gesellschaftlicher Verantwortung fallen, wie zum Beispiel bessere Beziehungen zur Standortgemeinde, Maßnahmen zur Erhaltung der Umwelt, die Integration von Ausländern oder die Unterstützung gemeinnütziger Organisationen.

Dale Carnegie & Associates, Inc. zum Beispiel formulierten ihr Unternehmensleitbild so: „Unser Unternehmensziel ist eine ständig wachsende Zahl zufriedener Absolventen aller Carnegie-Programme bei ausreichenden Erlösen, um Wachstum, Verbesserung und Kontinuität unseres Unternehmens und seiner Mitarbeiter sicherzustellen sowie einen Beitrag für die Gesellschaft zu leisten, in der wir leben."

Dieses Credo wird durch die jährliche Vergabe von Tausenden von Stipendien an den Nachwuchs, an die Organisation Junior Achievements und andere Jugendorganisationen verwirklicht, wie auch in der unbezahlten Arbeit, die Mitarbeiter in Clubs, Fernsehprogrammen und anderen Aktivitäten zur Förderung der freien Marktwirtschaft investieren.

Der Süßwarenhersteller Mars GmbH fasste seine Unternehmensziele in fünf Grundsätzen zusammen, und die lauten sinngemäß:

- *Qualität:* Der Verbraucher ist König. Er will Qualität, und wir bieten „Value for Money", also gute Ware für gutes Geld.

- *Verantwortung:* Als Einzelne verlangen die Mitarbeiter die volle Eigenverantwortung, als Betriebsangehörige unterstützen sie die Verantwortung der anderen.
- *Gegenseitigkeit:* Gegenseitiger Nutzen ist gemeinsamer Nutzen, und nur gemeinsamer Nutzen ist von Dauer.
- *Effizienz:* Die Mitarbeiter schöpfen alle Möglichkeiten voll aus, sie verschwenden weder Material noch Zeit und beschränken sich auf ihre Stärken.
- *Freiheit:* Die Mitarbeiter brauchen Freiheit, um ihre Zukunft selbst gestalten zu können; sie brauchen Gewinne, um die Freiheit erhalten zu können.

Möglicherweise war es die Neuformulierung der Unternehmensziele, die mit dazu beitrug, den Hersteller der süßen Riegel aus den Verlusten von 1988 und 1989 wieder in die Gewinnzone zu führen.

Unter Mitwirkung des Dale Carnegie-Trainings gab sich 1991 eine andere erfolgreiche deutsche Firma neue Unternehmensgrundsätze. Alle 100 Führungskräfte der AS Création Tapetenfabrik GmbH in Gummersbach waren an der Abfassung dieser Grundsätze beteiligt. Die folgenden Auszüge stammen aus dem ersten Teil, betitelt „Die Aufgabe“:

- Wir glauben an die gestalterischen Vorzüge und Materialvorteile der Tapete und fördern dieses Wertbewusstsein im Markt.
- Wir arbeiten mit dem Anspruch, die Nummer 1 zu sein. Darunter verstehen wir: Trendsetter in der Produktentwicklung, in Service und Qualität zu sein.
- Mit unseren Kollektionen vermitteln wir Freude an der Gestaltung mit Tapeten: Menschen erhalten die Möglichkeit, sich nach eigenem Geschmack und Geldbeutel individuell einzurichten. Damit wollen wir einen Beitrag leisten zur weltweiten Wohnkultur.

- Dabei soll ein unserem Bemühen angemessener Gewinn erwirtschaftet werden. Darüber hinaus stellen wir uns unserer Verantwortung in Gesellschaft, Umwelt und Region …

Weitere Zielsetzungen finden sich in den Kapiteln „Der Markt“ und „Der Mitarbeiter“. Im Rahmen einer motivierenden Großveranstaltung wurden diese Grundsätze allen AS-Mitarbeitern präsentiert.

Abteilungsziele

Die eben zitierten Firmenziele sind nur eine Auswahl. Innerhalb einer Firma muss jede Abteilung eigene Ziele definieren. Die Abteilungsziele sind spezifischer als die des Unternehmens. Sie tragen der speziellen Ausrichtung der Abteilung Rechnung, fügen sich aber auch in den großen Rahmen der Unternehmensziele ein. Ein Beispiel:

Ziele einer Personalabteilung

- Alle Positionen im Unternehmen werden mit hochqualifiziertem Personal besetzt.
- Die Leistungsbereitschaft der Mitarbeiter wird aufrechterhalten.
- Ein Vergütungssystem wird geschaffen, das allen Mitarbeitern „gutes Geld für gute Arbeit“ garantiert.
- Sozialleistungen werden angeboten, die jedem Mitarbeiter so viel Schutz garantieren wie den Mitarbeitern anderer Firmen dieser Branche.
- Den Mitarbeitern wird Gelegenheit gegeben, Vorschläge, Beschwerden und Probleme der Betriebsführung direkt mitzuteilen.

noch: Ziele einer Personalabteilung

- Den Mitarbeitern wird durch Aufstiegsmöglichkeiten und die Teilnahme an Trainingsprogrammen die Chance gegeben, sich mit dem Unternehmen weiterzuentwickeln.
- Alle Abteilungen erhalten Hilfe in Personalfragen.
- Die Betriebsführung wird im Bereich zwischenmenschlicher Beziehungen innerhalb der Firma beraten und über ihre gesetzlichen und sonstigen Verpflichtungen unterrichtet.

Von einer solchen Auflistung der Ziele, einer Grundsatzerklärung, werden Richtlinien für spezifische Pläne abgeleitet, auf die die Abteilung dann bei der Umsetzung zurückgreift. Manchmal scheinen verschiedene Ziele eines Betriebs oder einer Abteilung unvereinbar zu sein, zum Beispiel das bestmögliche Produkt bei möglichst geringen Kosten herstellen und eine saubere, gesunde Umwelt im Firmenbereich schaffen. Maßnahmen zugunsten einer sauberen Umwelt können die Herstellungskosten eines Produkts drastisch erhöhen. Die Betriebsleitung muss entscheiden, welche Kompromisse erforderlich sind.

Noch vor 15 Jahren fielen die Kosten für Abfallbeseitigung einer chemischen Fabrik überhaupt nicht ins Gewicht. Inzwischen müssen bei der Planung einer neuen Fabrik über 30 Prozent der Gesamtkosten für Maßnahmen zur Erhaltung einer sauberen Umwelt bereitgestellt werden. Dabei ist noch ungewiss, welche Richtlinien die Politik vorgeben wird, um gerade bei der umweltgerechten Entsorgung einen Schritt weiterzukommen.

Ziele lassen sich leichter begreifen und verwirklichen, wenn man sie in kleinere Einheiten aufteilt; so wäre die Installierung von Staubfiltern ein Schritt in die Richtung auf das größere Ziel, die ganze Anlage umzubauen.

Ein Unternehmer hat nie nur ein einziges Ziel. Auch wenn ein Planungsaspekt dominiert, werden neue Ziele seine Aufmerksamkeit beanspruchen und dürfen nicht ignoriert werden. Das Hauptziel eines Arzneimittelherstellers ist es vielleicht, durch den Verkauf seiner Produkte Gewinne zu erzielen, was andere Ziele nicht ausschließt, wie Forschung und Entwicklung neuer Arzneimittel, Fortbildung von Chemikern und Pharmakologen, Schaffung neuer Märkte, Zusammenarbeit mit Krankenhäusern und Behörden.

Wenn Mitarbeiter innerhalb eines Unternehmens ihren persönlichen oder Abteilungszielen Vorrang verschaffen wollen, so ist es die Aufgabe der Unternehmensführung, diese verschiedenen Bestrebungen in Einklang zubringen. Dazu muss man die Unternehmensziele kennen, genaue Wertvorstellungen haben, ein Gespür für die Bedürfnisse der Beteiligten sowie vor allem persönliche Integrität.

Festlegung der Ziele

Modernes Management versucht, alle Beteiligten zur Mitarbeit an der Planung zu motivieren, von kurzfristigen Abteilungszielen bis hin zu langfristigen Unternehmenszielen. Dabei dürfen im Interesse aller Wissen und Standpunkte der Beteiligten nicht ignoriert werden.

Ziele können zum Beispiel von der Führungsspitze festgelegt werden: Geschäftsstrategien werden an untergeordnete Abteilungen weitergeleitet. Aber auch die Basis kann Ziele erarbeiten und formulieren: Jede Abteilung macht Vorschläge, die von der Spitze zusammengeführt werden.

Im ersten Fall hat ein Unternehmen eventuell genau umrissene Hauptziele, die bei der Festlegung aller anderen Ziele berücksichtigt werden müssen. Eine Fluglinie kann als Hauptziel die Erfüllung eines Charter-Vertrags über bestimmte Flugrouten haben. Alle anderen Zielvereinbarungen müssen damit in Einklang stehen. Mit dieser Konzeption können die untergeordneten Abteilungen eigene Zielsetzungen entwickeln und der Betriebsleitung vorschlagen, sie miteinzubeziehen – vorausgesetzt sie sind mit dem Hauptziel vereinbar.

Wenn alle am Planungsprozess Beteiligten ein Mitspracherecht bei der Festlegung der Ziele haben, wird das Unternehmen über ein sehr viel breiteres Spektrum an Zielvorstellungen verfügen, und – was noch wichtiger ist – jeder der Beteiligten wird sich für diese Ziele einsetzen, weil er sich damit identifizieren kann.

Der Erfolg der gemeinsamen Zielvereinbarung hängt von der Haltung des Topmanagements ab. Ist der Chef ein Autokrat, werden untergeordnete Führungskräfte kaum Beiträge liefern, sondern den von oben diktierten Zielen lustlos zustimmen. Sie werden sich aber auch nur halbherzig dafür einsetzen.

Fördert das Topmanagement neue Ideen und die Bereitschaft, bei der Planung mitzuwirken, können sich Kreativität, Kooperation und eine sehr engagierte Mitarbeit entwickeln.

Meist sind gemeinsam erarbeitete Zielsetzungen viel realistischer und phantasievoller, weil die, die mit ihnen arbeiten müssen, zu ihrer Definition beigetragen haben. Sie kennen die Probleme. Da mehrere Personen beteiligt sind, werden eventuell auch mehrere Lösungsvorschläge entwickelt.

Langfristige Ziele sind meist abstrakter als kurzfristige. Letztere sollen möglichst spezifisch sein und messbare Leistungsnormen enthalten. Ein langfristiges Ziel könnte so formuliert werden: „Wir werden unseren Hauptkonkurrenten überrunden und Marktführer auf dem Sektor Taschenrechner werden."

Die spezifischeren kurzfristigen Zielsetzungen können in diesem Fall lauten:

- *Produktionsabteilung:* Produktionskosten für den Taschenrechner innerhalb von zwei Jahren um 15 Prozent senken.
- *Vertrieb:* Umsatzvolumen in drei Jahren um 7 Prozent steigern.
- *Technische Abteilung:* Neues Design entwerfen und Gewicht des Taschenrechners um 30 Prozent reduzieren; neuen Werkstoff entwickeln, um die Materialkosten um 10 Prozent senken zu können.

Wenn die Ziele festgelegt sind, sollten die Führungskräfte sich daran halten und sich ständig an ihnen orientieren, um die eigene Effizienz zu kontrollieren. Hier ein paar Richtlinien für Führungskräfte, die mit der Festlegung und Umsetzung von Firmenzielen beauftragt sind:

Zielvorgaben für jede Führungskraft

- Zukunftsorientiert und kühn?

  Ein phantasievoller Blick in die Zukunft eine Vision?

  Hochgesteckt genug, um die Führungskräfte zu fordern?
- Realistisch und umfassend?

  Beruhen sie auf einer objektiven, realistischen Bewertung, nicht auf einer persönlichen Eingebung oder einer ungenauen Einschätzung?

  Besteht ein Gleichgewicht zwischen lang- und kurzfristigen Zielen und immateriellen Ressourcen?
- Prägnant und spezifisch?

  Sind sie schriftlich fixiert?

  Sind die Ziele messbar und eindeutig?

noch: Zielvorgaben für jede Führungskraft

- Bekannt und einleuchtend?

  Wenn die einzelnen Führungskräfte aufgefordert würden, die Abteilungsziele zu umreißen, würden sie erwarten, dass die Beurteilungen mehr oder weniger identisch ausfallen?

  Orientieren sich die Führungskräfte an diesen Zielsetzungen, wenn sie ihre täglichen Entscheidungen treffen?

Unternehmensziele konkretisieren

Die meisten Organisationen bieten ein bestimmtes Produkt oder eine bestimmte Dienstleistung an. Ihre Zieldefinitionen beziehen sich direkt auf dieses Produkt oder diese Dienstleistung, und die Angaben zu diesen Zielen sind keineswegs abstrakter Natur. Eine Zielsetzung wird gewöhnlich nicht lauten „Erfolgreich einen Markt erschließen", sondern sie will angeben, um welchen Markt es sich handelt, etwa „den Markt für Heimtiernahrung in Süddeutschland".

Ein Unternehmen muss seine Ziele im Hinblick auf einen speziellen Zweck wählen. Jede Organisation braucht einen Hauptzweck, aus dem sich alle übrigen Ziele entwickeln. Wenn ein Unternehmen expandiert, wird es vielleicht von diesem Hauptzweck abweichen. Wird eine solche Abweichung sorgfältig geplant, kann sie Erfolg haben. Ein bloßes Abdriften von diesem Hauptzweck ist nur eine Verschwendung von Ressourcen. Das bedeutet nicht, dass ein Unternehmen seinem alten – häufig zu engen – Konzept treu bleiben soll. Alle Änderungen müssen nur sorgfältig geplant werden, damit die neuen Wege mit den alten zusammenlaufen.

Bei der Festlegung langfristiger Ziele und möglicher Kursänderungen sollte das Unternehmen folgende Faktoren prüfen:

Wo liegt unsere Stärke?

In der Herstellung? Sind wir in der Lage, hochwertige, preisgünstige Produkte herzustellen? Sind wir von unseren Anlagen her im Stande, auch andere als die ursprünglich geplanten Produkte herzustellen? Doch hier ist Vorsicht geboten. Man sollte sich nur auf Gebiete wagen, auf denen man sich gut auskennt.

Die Bertelsmann AG aus Gütersloh glaubte, mit Hühnerfarmen auf einen neuen Markt vordringen zu können. Doch das Unternehmen scheiterte kläglich, und die Gütersloher Medienspezialisten wurden schmerzlich an die Redewendung „Schuster, bleib' bei deinen Leisten" erinnert. Diesem Wort folgten sie denn auch. Sie definierten sich als reines Medienunternehmen und expandierten dort, wo sie wirklich stark sind. Jetzt ist die Bertelsmann AG der Welt zweitgrößter Medienkonzern.

Liegen unsere Stärken im Marketing? Ein Betrieb mit einer hervorragenden Marketing-Abteilung kann ohne große Schwierigkeiten neue Bereiche einbeziehen, in denen das Know-how ihrer Marketing-Experten zum Tragen kommt. Colgate Palmolive orientierte sich um und übernahm das Marketing von Konsumgütern, die von anderen Firmen hergestellt, aber auf demselben Weg vertrieben wurden wie die Artikel, die Colgate schon seit Jahren erfolgreich verkauft hatte.

Können wir besonders gut finanzieren? Die deutschen Geschäftsbanken haben seit Jahren ihr Angebot so erweitert, dass sie viele neue Dienstleistungen anbieten können – sie unterhalten Fondsgesellschaften, beteiligen sich an Versicherungen, Bausparkassen ... Die Deutsche Bank hat Anteile an der Unternehmensberatung Roland Berger erworben und kann somit den Finanzbedarf der beratenen Unternehmen befriedigen.

Welche Bedürfnisse können wir befriedigen?

Wenn die Nachfrage nach einer Dienstleistung oder einem Produkt nicht zufrieden stellend gedeckt wird, könnten wir dann eventuell einspringen? Viele neue Unternehmen wurden deshalb gegründet.

Vor ein paar Jahren hatten die beiden Rechtsanwälte Winter und Schonfeld Schwierigkeiten, Aushilfssekretärinnen zu finden. Die Erkenntnis dieses Mangels veranlasste sie, eine Vermittlung von Arbeitskräften auf Zeit einzurichten, die sich im Lauf der Jahre zu einem weltweiten Unternehmen entwickelte.

Firmen investieren Millionen in die Erforschung und Entwicklung von Märkten. DuPont gab jahrelang große Summen für die Entwicklung einer synthetischen Faser aus, die Seide ersetzen sollte. Das Ergebnis war Nylon.

Wie können wir unsere Ressourcen optimal nutzen?

Modernes Management strebt nach einer besseren Nutzung von Synergie-Effekten (unter Synergie verstehen wir eine Art kooperatives Handeln, dessen Ergebnis die Summe der Einzelergebnisse übertrifft). Eine große Finanzierungsgesellschaft richtete in ihren Filialen eine Steuerberatungsstelle ein. Die Kunden der Kleinkreditabteilung wurden zu Klienten der neuen Beratungsstelle. Personen, die die Steuerberatung aufsuchten, wurden zu Kunden der Kleinkreditabteilung, da sie entweder ein kleineres Darlehen brauchten, um ihre Steuerschulden bezahlen zu können, oder einen Kredit auf die zu erwartenden Rückzahlungen aufnehmen wollten. Dem Synergie-Effekt war es zu verdanken, dass sich aus der Kombination beider Dienstleistungen weit mehr erwirtschaften ließ, als hätte man sie unabhängig voneinander angeboten.

Sind die notwendigen Ressourcen vorhanden?

Zielfestlegungen haben nichts mit Wunschdenken oder Tagträumen zu tun. Wenn man aber nicht über die notwendigen Ressourcen verfügt, kann man Ziele kaum realisieren.

Nur wenn Finanzierungsmittel vorhanden sind oder beschafft werden können, die Versorgung mit den benötigten Werkstoffen sichergestellt ist und auch die menschliche Arbeitskraft zur Verfügung steht, sind die Ziele, die man sich gesetzt hat, erreichbar.

Zielsetzungen müssen deshalb realistisch sein. Sie sollten auf einer Analyse der benötigten Ressourcen basieren. Andererseits ist es nicht unbedingt erforderlich, dass alle Ressourcen im Voraus bereitgestellt werden. Kann man damit rechnen, dass sie bei Bedarf da sind, ist das Projekt nicht gefährdet.

Corporate Identity oder die Sichtbarwerdung von Unternehmenszielen

Sind die langfristigen Unternehmensziele festgelegt, so kann auf ihrer Basis die Corporate Identity (CI) entwickelt werden. „Corporate“ bedeutet so viel wie „das Unternehmen betreffend“, und Corporate Identity ist die einheitliche Selbstdarstellung eines Unternehmens nach innen und außen. Dieses Selbstbild drückt sich im Verhalten des Unternehmens sowie in der betriebsinternen und -externen Kommunikation aus. Es wird äußerlich im so genannten Corporate Design sichtbar. Eine ausformulierte und gültige CI hilft, Konflikte zu vermeiden, die sonst bei der Erarbeitung neuer Ziele zu Unsicherheiten bei der Bewertung führen.

BMW entschloss sich 1977, seine CI völlig neu zu gestalten. Auslöser dafür war die Überwindung der Krise der sechziger Jahre und die Neupositionierung auf dem Markt als exklusive Marke. Das Programm zur Entwicklung der CI umfasste eine

Reihe von Elementen wie die Festlegung von Unternehmensgrundsätzen, die Kennzeichnung von BMW-Standorten, die Erscheinung auf internationalen Ausstellungen und den Auftritt im Motorsport.

Besonders wichtig war dabei, die sichtbare Neugestaltung der Händlerbetriebe: Zu ihrem neuen Corporate Design gehörte es, nicht mehr Werkstatt orientiert aufzutreten, sondern den Kundenbereich in den Vordergrund zu stellen. Dem entsprechend wurden die Schauräume so umgestaltet, dass Architektur, Licht und Ausstattung einen nachhaltigen Eindruck von Transparenz, Großzügigkeit und Klarheit vermittelten: Den Kunden wird auf diese Weise ein eigenständiges, exklusives BMW-Erlebnis vermittelt. Die Ausrichtung der gesamten CI entsprechend den neuen Unternehmenszielen dauerte bei BMW zehn Jahre.

Bei kleineren Unternehmen geht es natürlich viel schneller. Zur Gestaltung des CD genügt dort nämlich sehr oft schon die optische Gestaltung der Briefpapiere, Formulare und anderer Printmedien. Entscheidend sind hier Logo, Schrift und Farbe.

3. Arten von Plänen

Unternehmensziele umreißen ein breites Spektrum. Die Planung beschäftigt sich damit, wie sie sich umsetzen lassen. Ein Plan ist eine im Voraus festgelegte Abfolge von Handlungen, um ein Ziel zu erreichen. Er zerlegt das Planungsziel in praktikable Teilschritte und entwickelt eine Strategie, um die angestrebten Ergebnisse zu realisieren.

Bei der Erstellung eines Plans sollten folgende Faktoren berücksichtigt werden:

- Die erwarteten Ergebnisse müssen klar beschrieben sein.
- Diese Ergebnisse müssen realisierbar sein. Erscheint ein Ziel unerreichbar, entmutigt es alle Beteiligten.
- Eine genaue Aufeinanderfolge der Aktionen zur Zielerreichung ist unbedingt erforderlich.
- Eine bestimmte Person ist für die Ausführung des Plans verantwortlich.
- Die notwendigen Ressourcen werden bereitgestellt.
- Für jede Phase des Plans wird ein Zeitplan erstellt.
- Die erzielten Teilerfolge können an zuvor festgelegten Leistungsnormen gemessen werden.

Checklisten

Für Routineaufgaben sind Pläne besonders wichtig. Hat man keine Standardmethode, muss man jedes Mal für dieselbe Situation eine neue Methode ausarbeiten. Pläne für sich wiederholende Situationen bezeichnet man als *feststehende Pläne* oder *Checklisten*.

Es gibt verschiedene Arten von feststehenden Plänen. Manche sind sehr starr und lassen einem Manager wenig Spielraum. Andere sind nur Richtlinien, nach denen der Manager seine Entscheidung in Übereinstimmung mit den Unternehmenszielen treffen kann. Ein Beispiel für einen feststehenden Plan sind die Anweisungen eines Herstellers für die Inbetriebnahme einer Maschine. Der Plan spezifiziert die benötigten Werkzeuge und gibt genaue Montageanweisungen.

Betriebspläne und Verfahrensweisen gehören ebenfalls zu feststehenden Plänen. Sie setzen Maßstäbe, die in bestimmten Situationen verbindlich sind. Sie haben den Stellenwert von

Anordnungen. Alle, die mit ihnen arbeiten, können sich jederzeit auf sie beziehen. Die Aufgaben werden also immer auf eine bestimmte Art durchgeführt.

In anderen Fällen steht den Managern ein Ermessensspielraum zur Verfügung, wie das Beispiel der Kreditabteilung einer amerikanischen Bank zeigt:

Jeder Kreditnehmer muss einen entsprechenden Antrag ausfüllen. Neben jeder Frage sind die Punkte vermerkt, die zur Beurteilung der Kreditwürdigkeit beitragen. Wer weniger als 70 Punkte erreicht, stellt ein gewisses Risiko dar und ist nur bedingt kreditwürdig. Abteilungsleiter werden die Kreditwürdigkeit bei ihren Entscheidungen berücksichtigen.

Hier handelt es sich nur um Richtlinien. Der Mitarbeiter der Bank kann sich für die Gewährung eines Kredits entscheiden, wenn er glaubt, es verantworten zu können, auch wenn die Kreditwürdigkeit unterhalb der kritischen 70-Punkte-Grenze liegt.

Wenn eine Abweichung qualitätsmindernd oder moralisch fragwürdig erscheint, ist konsequentes Handeln erforderlich. Flexibilität wird hingegen dann empfohlen, wenn man sich auf seinen persönlichen Eindruck verlassen muss, um eine faire Entscheidung treffen zu können.

Organisationshandbuch

Einer der häufigsten feststehenden Pläne ist das Organisationshandbuch. Dieses Handbuch enthält eine detaillierte Beschreibung aller Schritte, die man unternehmen muss, um eine bestimmte Aufgabe zu erfüllen. Es hat formalen Charakter, manchmal besteht es auch nur aus vorgedruckten Checklisten.

Solche Handbücher gibt es sehr häufig im Personalbereich. Jeder Mitarbeiter erhält ein Exemplar und findet darin die wichtigsten organisatorischen Regelungen innerhalb des Unternehmens. Das beginnt mit der Aufstellung der beizubringenden Unterlagen bei der Einstellung, zeigt auf, was bei welchen besonderen Gelegenheiten erledigt werden muss und reicht bis zu den erforderlichen Erledigungen beim Ausscheiden aus dem Betrieb.

Wenn Mitarbeiter aus einem Unternehmen ausscheiden, dann sind sie mit ihren Gedanken oft schon beim neuen Arbeitgeber. Durchaus menschlich und deshalb verständlich ist es auch, dass die letzten Tage manchmal nur noch ein Warten auf den Abschied sind, um dann ein neues Kapitel des Arbeitslebens aufzuschlagen. Dennoch muss ein Ausscheiden aus einem Betrieb in geordneten Bahnen verlaufen. Dazu ein Beispiel aus einem Bonner Unternehmen:

Für diesen Fall hat die Unternehmensführung ein Merkblatt für ausscheidende Mitarbeiter verfasst, dass diesen beim Kündigungsgespräch übergeben wird. Darauf ist verzeichnet, wer das Zeugnis ausstellen wird, von welchen betrieblichen Meetings der Mitarbeiter fortan freigestellt ist und welche „Abschiedsfeiern“ nicht erwünscht sind. Gleichzeitig werden die ausscheidenden Mitarbeiter nochmals auf ihre Verschwiegenheitspflicht hingewiesen und welche Unterlagen sie an den Vorgesetzten oder Nachfolger zu übergeben haben. Auf der Rückseite dieses Merkblatts findet der Mitarbeiter die folgende Checkliste:

Laufzettel für ausscheidende Mitarbeiter

1. Haustürschlüssel abgegeben
2. Weitere Schlüssel abgegeben
3. Diktiergerät abgegeben
4. Arbeitshandbücher abgegeben
5. Aus der Bibliothek entliehene Bücher abgegeben
6. Organisationshandbuch zurückgegeben
7. Ausbildungsbücher zurückgegeben

8. Zeitplansystem zurückgegeben
9. Ausweis für vergünstigte Einkaufsmöglichkeiten zurückgegeben
10. Restliche Visitenkarten mit Firmeneindruck zurückgegeben
11. Buchhaltungsunterlagen zurückgegeben
12. Konferenzprotokolle und Seminarunterlagen zurückgegeben
13. Letztes gültiges Passwort für das EDV-Netz der EDV-Abteilung mitgeteilt
14. Alle relevanten Daten und Verzeichnisse im PC dem Vorgesetzten oder Nachfolger zur Verfügung gestellt
15. Autovermietungskreditkarte zurückgegeben

Jeder Punkt muss von dem dafür Verantwortlichen abgezeichnet worden sein. Nur unter Vorlage dieses vollständig ausgefüllten Laufzettels kann der ausscheidende Mitarbeiter in der Personalabteilung seine Lohn- und Gehaltsunterlagen ausgehändigt bekommen, bevor er sich beim Unternehmensleiter verabschiedet.

Auf diese Weise wird nichts vergessen und lästiges Suchen nach wichtigen Unterlagen wird überflüssig.

Checklisten sind besonders für Führungskräfte von großem Nutzen. Mit ihrer Hilfe kann der Manager ähnlich gelagerte Probleme, zum Beispiel bei der Entscheidungsfindung, angehen. Wesentlich dafür ist, dass das zu lösende Problem in genügend kleine Teilprobleme zerlegt wird. Die vielen kleinen Entscheidungen, von denen aber keine vergessen werden darf, addieren sich letztendlich zu einer Gesamtlösung.

Im Einzelnen sind folgende Schritte erforderlich:

1. Formulierung des Problems
2. Methoden der Problemlösung
3. Suchen von Lösungen
4. Auswertung von Lösungsvorschlägen
5. Entscheiden
6. Bewertung der Entscheidung

Jeder einzelne dieser Gliederungspunkte kann noch weiter untergliedert werden, bis die gesamte Aufgabe detailliert angegangen werden kann.

Die Arbeit mit Checklisten ermöglicht es einer Führungskraft, bestimmte Aufgaben zu delegieren, ohne gleich befürchten zu müssen, der Mitarbeiter könnte der Aufgabe nicht gewachsen sein.

Auch für den Fall, dass Sie als Führungskraft krank oder im Urlaub sind, erweisen sich Checklisten als wertvolle Helfer, können Sie doch sicher sein, dass auch bei Ihrer Abwesenheit die anfallenden Arbeiten in bewährter Art und Weise erledigt werden.

Vielleicht machen Sie sich einmal die Mühe und zeichnen Vorgänge, die für Sie zur Routine geworden sind, in der beschriebenen Weise auf. Die so entstandenen Checklisten müssen natürlich immer wieder kritisch betrachtet und, falls erforderlich, aktualisiert werden. Ansonsten wird damit Ihre Kreativität und die Ihrer Mitarbeiter erheblich behindert. Schnell gelangt man so auf starre Verfahrensschienen.

Ein Organisationshandbuch soll einfach und übersichtlich sein. Meistens enthält es zu viele Informationen, da die Betriebsleiter jedes Detail abdecken wollen. Bei einer Beschreibung der Verfahrensweise soll man sich auf die üblichen Aspekte konzentrieren, gelegentlich auftauchende Probleme sollten von Fall zu Fall gelöst werden.

Ein Organisationshandbuch ist sinnvoll, wenn

- es genau festlegt, was von dem betreffenden Mitarbeiter erwartet wird
- es angibt, wo welche Methoden angewandt werden sollen
- geprüft wurde, ob die Verfahrensweise auch optimal ist
- in ihm Kontrollen enthalten sind, damit überprüft werden kann, ob seine Grundsätze befolgt werden

Das Ausnahme-Prinzip

Sind die feststehenden Pläne für Routineabläufe erstellt, brauchen sich die Verantwortlichen nicht mehr um die Abwicklung in diesem Bereich kümmern.

Kontrollpunkte an strategisch wichtigen Stellen ermöglichen es der zuständigen Führungskraft, rasch nachzuprüfen, ob alles planmäßig verläuft. Sie sollte nur bei Abweichungen in Aktion treten.

Kontrollpunkte müssen so gesetzt werden, dass die Betriebsleitung prüfen kann, ob die unternommenen Schritte richtig waren, und gegebenenfalls entsprechende Korrekturen durchführen kann, bevor die nächsten Schritte eingeleitet werden.

Bei einer Checkliste zur Einführung neuer Mitarbeiter wäre zum Beispiel ein Kontrollpunkt nach dem ersten Schritt zu setzen, um zu überprüfen, ob alle benötigten Unterlagen vorhanden sind. Dann kann dem neuen Mitarbeiter eine Personalnummer zugeteilt werden, ein Spind zugewiesen werden, ohne dass darüber entschieden zu werden braucht. Fehlen jedoch Unterlagen (zum Beispiel die Lohnsteuerkarte), muss der Personalleiter gefragt werden, ob man so lange warten soll, bis das Fehlende nachgereicht wird.

Das *Ausnahme-Prinzip* besteht also darin, dass die Betriebsleitung sich nicht um Dinge zu kümmern braucht, die programmgemäß ablaufen. Nur bei einer Regelwidrigkeit muss eine Führungskraft eingreifen.

Das Ausnahme-Prinzip wird auch angewandt, wenn alle Mitarbeiter sich nach feststehenden Plänen richten und nur innerhalb dieses festen Rahmens Entscheidungen treffen können. Geht etwas über diesen Rahmen hinaus, wird es einem Vorgesetzten unterbreitet. Er entscheidet, ob eine Ausnahme gemacht wird. Ist die Ausnahme schon beinahe die Regel, kann die vom Vorgesetzten gefällte Entscheidung als Präzedenzfall angesehen und in das Organisationshandbuch aufgenommen werden.

Das Ausnahme-Prinzip ist wichtiger Bestandteil des modernen Managementkonzepts. Betriebe können nicht expandieren und Führungskräfte sich nicht entwickeln, wenn alles überprüft und jede geringfügige Entscheidung auf der Chefetage getroffen werden muss.

Die Vorteile feststehender Pläne

Zusammenfassend kann man sagen, dass feststehende Pläne und Checklisten für ein erfolgreiches Management unerlässlich sind, denn:

- Sie ermöglichen Führungskräften, effizienter zu arbeiten. Wenn ein Plan steht und die Beteiligten eingearbeitet sind, wenn die Kontrollen funktionieren, braucht das Management sich nur noch mit den Ausnahmen zu beschäftigen.
- Sie sorgen für bessere Koordination.
- Sie erleichtern die Einarbeitung neuer Mitarbeiter. Im Organisationshandbuch finden diese eine Beschreibung ihrer künftigen Aufgaben.

- Sie erleichtern das Delegieren. Wenn der Ablauf geregelt ist, kann der Manager bestimmte Aspekte oder ganze Prozesse delegieren. Er muss nicht jedes Detail nachprüfen.
- Bei gut ausgearbeiteten Plänen basiert die Durchführung auf dem *bestmöglichen Weg*, der gleichzeitig auch der wirtschaftlichste sein sollte.
- Das Organisationshandbuch hilft Führungskräften, sich und ihre Mitarbeiter weiterzubilden.
- Ein guter Plan ist mit Kontrollen versehen, um Abweichungen festzustellen und rechtzeitig zu korrigieren.

Probleme bei feststehenden Plänen

- Mangel an Flexibilität. Einmal schriftlich fixiert, wird ein Plan gerne als etwas Unabänderliches betrachtet. Pläne dürfen nicht so starr sein, dass sie sich nicht mehr ändern lassen. Andererseits sollten sie nicht so unverbindlich sein, dass eventuelle Änderungen nicht auffielen. Wer mit den Plänen arbeitet, sollte ermutigt werden, Verbesserungsvorschläge einzubringen. Dann bleiben Pläne immer aktuell.
- Pläne werden schnell überholungsbedürftig. In ein dynamisches Umfeld fließen ständig neue Erfindungen, Konzepte und Methoden ein. Unsere Verfahrensweisen sind vielleicht nicht flexibel genug, um alle Neuerungen zu integrieren. Selbst wenn man die Vorschläge seiner Mitarbeiter berücksichtigt, heißt das noch lange nicht, dass eine Planung flexibel ist. Jedes Unternehmen sollte die Überprüfung der feststehenden Pläne einplanen. Alle drei bis vier Jahre sollte man prüfen, ob die feststehenden Pläne noch der bestmögliche Weg sind. Ein Ausschuss oder eine Stabsstelle sollte damit beauftragt werden und darüber entscheiden.

Ein feststehender Plan der Southwest Savings of Abilene, Texas, sah einen monatlichen Computer-Ausdruck aus dem Datenverarbeitungszentrum vor. Das kostete die Bank umgerechnet 200 DM im Monat.

Mit der Zeit nahm der Bedarf an diesen Informationen ab. Sie stapelten sich auf den Schreibtischen. Der Leiterin der Finanzabteilung genügte ein vierteljährlicher Ausdruck. Dadurch sparte die Firma mehrere tausend Mark. Es wurde darüber hinaus deutlich, dass feststehende Pläne regelmäßig hinterfragt werden müssen.

Viele Pläne, die mit den aktuellen Problemen nichts mehr zu tun haben, stehen in den Handbüchern und werden nicht mehr beachtet – oder sie werden stur befolgt und stiften mehr Schaden als Nutzen. Diese Pläne sollten regelmäßig geprüft werden. Sie müssen den aktuellen Anforderungen entsprechen. Tun sie das nicht, dann haben sie keine Existenzberechtigung mehr.

Man braucht mit der Überprüfung der Teilpläne nicht zu warten, bis der Gesamtplan überprüft werden kann. In fortschrittlichen Firmen werden Formulare (die auch in den Organisationshandbüchern enthalten sind) bei jeder Nachbestellung gründlich geprüft. Alle Verbesserungsvorschläge werden bei dieser Gelegenheit in das Organisationshandbuch aufgenommen. Es wird dadurch flexibler, und man spart Druckkosten.

- Planen ist kostspielig. Die Zeit, die die Führungskräfte und ihr Expertenteam brauchen, um ein wohl durchdachtes Organisationshandbuch auszuarbeiten, ist teuer.
- Planen braucht Zeit. Man muss sich darüber im Klaren sein, dass die darauf verwandte Zeit nicht nur viel Geld kostet, sondern diese Zeit auch direkt in die Produktion investiert werden könnte.

- Pläne können die Initiative hemmen. Wenn Angestellte sich sklavisch nach dem Organisationshandbuch richten müssen, lernen sie nicht, selbstständig zu denken. Wenn das Management seinen Mitarbeitern nicht erlaubt, eigene Konzepte zu entwickeln, kann das negative Folgen haben. Beteiligt man jedoch die Mitarbeiter an der Entwicklung, Überprüfung und Revision von Plänen, haben sie eine echte Chance.

Einmalige Pläne

Einmalig durchzuführende Pläne sind für nicht regelmäßig wiederkehrende Situationen gedacht. Vielleicht wird man zu einem anderen Zeitpunkt mit einer ähnlichen Situation konfrontiert. Selbst dann werden die Unterschiede immer noch so groß sein, dass man einen neuen Plan entwickeln muss. Situationen, die einen einmalig durchzuführenden Plan erfordern, sind zum Beispiel die Verlagerung einer Firma, die Einführung eines neuen Produkts oder einer Dienstleistung oder die Eröffnung einer Zweigstelle. Solche Ereignisse müssen sorgfältig geplant werden, damit die Resultate auch den Erwartungen entsprechen.

Wie bei anderen Plänen sollte man, um die besten Ergebnisse zu erzielen, einzelne Schritte angeben sowie den Zeitpunkt ihres In-Kraft-Tretens und ihrer Erfüllung. Außerdem sollte für jede Phase des Plans ein leitender Mitarbeiter die Verantwortung übernehmen. Ein gigantisch erscheinendes Projekt scheint zuerst unausführbar. Teilt man es jedoch in logische Teilschritte auf, erscheint jeder Teilschritt realisierbar. Dies gibt Ihnen als Manager auch die Möglichkeit, bestimmten Mitarbeitern die Verantwortung für Teilaufgaben zu übertragen.

Wenn ein Plan untergliedert ist, kann die Abfolge einzelner Schritte festgelegt werden. Bestimmte Phasen eines Programms müssen abgeschlossen oder angefangen sein, bevor der nächste Schritt getan werden kann.

Jeder Schritt setzt bestimmte Ressourcen voraus, die eingeplant und bereitgestellt werden müssen. Dazu gehören die Ausführenden und der leitende Manager. Wenn ein Unternehmen nicht über die richtigen Mitarbeiter verfügt oder sie nicht beschaffen kann, ist das Projekt von vornherein zum Scheitern verurteilt. Die verbreitete Auffassung, eine Führungskraft könne sich eines Projekts annehmen, ohne ihre anderen Aufgaben zu vernachlässigen, kann dazu führen, dass sie sich weder auf ihre normale Arbeit noch auf das neue Projekt richtig konzentriert.

Wesentlich für jeden einmaligen Plan sind die Termine für die Teilschritte: Wann ein Schritt getan werden soll, wie lange die Arbeit dauern darf und wann sie abgeschlossen sein muss. Ein schriftlich fixierter Ablauf sollte Teil des Plans sein. Wie viel Zeit für jeden Schritt eingeräumt wird, hängt von der realistischen Einschätzung des organisatorischen Aufwands und der benötigten Zeit ab. Was einen einmaligen Plan ausmacht, soll anhand eines typischen Falles dargestellt werden.

Bevor dieser Plan in Kraft treten konnte, musste das Unternehmen bestimmte Entscheidungen treffen. Als erstes entwickelten Forschungs- und Entwicklungsabteilung eine viel versprechende Formel für ein neues Kosmetikprodukt, danach führten Marketing-Experten eine Voruntersuchung des Markts durch und befürworteten die Einführung des Produkts. Der Vorstand stellte entsprechende Gelder zur Finanzierung bereit und übertrug einem Produktmanager die Entwicklung und Umsetzung des Plans in die Praxis.

Plan zur Einführung eines neuen Produktes

Ziel: Ein neues Produkt wird landesweit eingeführt, nach Ablauf von 12 Monaten wird ein Absatz von 300 000 Stück pro Monat erzielt.

Teilziele:

- Kundenakzeptanz wird durch Werbung und Probenverteilung gewonnen.
- Absatzwege werden bei Verbraucher- und Lebensmittelmärkten, Filialbetrieben, Warenhäusern und Großhandelsbetrieben in allen Landesteilen erschlossen.
- Es wird ausreichend Ware produziert, um die zu erwartende Nachfrage befriedigen zu können.
- Die Ware wird in ausreichender Menge an allen Verkaufsstellen gelagert, um die Verkaufszielsetzungen zu realisieren; gleichzeitig werden Werbekampagne und Probenverteilung durchgeführt.

Um diese Zielvorgaben zu realisieren, hat der Produktmanager drei verschiedene, aber doch aufeinander abgestimmte Programme entwickelt: Marketing, Fertigung und Distribution. Er hat einen leitenden Angestellten mit der Durchführung jeweils eines dieser Programme beauftragt. Diese mussten natürlich koordiniert werden.

Zur Verdeutlichung der Abwicklung dieses Plans werden wir jede Phase besprechen. Der folgende Plan lässt erkennen, wie die drei Planbereiche aufeinander abgestimmt und miteinander verflochten sind.

Marketing-Plan (Gesamtverantwortung liegt beim Leiter der Marketing-Abteilung)

- Die Marktforschungsabteilung (verantwortlich: ihr Leiter) hat eine Voruntersuchung des Markts durchgeführt. Das neue Programm ab 2. Januar umfasst:

  statistische Analyse der Absatzgebiete bis 28. Februar.

  Marktforschung über Käuferinteressen – ein Absatz-Berater wird damit beauftragt, die Motive potenzieller Käufer bis 28. Februar zu erforschen.

Preisanalyse des Warensortiments unseres Konkurrenten bis 28. Februar.

- Der aus Produktmanager, Leiter der Marketing-Abteilung, Leiter der Marktforschung und Verkaufsleiter bestehende Produktausschuss beginnt mit der Strategieberatung, sobald die Marktforschung abgeschlossen ist (spätestens am 1. März).

  Auf den Ergebnissen dieser Untersuchung basierend, folgt:

  Verpackungsabteilung unterbreitet Vorschläge; der Ausschuss entscheidet bis zum 31. März, welches Design in Frage kommt.

  Der Werbeleiter setzt sich mit der Werbeagentur in Verbindung, um die Werbekampagne zu planen; Termin: 15. April.

  Der Verkaufsleiter entwickelt Pläne zur Verkaufsstrategie; Bedarf an zusätzlichem Verkaufspersonal wird eingeplant. Pläne müssen bis zum 31. März erstellt sein.

- Der Produktmanager bestimmt drei Testmärkte und startet genau am 1. Mai die Testmarktforschungs-Kampagne. Sie wird auf allen Märkten gleichzeitig für die Dauer von zwei Monaten durchgeführt.
- Der Werbeleiter hat die erste Anzeigenserie für Funk, Fernsehen und die Printmedien vorbereitet. Die Anzeigenkampagne wird auf allen Testmärkten gleichzeitig durchgeführt. Bis zum 30. April sind alle Anzeigenserien ausgewählt. Im Mai und Juni werden die Tests durchgeführt, am 30. Juni beginnt die Auswertung.
- Die Verkaufsleiter beginnen mit der Rekrutierung und Schulung des neuen Verkaufspersonals. Abschlusstermin: 30. April. Das Training der neuen sowie der alten

Belegschaft, in dessen Mittelpunkt das neue Produkt steht, wird am 1. Mai begonnen und am 22. Mai abgeschlossen.

- Ab 1. Juni beginnt der Verkauf an sämtlichen Verkaufsstellen in den drei Testmärkten.
- Nach der bis zum 15. Juli erfolgten Auswertung der Testmarktergebnisse entscheidet sich der Produktausschuss endgültig für eine Marktstrategie. Am 15. Juli beginnt der Verkauf in den westlichen Landesteilen.
- Die überregionale Verbraucherwerbung im Fernsehen und anderen überregionalen Medien beginnt am 1. August und wird bis zum Abschluss des Programms fortgesetzt.
- Ein wichtiger Punkt des Marketing-Programms ist der Versand von Mustern dieses neuen Produkts an Millionen Haushalte. Die Marktforschung hat ergeben, dass die Muster in die Wohngebiete von mittleren und höheren Einkommensgruppen versandt werden sollten. Die Verantwortung dafür hat der für die Verkaufsförderung zuständige stellvertretende Werbeleiter. Er hatte den Kontakt zu dem Direktwerbeunternehmer aufgenommen und seit Januar mit ihm zusammengearbeitet. Bis 15. Oktober sollte jeder Verbraucher auf der Liste ein Muster erhalten haben. Das Mailing läuft parallel zur Werbekampagne.
- Das vollständige Marketing-Programm wird den ganzen Oktober hindurch sorgfältig studiert und ausgewertet. Im November werden die Ergebnisse zusammen mit Vorschlägen für die Planung weiterer Aktionen dem Topmanagement vorgelegt.

Fertigungsplan (Verantwortlich: Assistent des Herstellungsleiters)

- Forschung und Entwicklung, abgeschlossen bis 15. Februar.
- Der Fertigungsplan (fällt in den Zuständigkeitsbereich des Leiters der Fertigungsüberwachung) beginnt am 1. Februar.
- Die notwendigen Produktionsmittel werden bis 31. März in Auftrag gegeben.
- Verpackungsmaterial wird bis zum 15. April in Auftrag gegeben.
- Produktion von Mustergrößen beginnt am 1. Mai. Eine speziell für die Herstellung von Mustern eingerichtete Unterabteilung produziert bis zum 1. August ausschließlich Mustergrößen.
- Die Herstellung der regulären Größen beginnt am 15. Mai.
- Die Produktion läuft planmäßig, nachdem Schwierigkeiten bei der regulären Produktion aus dem Weg geräumt wurden. Als Produktionsraten wurden für Juni 100 000, für Juli 200 000, für August 250 000, für September und Oktober 300 000 Stück festgesetzt.
- Bewertung des Produktionsbildes im Oktober. Feststehende Pläne für weitere Aktionen werden vorgeschlagen.

Verteilungsplan (Verantwortlicher: Vertriebsleiter)

- Die Distributionsanalyse wird im Januar, Februar und März im Hinblick auf Absatzgebiete, Absatzmärkte, die zu transportierenden Mengen und so weiter durchgeführt. Enge Zusammenarbeit mit dem Sales Promotion Manager bei der Musterdistribution.

- Verteilung des Produkts auf Testmärkten bis 10. Mai.
- Für die Testmärkte beginnt die reguläre Verteilung am 5. Juni.
- Für die westlichen Landesteile beginnt die reguläre Verteilung am 5. Juli.
- Um das Gleichgewicht des Programms nicht zu gefährden, wird die Verteilung nach Bedarf durchgeführt.
- Im Oktober und November wird das Gesamtbild der Distribution beurteilt, und feststehende Pläne für weitere Aktionen werden empfohlen.

Jeder größere Bereich wurde einem leitenden Angestellten unterstellt. Er war dafür verantwortlich, dass die Zielsetzungen seines Bereichs erreicht wurden. Der Produktmanager war die entscheidende Kontroll- und Koordinationsinstanz des Programms. Für jede Phase wurde eine Frist festgelegt.

Ein wohl durchdachter, einmaliger Plan ist unentbehrlich für größere Unternehmungen, wie die Einführung eines neuen Produkts. Die dafür benötigte Zeit wird durch den Erfolg des Projekts mehr als wettgemacht.

Langfristige Pläne

Feststehende und einmalige Pläne werden für bestimmte Situationen entwickelt. Daneben führen viele Betriebe auch eine langfristige Planung durch. Bei der Realisierung von Zielen, die auf mehrere Jahre festgelegt sind, braucht man bestimmte Richtlinien. In kleineren Betrieben hat langfristiges Planen informellen Charakter. Der Langfrist-Plan wird von Topleuten entwickelt, die die Angelegenheit unter sich erledigen, häufig nur verbal, ohne auf formale Systeme zurückzugreifen. Oft handelt es sich dabei um eine Reaktion auf bestimmte Ereignisse und weniger um die Aufzeichnung wohl durchdachter Vorstellungen. Ein Konkurrent eröffnet beispielsweise eine Zweigniederlassung in einem Einkaufszentrum der Außenbezirke. Die Betriebsleitung gerät in Panik und fasst sofort den Plan, selbst eine Zweigniederlassung in der Nähe zu eröffnen. Keine Analyse, keine Bedarfsprüfung – und das tatsächlich vorhandene Marktpotenzial wurde auch kaum berücksichtigt!

Um diese Art Planung zu vermeiden, haben sich immer mehr Betriebe formalen Planungssystemen zugewandt, bei denen Prüfen und Analysieren fester Bestandteil sind. Ein formales Planungssystem sieht gewöhnlich vor, dass klar gegliederte Pläne schriftlich festgelegt, koordiniert und vor ihrer Umsetzung in die Praxis von der obersten Führungsebene oder einem Ausschuss geprüft werden.

Ein formaler, langfristiger Plan umfasst gewöhnlich einen Zeitraum von drei bis zehn Jahren. Wenn der Plan keine neuen Anlagen oder Einrichtungen vorsieht, deren Fertigstellung viele Jahre dauern kann, ist es ratsam, ihn auf fünf Jahre zu beschränken. Gesellschaftliche, wirtschaftliche oder technologische Veränderungen könnten den Plan sonst unrealistisch werden lassen. Viele Betriebe haben mehrere kurzfristige Pläne zu einem langfristigen Plan verbunden. Unter kurzfristig versteht man gewöhnlich einen Zeitraum von ein bis zwei Jahren. Auch wenn vieles über einen bestimmten Zeitpunkt hinaus nicht mehr exakt geplant werden kann, sollten Pläne innerhalb ihrer gesteckten Grenzen präzise und umfassend sein. Auf dieser Grundlage können dann langfristige Pläne entworfen werden.

Mit lang- und kurzfristigen Plänen meinen wir Projektionen für das ganze Unternehmen, keine feststehenden und einmaligen Pläne, die sich auf bestimmte Aspekte des Betriebsablaufs beschränken. Damit diese Gesamtpläne mit der nötigen Umsicht entworfen werden, sollten sie nur Mitarbeitern mit entsprechender Kompetenz und Autorität im Betrieb anvertraut werden, die die volle Unterstützung der Führungsspitze besitzen. Kurz- und langfristige Pläne sollten immer schriftlich festgehalten werden. Alle Beteiligten sollten eine Durchschrift bekommen. Der Plan muss Grundlage für unternehmerisches Handeln sein. Er darf kein Schaustück sein, das hochstehenden Besuch im Betrieb beeindrucken soll, von den Führungskräften aber nicht wirklich ernst genommen wird.

Teilschritte bei der langfristigen Planung

- Die allgemeine Situation beurteilen: Dazu gehören die Weltwirtschaft und auch die Wirtschaft des eigenen Landes, lokale und kommunale Interessengruppen, der Entwicklungsstand des jeweiligen Industriezweigs und eine möglichst genaue Einschätzung zukünftiger Entwicklungen.

  Ein Beispiel: Ihr Betrieb produziert ein Plastikprodukt, das als Rohmaterial vor allem Petrochemikalien benötigt. Vor einer langfristigen Planung sollten Sie Ihre Chancen abschätzen, sich in den nächsten Jahren Petrochemikalien beschaffen zu können. Könnte entweder die Standortgemeinde oder die Regierung die Schadstoffbestimmungen ändern? Berücksichtigen Sie auch strukturelle Veränderungen, die in der Plastikindustrie stattfinden.

- Überprüfen Sie die Ziele Ihres Unternehmens, übersetzen Sie sie in konkrete Pläne. Im letzten Kapitel haben wir uns mit Zielsetzungen beschäftigt. Um daraus Pläne zu entwickeln, müssen wir viele Faktoren berücksichtigen, so zum Beispiel Wachstumsrate, spezifische Methoden, um Wachstum zu fördern, Terminpläne für derartiges Wachstum, Finanzierungsmöglichkeiten, Verfügbarkeit von Ressourcen und mögliche Risiken.

- Bestimmen Sie, welche Resultate Sie in jeder Phase des Plans erwarten. Analysieren Sie Ihre augenblickliche Situation, wie Sie in den Bereichen, auf die sich der Plan bezieht, dastehen (Anlagen, Arbeitskräfte, Management, Leistungsfähigkeit und ähnliches), und vergleichen Sie den Ist-Zustand mit der Soll-Situation, die Sie durch den Plan schaffen wollen.
- Orientieren Sie sich an den im folgenden Kapitel beschriebenen Planungsschritten. So können Sie alle wichtigen Informationen in Betracht ziehen und Ihre kreativen Fähigkeiten einsetzen.
- Verwirklichen Sie den Plan. Das Management darf den Plan nicht nur verbal unterstützen.
- Überprüfen Sie den Plan alle sechs Monate. Nur so lässt sich beurteilen, ob er sich bewährt hat oder was verändert werden sollte. Am Ende jedes Jahres sollte der Plan für das folgende entwickelt und in den langfristigen Plan integriert werden.

Warnung bei langfristigen Plänen

Nur allzu häufig glaubt man, durch einen langfristigen Plan alle Wachstumsprobleme gelöst zu haben. Das kann fatale Folgen haben. Fragen Sie sich deshalb:

- Wurden die Pläne gründlich vorbereitet? Führungskräfte können langfristige Pläne nicht nebenbei entwickeln.
- Waren die mit der Durchführung beauftragten Führungskräfte an der Konzeption beteiligt? Häufig wird Planung von Stabskräften durchgeführt und dann den Ausführenden präsentiert. Das klappt nur selten. Experten können Hilfestellung geben, Vorschläge und ihr Fachwissen einbringen. Der endgültige Plan sollte jedoch von den Leuten gemacht werden, die ihn verwirklichen sollen.

- Erfordern Pläne die Beschaffung von Geld oder Ressourcen? Wenn die Umstände sich ändern, muss vielleicht auch der Plan revidiert werden. Die Ressourcen sollte man jedoch erst übergeben, wenn sie benötigt werden.
- Sind die Betroffenen bereit, den einmal erstellten Plan zu revidieren? In einen Plan werden viel Arbeit und Gefühle investiert. Planer identifizieren sich mit ihrem Werk. Angesichts der Dynamik unserer Wirtschaft dürfen wir jedoch bei langfristiger Planung nicht krampfhaft an dem einmal Geplanten festhalten.
- Erwarten Sie schnelle Ergebnisse? Manche Manager sind enttäuscht, wenn ein Fünfjahresplan nicht schon im ersten Jahr Ergebnisse erzielt.

Michel Comminges, Präsident und Geschäftsführer der Etablissements Comminges, eines Schreib- und Papierwarengroßhandels in Paris, erstellte nach der Teilnahme an einem Dale Carnegie Management-Seminar einen Fünfjahresplan. Ziel der Gesellschaft war es zu expandieren, die Absatzkosten jedoch so niedrig wie möglich zu halten. 1975 betrugen die Absatzkosten 24 Prozent des Bruttoumsatzes. Eine Absatzsteigerung konnte nicht auf normale Art und Weise erreicht werden, denn das hätte nur zusätzliche Kosten verursacht. Mehr zu verkaufen, hätte nämlich normalerweise bedeutet, mehr Verkaufspersonal einstellen zu müssen und die Preise zu senken, um neue Kunden anzulocken, den Etat für die Werbung zu erhöhen und vielleicht zusätzliches Kapital zu leihen, um für die höheren Lagerhaltungs- und Geschäftskosten aufkommen zu können.

Michel Comminges fand jedoch eine bessere Lösung. Er gestaltete seine Vertriebsstrategie dahingehend um, dass er die Ware von den Herstellern nicht mehr kaufte, sondern nur noch in Kommission nahm. Die Hersteller sollten Eigentümer des Lagerbestands bleiben, ihn finanzieren, die Lieferungen durchführen und somit auch die Kosten der Lagerhaltung tragen. Er wollte sich auf das Marketing und den Absatz der Produkte konzentrieren.

Diese Lösung war noch nie ernsthaft in Betracht gezogen worden, da die Gewinnmarge zu schmal erschien. Doch ohne die Absatzkosten konnte ein einträgliches Geschäft daraus werden.

Folgender Fünfjahresplan mit der Zielsetzung, die Kommissionsverkäufe jedes Jahr zu steigern, wurde entwickelt:

Jahr	**Kommissionsgeschäfte in Prozenten**	
	Ziel	**erreicht**
1976	10 %	8 %
1977	20 %	14 %
1978	30 %	30 %
1979	40 %	40 %
1980	50 %	50 %

Die 8 Prozent, die 1976, und die 14 Prozent, die 1977 erreicht wurden, lagen unter den Zielvorgaben. Schuld daran waren vielleicht die ungünstigen wirtschaftlichen Verhältnisse zu dieser Zeit. Die Hersteller waren nicht so mit Arbeit überhäuft, dass sie die Verteilung ihrer Produkte einem Subunternehmer überlassen wollten.

Auch wenn bei der Kommissionsware die Gewinnspanne geringer war als bei der angekauften und weiterverkauften Ware, so verfügte die Vertriebsgesellschaft noch über genügend Zeit und Kapital, um expandieren zu können, was auf längere Zeit auch höhere Einnahmen bedeutete. Comminges' Entwurf für die nächsten Jahre wies eine Steigerung der Einkünfte auf, die der effektiveren Nutzung des Kapitals zur Erschließung neuer Absatzmärkte und dem steigenden Absatz auf den vorhandenen Märkten zu verdanken sein würde. Wesentlich dazu beigetragen hat auch die Vergrößerung der Verkaufsabteilung, die nicht möglich war, als Zeit und Kapital noch von der Lagerhaltung verschlungen wurden.

Ergebnisse messen

Langfristige Pläne lösen sich gerne in Abstraktionen auf. Deshalb ist es wichtig, ein System zu entwickeln, um Ergebnisse zu messen, die innerhalb von sechs bis zwölf Monaten erzielt wurden.

Zu diesem Zweck stellt man am besten für jeden Teilaspekt ein konkretes Kriterium auf, und zwar in Form von erwarteten Resultaten.

Wenn Resultate sich mengenmäßig bestimmen lassen, ist das Messen relativ einfach. Erwartet man eine Steigerung von Absatz oder Produktivität, setzt man eine jährliche Steigerungsrate fest und misst daran die tatsächlichen Ergebnisse.

Sind die Phasen eines Plans messbar, kann ein Vergleich angestellt werden: Ist zum Beispiel für die Fertigstellung einer Produktionsanlage ein Zeitraum von drei Jahren eingeplant, kann man ableiten, wie viel jedes Jahr fertig gestellt werden muss.

Schwieriger wird es, wenn der langfristige Plan immaterielle Ziele enthält, wie etwa wenn das Firmenimage verbessert werden soll. Um solche Ergebnisse zu messen, muss man Meinungsumfragen durchführen, die Presse und die in den Medien abgegebenen Kommentare analysieren etc. Aber selbst dann sollten bestimmte Kriterien zu Vergleichszwecken entwickelt werden.

4. Erste Schritte beim Planen

Planen muss immer mit Zielsetzungen verbunden sein. Die mit der Planung beauftragten Mitarbeiter sollten die Ziele des Unternehmens, der Abteilung oder anderer Einheiten, für die die Pläne gemacht werden, genau kennen.

Wer soll planen?

Planung sollte zum Aufgabenbereich jedes Managers gehören. Bestimmte Führungskräfte konzentrieren sich mehr auf die Planung als andere, so wird der Leiter einer Fertigungsüberwachung mehr Zeit auf die Produktionsplanung verwenden als ein Abteilungsleiter. Wer jedoch mit einem Plan arbeitet, sollte motiviert werden, sich bei der Planung zu engagieren.

Es gibt eine Reihe von Problemen wie: Wer übernimmt die Planung? Wie viel sollte von Experten aus den Stäben, wie viel vom regulären Führungsteam übernommen werden? Manche Unternehmen verlangen, dass der Abteilungsleiter seine Planung allein durchführt, denn er ist mit der Arbeit vertraut und kennt die Probleme und Folgen der getroffenen Entscheidungen. Dies ist jedoch nicht immer ratsam.

Wenn das Management vor der Entwicklung der Pläne von den Beteiligten Anregungen und Hinweise bekommt, wird es die Probleme besser handhaben können. Steht der Plan einmal, hängt es ausschließlich von ihnen ab, ob er Resultate bringt. Wenn sie an der Planung beteiligt waren, ist ihr Engagement meist sehr viel größer.

Bis vor kurzem gab es in Australien für die Einzelhandelsgeschäfte feste Ladenschlusszeiten. Als dieses Gesetz abgeschafft wurde, standen die Einzelhändler vor dem Problem, Verkaufspersonal für die nun zusätzlichen Verkaufszeiten zu planen.

Michael Jarjoura leitete eine kleine Ladenkette. Um diese ziemlich grundlegenden Änderungen in der Arbeitszeit einplanen zu können, forderte er seine leitenden Angestellten auf, Zeitpläne zu erstellen, um die Läden mit einem Minimum an Kosten zu besetzen. Seine Mitarbeiter wiederum führten mit ihren Angestellten die Planung für ihre Geschäfte durch.

Als die neue Regelung in Kraft trat, waren Jarjouras Läden vorbereitet. Die Konkurrenz konnte erst nach Wochen von den verlängerten Geschäftszeiten profitieren.

Generell kann man sagen: Längerfristige Pläne werden von Experten und dem Topmanagement des Betriebs erstellt; kurzfristige Pläne für aktuelle Probleme werden auf der unteren Management-Ebene entwickelt.

Welche Probleme gibt es?

Wenn Zielsetzungen klar umrissen sind und die Verantwortung übertragen wurde, müssen die Planer die Probleme klären, die zu lösen sind. Dabei sollten bestimmte Schritte befolgt werden:

Das Problem muss definiert werden

Jeder Planer soll das Problem in gleicher Weise verstehen. Wenn es das Ziel eines Gesamtplans ist, die Verkaufsquote zu steigern, und ein Beteiligter das Problem in den Verkaufstechniken sieht, während ein anderer die Preisfestsetzung verantwortlich macht, kann keine befriedigende Lösung gefunden werden. Um nachzuprüfen, ob das Problem auch von allen richtig eingeschätzt wurde, bittet man die Beteiligten um eine genaue Definition der Fragestellung. Betrachten Sie die Situation so objektiv wie möglich. Fragen Sie: *Was? Warum? Wann? Wo? Wer? Wie?*

- *Was* muss getan werden, um einen Mangel zu beheben, um auf Unvorhergesehenes vorbereitet zu sein, um eine Methode zu ändern?
- *Warum* muss es getan werden? Was geschieht, wenn es unterlassen wird? Ist die Maßnahme erforderlich, um aktuelle Probleme zu lösen oder um sich auf die Zukunft vorzubereiten? Wie wirkt sich diese Maßnahme auf unsere Zielsetzung aus?
- *Wann* soll es getan werden? Handelt es sich um eine dringende Notwendigkeit? Welcher Zeitplan sollte gelten?
- *Wo* findet es statt? Sind die für die Planung und Umsetzung der Pläne benötigten Einrichtungen vorhanden?
- *Wer* wird mit der Entwicklung des Plans beauftragt? Wird die Verantwortung den regulären Mitarbeitern oder einem Spezialisten-Team übertragen?
- *Wie* wird es getan? Wie wird der Plan entwickelt, und wie wird er später in der Praxis gehandhabt?

Geschäftsleute bestimmen ihre Probleme häufig ziemlich oberflächlich. Sie nehmen an, sie hätten das Problem erkannt, obwohl es in Wirklichkeit sehr viel tiefer wurzelt. Wie ein Arzt, der jenseits der Symptome nach den eigentlichen Ursachen einer Krankheit forscht, sollte auch der Manager die Symptome nicht mit den Ursachen verwechseln. Er muss zum Kern des Problems vordringen. Symptome verschleiern häufig die eigentliche Ursache.

Eine große New Yorker Kette von Selbstbedienungsrestaurants, die für gutes und billiges Essen bekannt war, stellte fest, dass sie Verluste machte. Die Betriebsführung zog den voreiligen Schluss, dass bei steigenden Lebensmittelkosten nur dann Gewinne erzielt werden könnten, wenn man entweder bei der Qualität Abstriche mache oder die Preise erhöhte. Sie tat Letzteres, worauf der Umsatz drastisch zurückging. Dann schlug sie den entgegengesetzten Weg ein, die Preiserhöhungen wurden rückgängig gemacht, dafür wurde die Qualität gemindert – mit dem Ergebnis, dass die Geschäfte noch schlechter gingen. Eine gründliche Analyse des Problems hätte ergeben, dass beide Interpretationen die eigentliche Ursache für die Verluste verkannt hatten. Hätte die Betriebsleitung der Fast-Food-Entwicklung mehr Beachtung geschenkt, wäre ihr aufgefallen, dass der Rückgang durch eine Veränderung der Essgewohnheiten bewirkt worden war. Die Schnellimbiss-Stände hatten den Selbstbedienungsrestaurants die Kunden abgezogen. Am Preis hatte es nicht gelegen, sondern am Angebot.

Die eigentliche Ursache liegt meist tiefer als die Symptome. Eine für die Diagnose verantwortliche Führungskraft muss also jedes Ergebnis hinterfragen, bis sie zum Kern des Problems vorstößt.

Als in dem Beispiel der Restaurant-Kette die Preiserhöhungen die Bruttoeinnahmen so drastisch senkten, dass die zusätzlichen Einnahmen pro Einheit den Gesamtverlust nicht mehr ausgleichen konnten, war es nahe liegend, erst die Preise zu senken und den Verlust durch geringere Qualität auszugleichen. Aber vor dieser Entscheidung hätte die Gesellschaft sich mit der Auswirkung niedriger Preise auf den Geschäftsumfang beschäftigen sollen. Ein gründliches Studium der Geschäftsbücher hätte gezeigt, dass der Preis weniger wichtig war als die Art des verkauften Produkts. Im Rahmen einer differenzierten Absatzanalyse hätte sich klar herausgestellt, welche Produkte sich gut verkauften und welche nicht.

Eine Kundenanalyse hätte ergeben, dass die nachfolgende Generation, deren Anteil am potenziellen Markt ständig wuchs, nicht mehr die Selbstbedienungsrestaurants frequentierte. Und ein gründlicher Manager hätte vielleicht herausgefunden, warum der Markt sich verändert hatte. Aber an irgendeinem Punkt muss die Analyse auch aufhören. Er ist erreicht, wenn die Diagnose klar genug ist, um entsprechend reagieren zu können.

Fakten sammeln

Fakten auszugraben, ist unerlässlich für eine richtige Diagnose. Diese Fakten sind noch wichtiger, wenn das Problem erkannt wurde. Um eine Lösung zu finden und einen Plan machen zu können, der die Zielvorgaben realisieren hilft, braucht man möglichst viele Informationen.

Der Manager muss sich aller verfügbaren Mittel bedienen, um sich sachdienliche Angaben zu beschaffen. Dazu gehören:

Frühere Erfahrungen

Ein logischer Einstieg wäre, zu überprüfen, wie ähnliche Probleme früher gehandhabt wurden. Ist das Problem die Einführung eines neuen Produkts, sollte man nachforschen, wie das Unternehmen früher seine Produkte auf den Markt gebracht hatte. Betrifft es die Einführung eines neuen Verfahrens, so fragt man, wie das gegenwärtige Verfahren entwickelt worden ist. War das Unternehmen selbst noch nie mit einem ähnlichen Problem konfrontiert, kann man auf die Erfahrung der Führungskräfte in anderen Betrieben zurückgreifen. Nicht, dass man diese alten Methoden unbesehen übernehmen muss. Sie sollten den Manager vielmehr zu den Fakten führen, die er benötigt, um die Planung in Angriff zu nehmen.

Ken Marshall, ein New Yorker Makler, stand vor dem Problem, innerhalb von fünf Jahren einen zweiten Umzug in geeignetere Räumlichkeiten organisieren zu müssen, und das ohne größere finanzielle Ausfälle. Er suchte also in seinen Unterlagen nach dem Plan für den letzten Umzug, unterzog ihn einer eingehenden Prüfung und las nach, welche Probleme in den Wochen nach dem Umzug entstanden waren.

Der erste Umzug war gut gelaufen. Probleme hatte nur die Verzögerung der Installation eines Informationsnetzes verursacht. Das hatte in den ersten Tagen zu einem Informationsstau geführt. Um das zu verhindern, setzte sich Marshall mit der Telefongesellschaft und den zuständigen Technikern bereits Wochen vor dem Umzug in Verbindung. Er stellte sicher, dass sie ihre Arbeit mit den übrigen Umzugsaktivitäten koordinieren konnten.

Durch diesen Rückgriff auf frühere Erfahrungen konnte der Umzug wie geplant durchgeführt werden. Das Informationsnetz funktionierte, als das Maklerbüro am Montagmorgen die Tür zu seinen neuen Geschäftsräumen öffnete.

Beobachten

Der Planer kann viele relevante Fakten aus erster Hand beziehen, wenn er die Augen offenhält. Durch das Erfassen aller relevanten Daten kann er die aktuelle Situation bestimmen.

Das wird gelegentlich auch als „MBWA – Management by Walking around" (Management durch Umhergehen) bezeichnet. Gute Führungskräfte kommen in ihrem Betrieb herum. Ihr Wissen ist dadurch genauer als nur durch die Informationen aus Berichten. Man sollte jedoch nicht nur beobachten, sondern auch mit den Beteiligten – Ausführenden und Leitenden – reden. Sie können Fakten liefern, die nicht an der Oberfläche liegen und nichtgreifbare Dinge beisteuern, die für die richtige Einschätzung einer Situation von ungeheurem Wert sind. Meinungen und Standpunkte der Angestellten, Beschwerden und Klagen über augenblickliche Methoden, Arbeitsmoral usw. sind ausschlaggebend für den Erfolg. Planer müssen sich auf diese Dinge konzentrieren, wenn sie echte Fakten haben wollen. Häufige Diskussionen und Gespräche mit Betriebsangehörigen lassen wichtige Aspekte eines Problems zutage treten, die sonst unbemerkt blieben.

Forschung

Viele Unternehmen haben eigene Informationszentren. Dort kann man sich Daten beschaffen, die durch Beobachtung oder Befragung der Mitarbeiter vor Ort nicht ausfindig gemacht werden konnten. Die Möglichkeiten reichen von Recherchen im technischen Bereich bis zu statistischen Archiven, Verkaufstrends und wirtschaftlichen Prognosen.

Unter die technischen Recherchen fallen ebenfalls in den Labors durchgeführte Arbeiten, Untersuchungen neuer Methoden und Verfahren. Aber auch die Bestimmung technischer Probleme, die bei der Planung von Geschäftsbereichen entstehen können, in denen der Betrieb keine großen Erfahrungen gesammelt hat, gehört dazu. Kann das Unternehmen diese Recherchen nicht durchführen, sollte der Planer sich außerhalb nach Experten umschauen.

Marktforschung ist die Untersuchung eines potenziellen Marktes für ein Produkt oder eine Dienstleistung. Die Daten werden aus den unterschiedlichsten Quellen bezogen. Manchmal kann Marktforschung allein mit Hilfe von Firmenunterlagen betrieben werden. Eine Umsatzanalyse kann bei der Planung potenzieller Verkäufe in verschiedenen Gebieten sehr nützlich sein. Durch eine Umsatzanalyse der Branche lässt sich der Gesamtumsatz des betreffenden Produkts oder der Dienstleistung sowie der Marktanteil des eigenen Betriebs bestimmen.

Marktforscher können die Präferenzen der Verbraucher feststellen und herausfinden, ob ein Bedarf besteht und ob der Käufer auch in der Lage ist, das betreffende Produkt zu kaufen. Von den prognostizierten Verkaufszahlen hängt die Planung bestimmter Geschäftsbereiche ab.

Eine weitere Möglichkeit, sich Informationen zu beschaffen, ist die Motivforschung. Es handelt sich dabei um eine psychologische Analyse, die zu erklären versucht, warum ein Verbraucher sich so und nicht anders entscheidet. Der Marktforscher führt bei einer repräsentativen Auswahl von Konsumenten eine gründliche Befragung durch und stellt fest, welche Beweggründe die Entscheidung der Käufer beeinflussen.

Motivforschung ergab zum Beispiel, dass Frauen häufig zögerten, gebrauchsfertige Kuchenmischungen zu kaufen, die nur mit Wasser angerührt werden müssen. Die Psychologen erklärten das mit dem Schuldgefühl, das die Käuferinnen empfinden, wenn sie keine „gesunden" Zutaten wie Butter, Eier und Mehl beimischen.

Die Hersteller dieser Kuchenmischungen bezogen diese Erkenntnisse in ihre Überlegungen ein und änderten die Rezeptur dahingehend, dass die entsprechenden Bestandteile wieder herausgenommen wurden.

Obwohl mehr Kosten entstanden und die Käuferinnen selbst Butter, Eier und Milch hinzufügen mussten, ging der Umsatz rapide in die Höhe. Durch die Entdeckung eines verborgenen Motivs konnte ein Problem gelöst werden.

Zu den Methoden der Informationsbeschaffung gehört auch die Auswertung der Statistiken über Bevölkerungsentwicklung, Veränderung bei der Erschließung von Märkten und die Entwicklung neuer Industrien. Quellen für diese Informationen können das Statistische Bundesamt oder auch die Statistischen Landesämter sein, ebenso Bibliotheken, Forschungsinstitute der Universitäten und entsprechende Publikationen der Handelspresse.

Die Fakten ordnen

Sind die meist umfangreichen Informationen vorhanden, müssen sie so zusammengestellt werden, dass man die richtigen Schlüsse aus ihnen ziehen kann.

Sind die Daten vor allem quantitativer Natur, kann ein Computer zur Bewältigung dieser Aufgabe eingesetzt werden. Viele Firmen benutzen ein Management Informationssystem (MIS), das in erster Linie Daten auswertet und das Management auf Informationen aufmerksam macht, die Planung und Entscheidungsfindung erleichtern.

Ein System zur Informationsbeschaffung ist die Unternehmensforschung (Operations Research – OR). Sie hilft zum Beispiel, komplexe Probleme zu diagnostizieren, Daten auszuwerten und Prognosen über Auswirkungen dieser Daten zu stellen. Später lässt sie sich auch zum Überprüfen von Entscheidungen verwenden.

Die Unternehmensforschung (OR) reduziert die Probleme auf eine komplexe mathematische Gleichung, ein so genanntes Modell. Jede einzelne Information kann in Bezug zu anderen Informationen und zum ganzen Problem analysiert werden. Mit Hilfe des Computers lassen sich die kompliziertesten Modelle aufstellen. OR ermöglicht die Einbeziehung unendlich vieler Variablen. Die Lösung der Gleichung liefert dem Planer eine Prognose über das, was bei verschiedenen Variablen eintreten kann, wenn sie einzeln oder gebündelt einbezogen werden.

Die wachsende Bedeutung des Operations Research wird an dem Stellenwert deutlich, den man ihm bei der Ausbildung an den wirtschaftswissenschaftlichen Fakultäten der Universitäten einräumt. So widmen sich gleich 6 der 24 Karlsruher Lehrstühle dem Bemühen, mit Hilfe der Mathematik die Risiken und die Chancen einer Entscheidung durchzuspielen.

Ein Autohersteller wollte für das folgende Jahr planen, in welchen Mengen einzelne Ersatzteile monatlich an regionale Warenlager geliefert werden sollten. Das Modell der OR-Experten basierte auf früheren Erfahrungen, Marktprognosen über Absatzmöglichkeiten neuer Wagen, dem Bedarf an Ersatzteilen bei älteren Modellen, klimatischen Bedingungen der verschiedenen Regionen (die besonderen Verschleiß verursachten), Straßenzustand und Höchstgeschwindigkeiten in den einzelnen Ländern. Als das Modell in den Computer eingegeben wurde, erfuhr die Firma die Größe des Bedarfs bestimmter Einzelteile in den verschiedenen Regionen. Sie konnte die Bedarfsdeckung besser planen und in die Millionen gehende Beträge einsparen. Ohne die gründliche Auswertung der Daten wäre dies nicht möglich gewesen.

Es ist jedoch gefährlich, sich ausschließlich auf quantitative Analysen zu verlassen (eine Falle, in die man leicht gerät, wenn OR oder Computerdaten zur Verfügung stehen). Häufig sind nicht messbare Faktoren der Schlüssel zur Lösung eines Problems. Der Planer sollte bei der Informationsbeschaffung und dem Ordnen der Fakten unbedingt Dinge wie Arbeitsmoral, Firmenimage, Beziehungen zur Standortgemeinde, gesetzliche Auflagen, Akzeptanz der Beteiligten und so weiter berücksichtigen.

Als Coca Cola 1985 das „neue Coke“ auf den Markt brachte, wurde eine extensive Marktanalyse durchgeführt, ehe man sich zu diesem wichtigen Schritt entschied. Obwohl die Statistiken bewiesen, dass ein Markt für dieses neue Produkt bestand, und die Tests den Wunsch nach einem neuen Geschmack erkennen ließen, war die Abwehrreaktion der Verbraucher so stark, dass Coca Cola wieder das klassische Coke anbieten musste. Was Statistiken und Marktanalysen nicht erkennen ließen, war die Abwehrhaltung der Verbraucher, die sich auf den alten Geschmack eingestellt hatten. Menschliche Faktoren, wie der Widerstand gegenüber Veränderungen und die Treue zu bestimmten Dingen, waren in die Analysen nicht einbezogen worden.

Die für die Planung verantwortliche Führungskraft muss sich darauf verlassen können, dass alle Fakten bekannt sind. Erst dann kann der nächste Schritt unternommen werden.

Alternativen entwickeln

Selten gibt es nur einen einzigen Weg zur Handhabung eines Problems. Planer müssen eine Reihe von Alternativen entwickeln, ehe sie sich für den bestmöglichen Weg entscheiden.

Bei der Beschaffung von Informationen stößt man häufig auf Daten, die sich auf die Lösung ähnlicher Probleme beziehen, denen andere Firmen sich gegenübersahen. Die Erfahrungen anderer können nützliche Alternativen liefern. Auf Management-Seminaren oder Treffen von Unternehmerverbänden profitiert man vom Austausch solcher Informationen.

Auch Fachzeitschriften zu durchforsten oder einfach mit Kollegen zu fachsimpeln, hilft, einen Fundus neuer Ideen zu entwickeln, die bei Problemlösungen äußerst nützlich sein können. Die regelmäßige Lektüre von Zeitungen und einschlägigen Zeitschriften sollte für einen Manager Pflicht sein. Man braucht sich nicht zu schämen, wenn man die Methoden anderer auf die eigene Situation anwendet. Durch Lesen, Zuhören und Gedankenaustausch können Führungskräfte ihren Horizont erweitern und die Zahl möglicher Handlungsalternativen vergrößern.

Individuelle Kreativität fördern

Bei der Entwicklung von Alternativen sollten Führungskräfte die schöpferischen Fähigkeiten ihrer Mitarbeiter einbeziehen. Jeder Mensch ist kreativ. Psychologen sagen, dass wir alle über dieses außerordentlich wichtige Talent verfügen, es aber häufig unterdrücken. Jedes effiziente Management beruht auf dem Prinzip der Partnerschaft. Und so tragen Führungskräfte auch die Verantwortung, dieses kreative Potenzial bei ihren Mitarbeitern zu erschließen.

Viele Menschen glauben nicht wirklich an ihre kreativen Möglichkeiten. Ihr Leben lang hat man ihnen gesagt, Kreativität sei eine besondere Gabe für Künstler, Schriftsteller und Werbefachleute. Ihre eigenen originellen Ideen und Vorschläge wurden meist von Eltern, Lehrern und Vorgesetzten lächerlich gemacht oder wenig beachtet.

Warum haben die meisten Menschen Angst davor, kreativ zu sein? Vor allem fürchten sie wohl, dass sie kritisiert oder ausgelacht werden, wenn ihre Ideen abgelehnt werden. Eine Führungskraft muss ihren Mitarbeitern helfen, diese Angst zu überwinden, indem sie ihnen Mut macht, eigene Vorschläge einzubringen und an der Planung aktiv teilzunehmen. Um die Kreativität ihrer Mitarbeiter wirklich zu fördern, sollte eine Führungskraft keinen Vorschlag ins Lächerliche ziehen, auch wenn er noch so absurd klingt. Alle Vorschläge sollten geprüft, nicht abgeschmettert oder belächelt werden. Nur wer Originalität zu schätzen weiß, nimmt den anderen allmählich die Angst, sich zu blamieren. Führungskräfte, die den kreativen Prozess verstehen, können eigene schöpferische Talente besser einsetzen und die ihrer Mitarbeiter fördern. Psychologen gliedern den schöpferischen Prozess in fünf Schritte:

- *Sättigung:* Bevor der menschliche Geist einen genialen Gedanken entwickelt, muss ihm das Problem „sattsam" bekannt sein. Dazu gehören die bereits erwähnte Beschaffung von Information und allgemeine Kenntnisse auf dem betreffenden Gebiet.
- *Analyse:* Fakten und Daten werden in unserem Kopf klassifiziert, in ein System gebracht und dabei so lange geordnet, bis sich ein Grundmuster erkennen lässt. Unser Denken selektiert ständig bestimmte Aspekte und vergleicht sie mit anderen Fakten, die wir eingegeben haben, und zahllosen (nie verloren gegangenen) Erinnerungen. Der Vergleich mit einem Computer liegt nahe; auch ein Computer vergleicht den neuen Input mit dem bereits eingegebenen Material. Der menschliche Geist ist jedoch sehr viel komplexer. Seine Ressourcen sind unendlich viel größer.

- *Reifezeit:* Hat unser „Computer“ die Fakten klassifiziert und analysiert, können wir vielleicht ein paar Antworten geben. Häufig ist unser Kopf so voller Fakten und Konzepte, dass wir keinen klaren Gedanken fassen können. Der menschliche Geist braucht Zeit und Abstand, damit sich das Chaos lichtet. Die Ideen reifen von selbst in unserem Unterbewusstsein heran, zum Beispiel, wenn wir schlafen oder uns entspannen. Deshalb sollte man diese Bedürfnisse nicht unterdrücken.

  Wenn Ihre Mitarbeiter frustriert vor einem Problem stehen, müssen Sie sich sagen, dass Frustration ein Teil des kreativen Prozesses ist und kein Anlass zur Sorge besteht. Sie signalisiert vielmehr, dass man das Problem eine Zeit lang sich selbst überlassen sollte.

- *Erkenntnis:* In Comics wird eine Figur, die gerade einen Geistesblitz hat, mit einer Blase über dem Kopf dargestellt, in der eine Glühbirne erstrahlt. Unser Gehirn arbeitet häufig genauso. Hat man genügend Daten gespeichert, Fakten analysiert, Bezüge hergestellt und alles eine Zeit lang mit sich herumgetragen, bietet sich plötzlich eine Lösung an. Vorsicht: Es hat keinen Sinn, auf eine derartige Erleuchtung zu warten, wenn man die vorbereitenden Schritte nicht unternommen hat. Sich zurückzulehnen und auf eine Inspiration von oben zu warten, hilft nur in den seltensten Fällen. Edison hat gesagt, Genie bestehe zu 99 Prozent aus Schweiß und nur zu einem Prozent aus Eingebung.

- *Anpassung:* Ist der Gedanke einmal gefasst, muss er geprüft und den Umständen angepasst werden. Eine Feineinstellung muss vorgenommen werden, um die verschiedenen Aspekte mit einbeziehen zu können. Eine Führungskraft sollte wissen, dass eine neue Idee sehr überzeugend klingen mag, dass sie aber trotzdem sorgfältig auf ihre Durchführbarkeit hin geprüft werden muss. Man läuft immer wieder Gefahr, sich in die eigenen Ideen zu verlieben und in Abwehrstellung zu gehen, wenn Veränderungen vorgeschlagen werden, statt sie zu integrieren.

Hier nun einige Beispiele dafür, wie Unternehmer durch Kreativität und Mitarbeiterorientierung wesentliche Verbesserungen für ihr Unternehmen erzielten und es auf den Weg zur Spitze brachten.

Klaus Kobjoll, Besitzer des ländlichen Hotels Schindlerhof bei Nürnberg, wurde als Hotelier des Jahres ausgezeichnet. Er ist ein engagierter Unternehmer, ständig auf der Suche nach neuen Ideen. Sein Ziel: den Gästen herausragenden Service zu bieten sowie abwechslungsreiche und hochwertige Menüs. Die Zimmer seines Hauses sind liebevoll eingerichtet. Bei ihm ist der Gast wirklich König und fühlt sich willkommen.

Dazu tragen Kobjolls motivierte Mitarbeiter wesentlich bei. Er beteiligt sie auch, wenn die Unternehmensleitung neue Jahresziele erarbeitet. Dazu sucht die Führungsmannschaft ein passendes Hotel und zieht sich jährlich für drei Tage zurück. „Mein wesentlichster Beitrag zu dieser strategischen, kreativen Konferenz besteht darin, zu moderieren und die Ziele realistisch zu halten“, sagt er. Der gute Manager nutzt hier die Kreativität seines Teams.

Dass Klaus Kobjoll ein „team-player“ ist, verdeutlicht er mit seinem Hotel-Modell: Eine Vielzahl von Zahnrädern greift ineinander, jedes Rad trägt das Bild eines Mitarbeiters, vom Auszubildenden bis zum Inhaber. An welchem Rad man auch dreht, stets bewegen sich alle anderen mit. Welch ausgezeichnetes Bild für Teamarbeit!

Der Schindlerhof wurde durch die Kreativität und gute Teamarbeit seines Besitzers in wenigen Jahren weit über die Grenzen Nürnbergs hinaus bekannt.

Ein weiteres Beispiel: Jim Metthews, ein Juwelier in Texas, löste das Problem der Abfallbeseitigung an seinen Arbeitsplätzen, indem er all diese Schritte des kreativen Prozesses nachvollzog. Obwohl die Abfälle, die bei der Arbeit entstanden, ganz offensichtlich Gold enthielten, wurden sie erst beseitigt, sobald sich größere Mengen angesammelt hatten.

Metthews fragte sich, welchen Eindruck ein so unordentlicher Arbeitsplatz auf seine Kunden machte. Er klagte über das Risiko und vor allem über die Verunreinigung, die es unmöglich machen konnte, Gold herauszusieben, wenn die Abfälle schließlich eingesammelt wurden. Die Sache ging ihm ständig im Kopf herum und beschäftigte ihn sogar noch in seinen Träumen.

Eines Morgens wachte er auf und wusste, was zu tun war. Es schien so einfach. Er begriff nicht, warum niemand früher darauf gekommen war. Man brauchte nur an jedem Arbeitsplatz einen Abfallbehälter aufzustellen und wöchentlich zu leeren. Der Abfall ließ sich so unter Kontrolle halten, und durch Verunreinigung entstand nur geringer Verlust. Das Gold konnte ausgesiebt und monatlich statt einmal im Jahr verkauft werden. Überdies waren die Arbeitsplätze sauberer, übersichtlicher und angenehmer geworden. Die Goldverkäufe brachten jetzt 10 200 statt 7 500 Dollar pro Jahr ein.

Man muss nicht träumen, um Kreativität zu entwickeln. Einfach die Augen aufmachen und beobachten, was um uns herum vorgeht, und das Gelernte in anderen Situationen anzuwenden, ist genauso kreativ wie sich etwas ganz Neues einfallen zu lassen.

Burt Martin, Geschäftsführer bei Sanborn Metals, bemerkte, dass in seiner Nachbarschaft ein neues Dienstleistungsunternehmen eröffnet hatte. Nachdem immer mehr Tankstellen zur Selbstbedienung übergingen und keinen Ölwechsel mehr anboten, war eine neue Geschäftsmöglichkeit entstanden: ein

Schnellservice für Ölwechsel. Burt Martin probierte ihn aus und war beeindruckt von dem Tempo und der Effizienz. Seit Jahren hatte seine Firma ihre Lastwagen zum Ölwechsel in die Reparaturwerkstatt des Händlers gebracht. Dafür wurden jedes Mal zwei Fahrer benötigt: Sie brachten den Lastwagen zum Händler (einer musste den anderen wieder ins Geschäft zurückfahren), stellten ihn dort für einen Tag ab und holten ihn am nächsten Tag wieder ab – auch das brauchte zwei Mitarbeiter. „Warum keinen Schnellservice für unsere Laster?" dachte er sich. Das Ergebnis: Burt Martin ersparte seiner Firma monatlich ungefähr 1 600 Dollar an Wartungskosten und verlorener Zeit. Hinzu kam, dass die Laster nicht mehr für den Rest des Tages ausfielen.

Kreatives Denken entwickeln

Unsere Einstellung kann die Entwicklung von Ideen fördern oder behindern. Der menschliche Verstand kann zwei unterschiedliche Wege einschlagen. Es gibt einen kritischen Verstand, der analysiert, vergleicht und selektiert, sowie einen kreativen, der visualisiert, projiziert und Ideen entwickelt.

Wenn der kritische Verstand dominiert, kann sich daraus eine negative Einstellung entwickeln. Man beschäftigt sich vor allem mit der Frage, warum etwas nicht durchführbar ist, statt neuen Ideen Raum zu geben. Der kritische Verstand wird oft schon den Kindern anerzogen, während der kreative häufig unterdrückt wird. Man hat uns beigebracht zu fragen „Warum geht das nicht?", statt zu sagen „Versuchen wir es!"

Um die Kreativität unserer Mitarbeiter zu fördern, müssen wir ihnen eine positive Einstellung vermitteln, wir müssen Begeisterung und Optimismus ausstrahlen. Wenn wir mit einer neuen Idee konfrontiert werden, sollten wir uns überlegen, wie man sie umsetzen kann, statt sie einfach abzulehnen.

Ein weiteres Problem bei der Entwicklung kreativen Potenzials ist die Zaghaftigkeit, mit der die meisten Leute ihre Ideen präsentieren. Wenn man sie nicht zu mehr Selbstvertrauen ermutigt, werden sie nie in der Lage sein, ihre kreativen Möglichkeiten auszuschöpfen. Als Führungskraft können Sie Ihren Mitarbeitern helfen, indem Sie Vertrauen in sie setzen. Manche Menschen brauchen auf diesem Gebiet auch gezielte Hilfe.

Häufig hängt es vom Vorgesetzten ab, ob Mitarbeiter ihre Hemmungen überwinden und Kreativität entfalten. Eine der größten Barrieren ist das angepasste Verhalten, das die meisten Menschen ihrem Umfeld gegenüber an den Tag legen. Sie haben Angst, anders zu denken, sich anders zu kleiden oder anders zu reden und zu handeln. Meist bedarf es eines Bilderstürmers, um neue Ideen in Umlauf zu bringen, die echte Antworten auf Probleme sind. Fast jede größere Erfindung wurde von Menschen gemacht, die den Mut hatten, Althergebrachtes in Frage zu stellen.

Als Vorgesetzter können Sie innovatives Denken fördern, indem Sie den Vorschlägen Ihrer Mitarbeiter Ihre ganze Aufmerksamkeit schenken, so unlogisch diese auch klingen mögen. Statt sie für undurchführbar zu erklären, sollte man sie durchsprechen und entscheiden, ob sich nicht doch etwas davon verwenden lässt.

Wenn man sich dazu äußert, sollte man dem anderen Mut machen, seine Originalität loben, Schwächen konstruktiv besprechen und nicht gleich alles in Frage stellen. Statt zu entgegnen „Das kostet zu viel", sollten Sie fragen: „Haben Sie schon einmal die Kosten berechnet?" Der andere wird von selbst das Kostenproblem erkennen. Wer es wagt, anders zu sein, wird auch mit ausgefallenen Ideen aufwarten, die sich häufig nicht realisieren lassen. Wenn ihn seine Kollegen und Vorgesetzten nicht ständig damit aufziehen, wird er vielleicht eines Tages innovative und brauchbare Vorschläge entwickeln.

Das betriebliche Vorschlagswesen ist eine gute Möglichkeit, von der Kreativität der Mitarbeiter zu profitieren. Im ehemaligen Wartburg-Werk in Eisenach produziert jetzt Opel. Und dort hat man Gruppenarbeit und Kreativität verordnet. Jeder Mitarbeiter jeder Gruppe ist zur ständigen Verbesserung seiner Arbeit aufgefordert. Der Verbesserungsprozess ist Teil der Unternehmenskultur. Und so geht man die Entwicklung des Vorschlagswesens an:

- Anfangs kommt es mehr auf Quantität als auf Qualität der Vorschläge an.
- Zunächst konzentriert man sich auf kleine Verbesserungen.
- Über die Annahme oder Ablehnung eines Vorschlags wird schnell entschieden.
- Der „Vater des Gedankens“ hat seine Idee in die Praxis umzusetzen. Eine Werkstatt steht ihm dafür zur Verfügung.
- Die Ideengeber werden mit Punkten, Autos und Geldprämien belohnt.
- Die Manager müssen sich intensiv um das Vorschlagsprogramm kümmern.

Eine große Barriere für kreatives Denken ist die Tendenz vieler, hartnäckig an dem Konzept festzuhalten, für das sie sich einmal entschieden haben. Sie verschließen Augen und Ohren vor jeder Kritik. Dale Carnegie schrieb: „Seien Sie Veränderungen gegenüber immer offen. Nur wenn Sie Ihre Überzeugungen und Ideen ständig überprüfen, können Sie sich weiterentwickeln.“ Das ist zwar ein Grundsatz für Führungskräfte, der aber auch für Ihre Mitarbeiter gilt, wenn Sie Kreativität entwickeln wollen. „So haben wir das immer gemacht“ oder „Das haben wir noch nie gemacht“ darf nicht als Entschuldigung gelten, um sich nicht mit neuen Ideen auseinander zu setzen.

Schwieriger sind Sackgassen, in die sich Menschen mit etwas abweichenden Ideen angesichts einer bestimmten Situation verrennen. Manchmal kann man in ein und derselben Situation diese Erfahrung mehrmals machen. Psychologen haben diese Probleme in der Wahrnehmung ausführlich beschrieben. Was uns stört oder unsere Grundüberzeugungen in Frage stellt, ignorieren wir lieber. Nur wenn wir durch äußere Umstände dazu gezwungen werden oder selbst die eigene, begrenzte Wahrnehmungsfähigkeit erkennen, sind wir zu einer Änderung bereit.

Kreativ sein heißt nicht, aus einer inneren Quelle der Inspiration, über die man selbst keine Kontrolle hat, völlig neue Ideen zu schöpfen. Die meisten kreativen Ideen werden entwickelt, indem man bereits Vorhandenes kombiniert, abwandelt, neu zusammenstellt oder anders einsetzt.

Alex Osborne hat in seinem Buch *Applied Imagination* eine Checkliste mit Fragen aufgestellt, die sich auf jedes Konzept anwenden lassen:

- *Zu anderen Zwecken verwendbar?* Lässt es sich, wie es ist, auch anderweitig verwenden? Oder lässt es sich in abgewandelter Form für andere Zwecke gebrauchen?
- *Anpassen?* Was hat damit Ähnlichkeit? Welche anderen Gedanken kann ich damit verbinden? Gibt es Parallelen in der Vergangenheit? Was lässt sich übernehmen? Wen sollte man sich zum Vorbild nehmen?
- *Modifizieren?* Neuer Aspekt? Bedeutung, Farbe, Bewegung, Klang, Geruch, Form, Umriss oder anderes verändern?
- *Verkleinern?* Was lässt sich wegnehmen? Sollte es kleiner, konzentrierter, tiefer, kürzer oder leichter sein? Weglassen? Aufteilen? Herunterspielen?
- *Ersetzen?* Wer oder was stattdessen? Andere Bestandteile? Anderes Material? Andere Verfahrensweisen?

Andere Energiequelle? Anderer Ort? Anderer Ansatz? Anderer Klang?

- *Umstellen?* Bestandteile anders zusammenfügen? Anderes Muster? Anderes Layout? Andere Reihenfolge? Ursache und Wirkung umkehren? Tempo ändern? Terminplan ändern?
- *Umkehren?* Negativ und positiv vertauschen? Vielleicht das Gegenteil ausprobieren? Zurückdrehen? Oben mit unten vertauschen? Schuhe vertauschen? Tische umdrehen? Andere Wange hinhalten?
- *Kombinieren?* Vielleicht eine Mischung, eine Legierung, ein Sortiment, ein Ensemble? Einheiten miteinander verbinden? Zielsetzungen kombinieren? Anreize kombinieren? Ideen kombinieren?

Wenn es Ihnen als Führungskraft gelingt, das kreative Potenzial Ihrer Mitarbeiter zu entwickeln, indem Sie eine Atmosphäre schaffen, in der neue Ideen willkommen sind, wenn Sie sie dazu bringen, Bücher zu lesen und an Seminaren teilzunehmen, die ihre Kreativität anregen, wenn Sie sie mit anderen schöpferischen Mitarbeitern zusammenbringen, dann bereiten Sie den Boden für innovative, produktive Ideen vor, die Ihr Unternehmen weiterwachsen lassen. Und was noch wichtiger ist: Wer dieses kreative Potenzial fördert, wächst selbst dabei. Er entwickelt sich zur dynamischen, leistungsfähigen Persönlichkeit.

Kreativität macht sich bezahlt. Die Teilnehmer von Dale Carnegie Management-Seminaren haben von unzähligen neuen Vorschlägen berichtet, die im Anschluss an das Kreativitätstraining in den Betrieben gemacht wurden. Sie halfen, Kosten zu reduzieren, Fertigungszeit zu verkürzen und aufregende neue Verfahren und Arbeitskonzepte zu entwickeln. Auch hierzu einige Beispiele:

Willi Ganster, Geschäftsführer des Systemhauses PCS, hatte klar erkannt, dass in seinem Team viel Erfahrung und Know-how steckte, das genutzt werden musste. Statt bei Besprechungen selbst Entscheidungen zu treffen, stellte er seinen Mitarbeitern stets zwei Fragen: „Was schlagen Sie in diesem Fall vor?“ und „Warum ist dies Ihre beste Lösung?“ Aus den Antworten konnte er leicht erkennen, wie weit ein Mitarbeiter die Situation analysiert, durchdacht und ausgearbeitet hatte. In etwa 80 Prozent der Fälle hatten die Mitarbeiter mit ihrem ausgezeichneten Sachverstand die Lösung des Problems bereits selbst gefunden. Dies führte schließlich dazu, dass die Mitarbeiter Entscheidungen schneller trafen und damit die Innovationsfreudigkeit des Systemhauses erheblich gesteigert wurde.

Robert Hiller arbeitet für einen Großhändler, der den Transport der Güter selbst durchführte und das nicht einer Spedition überließ. Er schlug seinem Geschäftsführer vor, eigene Zapfsäulen aufzustellen, statt bei regulären Tankstellen zu tanken. Auf diese Weise wurden über 3 000 DM jährlich eingespart.

Walter Lott mobilisierte seine schöpferischen Kräfte, um ein Kundendienstproblem zu lösen. In seiner Teppichhandlung war es üblich, dass der Kunde zuerst die Auslegeware aussuchte; später rief die Versandabteilung ihn an, um den Termin für die Vermessung festzulegen; danach wurde ein weiterer Anruf getätigt, um die Verlegung zu vereinbaren.

Das neue Verfahren, das Lott seinem Chef vorschlug, sah vor, dass die Verkäufer mit dem Kunden einen Termin für den Vermesser vereinbaren sollten; der Vermesser wiederum machte mit ihm einen Termin für den Verleger aus. Auf diese Weise ersparte er der Firma das lästige Herumtelefonieren, und die Kunden konnten prompt und zuverlässig bedient werden.

Die Kreativität der Gruppe fördern

Oft stellt man sich unter einem schöpferischen Menschen ein Individuum vor, das in einem Vakuum arbeitet und Ideen produziert wie Einstein oder Edison. In Wirklichkeit werden jedoch viele kreative Konzepte von Menschen entwickelt, die im Team arbeiten. Interaktion und Gedankenaustausch fördern den kreativen Prozess.

In den letzten Jahren wurde diese Art von Gruppendenken eingesetzt, um das kreative Potenzial der Mitarbeiter zu entwickeln. Ursprünglich waren es Werbeagenturen, die auf diese Weise neue Kampagnen konzipierten.

Als Urheber des Gedankens wird der Werbemann Alex Osborne betrachtet. Er nannte es *Brainstorming*.

Bei einer normalen Konferenz liegt der Schwerpunkt auf Analyse und Kritik, weniger auf der Entwicklung neuer Ideen. Der Vorsitzende hat häufig die Kontrolle über den Ablauf der Verhandlung, und da er für gewöhnlich auch der Chef ist, stoßen seine Vorschläge selten auf Widerspruch. Neue Ideen werden sofort analysiert und bewertet, was sich auf die Beteiligten eher hemmend auswirkt.

Beim Brainstorming hingegen sollen so viele Ideen wie nur möglich hervorgebracht werden, unabhängig von ihrem Wert. Auch belanglose, verrückte Ideen können bei anderen etwas in Gang setzen.

Osborne schreibt: „Das Assoziationsvermögen ist ein in zwei Richtungen fließender Strom. Wenn einer der Diskussionsteilnehmer eine Idee hervorbringt, spielt seine Phantasie schon automatisch mit der nächsten. Gleichzeitig stimulieren seine Ideen das Assoziationsvermögen der anderen."

Bei einem typischen Brainstorming beschäftigt sich eine Gruppe von fünf bis zehn Leuten mit einem Thema, das bereits vorher bekannt gegeben wird. Der Vorsitzende tut nichts weiter, als es vorzustellen, und nimmt dann seinen Platz als Gleicher unter Gleichen ein. Alle Teilnehmer äußern nun ihre Ideen beziehungsweise Problemlösungsvorschläge, die jeweils von einem Kollegen notiert werden. Dadurch werden meist mehr Alternativen entwickelt, als wenn dieselben Leute unabhängig voneinander arbeiten und nachdenken.

Vier Grundregeln sind beim Brainstorming zu beachten:

- Die genannten Ideen werden nicht kritisiert. Analysen werden nach, nicht während der Sitzung durchgeführt.
- „Drauflosreden“ ist erwünscht. Je ausgefallener eine Idee ist, umso besser.
- Je mehr Ideen und Vorschläge, desto wahrscheinlicher ist es, dass ein paar davon etwas taugen.
- Die Ideen der Teilnehmer sollten verbessert sowie kombiniert und die Teilnehmer ermutigt werden, Ideen anderer aufzugreifen und weiterzuentwickeln.

Bedauerlicherweise haben sich viele Manager angewöhnt, erst dann zu sprechen, wenn sie alles bis ins letzte Detail durchdacht haben. Sie sind oft zu gehemmt, um bei einem Brainstorming effektiv zu sein. Wenn sie diese Hemmungen einmal abgebaut haben, können sie aktiv teilnehmen und zum Erfolg des Programms beitragen.

Wenn alle gesammelten Ideen schriftlich vorliegen, müssen sie sorgfältig analysiert werden. Die damit beauftragte Führungskraft wählt die brauchbarsten aus, wendet auf sie die im folgenden Kapitel beschriebenen Beurteilungskriterien an und entscheidet – am besten gemeinsam mit den Teilnehmern am Brainstorming, welche vorgeschlagene Alternative umgesetzt werden soll.

Viele Unternehmen benutzen nur bestimmte Aspekte der Gruppenkreativität, um Probleme, von der Kostensenkung bis zu neuen Produktnamen, zu lösen. Dazu einige Beispiele:

Ein Direktwerbeunternehmen hatte große Schwierigkeiten, Mitarbeiter für eine extrem langweilige Routinearbeit zu finden. Maschinell konnte diese nicht erledigt werden. Der häufige Personalwechsel bedeutete nicht nur mehr Formalitäten, sondern auch, dass man nie wusste, ob die Arbeit erledigt würde. Durch Brainstorming kam man zu dem Ergebnis, dass die Arbeit für eine normal begabte Person zu monoton, für geistig Behinderte aber durchaus geeignet war. Also stellte man zwei Behinderte ein. Sie blieben nicht nur lange bei der Firma, sondern arbeiteten auch pünktlich und sorgfältig.

Norman Strauss, Absolvent des Dale Carnegie Management-Seminars in New York, setzte Brainstorming ein, um sich einen wichtigen Auftrag zu sichern. Sein Unternehmen, eine Malerfirma, hatte sich beworben, den Madison Square Garden, New Yorks größte Veranstaltungshalle, neu zu streichen. Das größte Problem war die 33 Meter hohe Decke der Halle: Man hätte ein Baugerüst aufstellen müssen. Die Kosten dafür sollten 69 000 Dollar betragen. Strauss wusste, dass seine Mitbewerber auf denselben Gerüstbauer angewiesen waren und auch mit denselben Kosten rechnen mussten. Wenn er den Auftrag bekommen wollte, musste die Decke ohne Gerüst gestrichen werden.

Strauss und seine Mitarbeiter erarbeiteten durch Brainstorming Alternativen. „Die seltsamsten Vorschläge kamen aufs Tapet", meinte Strauss, „aber alle Vorschläge wurden entgegengenommen. Schließlich fand sich dann eine Lösung. Einer unserer Leute hatte einen Laster mit einer Hebebühne beobachtet, der besonders hohe Straßenlaternen reparierte. Warum konnten wir damit nicht auch die Decke von Madison Square Garden erreichen? Die Miete für einen Cherry-Picker betrug 5 000 Dollar. Wir konnten also ein sehr viel günstigeres Angebot machen und bekamen den Auftrag."

Eberhard Färber, Mitinhaber und Geschäftsführer der IXOS in München, wollte seinen Mitarbeitern im Software-Bereich etwas Besonderes bieten. Da für Software-Entwicklung hohe Konzentration und Kreativität erforderlich sind, kam es immer wieder zu Beschwerden der Mitarbeiter; schon durch die normalen Arbeitsgeräusche ihrer Kollegen fühlten sie sich gestört. Arbeitsunterbrechungen und Kreativitätsverluste waren die Folge. Durch Brainstorming fand man gemeinsam eine gute Lösung: Für jeden Mitarbeiter wurde ein CD-Player mit Kopfhörer und Schallplatten ganz nach dem Geschmack der einzelnen Mitarbeiter angeschafft. Während ihrer Arbeit konnten die Software-Entwickler nun die Musik hören, die ihnen gefiel. So wurden sie nicht weiter durch die Arbeitsgeräusche gestört und zudem durch den positiven Einfluss der Musik in ihrer Konzentration und Kreativität gestärkt. Das Resultat: Die Zufriedenheit und Harmonie in dieser Abteilung nahmen spürbar zu, ebenso die Effizienz der Entwicklungsarbeit.

Es reicht, wenn Brainstorming die Teilnehmer an Dinge erinnert, die sie im Zusammenhang mit dem Thema vergessen hatten. Vielleicht wird das nicht als kreativ angesehen, weil dabei keine neuen Ideen entwickelt werden. Wenn jedoch brauchbare Lösungen gefunden werden, die bekannt aber vergessen waren, ist eine Konferenz trotzdem als kreativ zu bezeichnen.

In einem Münchener Investitionsgüter-Unternehmen zum Beispiel war die Zusammenarbeit von Service und Vertrieb denkbar schlecht. Die erfahrene Service Mannschaft hatte immer wieder Probleme mit dem Vorgehen des Vertriebs und dessen Verkaufsstrategien. Der Service erhielt keine Informationen über besondere Verkaufsaktionen oder neue Produktvarianten. Erst beim Kunden wurden die Service-Mitarbeiter davon überrascht.

Gleichzeitig hatte der Vertrieb wenig Verständnis, wenn Entscheidungen für bestimmte Applikationen vom Kundendienst nur zögernd realisiert oder unterstützt wurden.

Dann wechselte die Geschäftsführung des Unternehmens. Eine gemeinsame Gesprächsrunde in entspannter Atmosphäre erörterte neue Ziele und verbesserte die Teamarbeit. Dabei wurden die Störfaktoren ermittelt. Gegenseitige Akzeptanz und Verständnis führten zu einer reibungslosen Zusammenarbeit der beiden wichtigen Unternehmensbereiche.

Methode 6 – 3 – 5

Eine andere Kreativitätstechnik ist die Methode 6 – 3 – 5: 6 Teilnehmer entwickeln jeweils 3 Ideen in Zeitabschnitten von je 5 Minuten. Im Einzelnen läuft dies folgendermaßen ab: Das Problem wird vorgestellt, besprochen und die genaue Problemstellung umrissen. Jeder Teilnehmer notiert nun auf einem Blatt Papier oder einem Formular 3 Ideen. Nach 5 Minuten werden die Formulare ausgetauscht, das heißt, jeder Teilnehmer gibt sein Formular an seinen rechten Nachbarn weiter und erhält dasjenige seines linken Nachbarn. Alle notieren wiederum innerhalb von 5 Minuten 3 Ideen und reichen erneut ihr Blatt weiter. Auf diese Weise wird fortgefahren, bis jeder wieder sein eigenes Formular in den Händen hält.

Idealerweise sollte jeder im Verlauf des Gruppenprozesses 18 Ideen entwickeln, so dass am Ende 108 Problemlösungsvorschläge vorhanden sind. Die Methode 6 – 3 – 5 ist besonders zu empfehlen, wenn viele Personen in einen Ideenfindungsprozess eingeschaltet sind. Es können bei entsprechender Teilnehmerzahl auch mehrere 6 – 3 – 5-Gruppen gebildet werden.

Am Ende können alle Formulare noch einmal reihum kursieren, und jeder Teilnehmer kreuzt auf jedem Formular die 3 Ideen an, die ihm am besten gefallen. Die Vorschläge, die die meisten Kreuze auf sich vereinigen, werden vorgelesen und von der Gruppe im Brainstorming noch weiterentwickelt.

Ein Unternehmen setzte die Methode 6 – 3 – 5 ein, um die enormen Kosten für Ferngespräche zu reduzieren. Die Vorschläge aus der Gruppe reichten von einer Eieruhr auf jedem Schreibtisch bis zur Regelung, Auslandsgespräche nur dann zu führen, wenn die Gebühren im eigenen Land, zum Beispiel wegen des „Mondschein-Tarifs", niedriger waren, Kunden in der anderen Zeitzone aber noch in ihren Büros erreicht werden konnten. Die Firma konnte auf diese Weise Tausende von Mark im Jahr einsparen.

Synektik und laterales Denken

Die Methode der Synektik versucht, weit abseits von einem Problem liegende Wissensbereiche mit dem Problem zu verknüpfen und daraus kreative Lösungsvorschläge abzuleiten. („Synektik" bedeutet „etwas miteinander in Verbindung bringen".)

Normalerweise sind wir Menschen geneigt, in festen Bahnen oder Strukturen zu denken. Gerade diese starren Muster verhindern oft das Finden kreativer Lösungen. Deshalb wird bei der Synektik versucht, durch einen Verfremdungsprozess bewusst aus den festen Denkmustern auszubrechen.

Zu diesem Zweck sollten geeignete Analogiebereiche gefunden werden, die auf das Problem angewandt werden können. Wenn es sich zum Beispiel um ein technisches Problem handelt, bietet es sich an, Analogien aus dem Bereich der Natur zu verwenden.

Oft kann es auch hilfreich sein, für die Problemlösung beliebige Wörter – vorzugsweise Hauptwörter – auszuwählen, die viele Assoziationen hervorrufen. (Nach Edward de Bono heißt diese Methode „laterales" Denken, also Denken über einen Seiteneinstieg.)

Ein Zigarettenhersteller suchte nach einer Lösung, wie er die Tatsache, dass Zigaretten gesundheitsschädlich sind, mit seinen Produkten verbinden konnte. Nachdem Brainstorming und andere Kreativitätsmethoden zu keiner Problemlösung geführt hatten, suchte der Leiter des Kreativitätsteams nach einem neuen Zugang zu dem Problem. Er schlug ein Wörterbuch an x-beliebiger Stelle auf und wählte per Zufall das Wort „Verkehrsampel“ aus.

Es dauerte nicht lange, bis das Team auf die Idee kam, die Zigaretten mit einem breiten roten Streifen in einem bestimmten Abstand zum Mundstück zu versehen. Das signalisiert den Rauchern eine Gefahren- oder Entscheidungszone. Wer vor der roten Banderole aufhört zu rauchen, verringert das Gesundheitsrisiko und gewinnt an Willenskraft.

Kreativitätsmethoden wie die Synektik und das laterale Denken sind sinnvoll, weil der menschliche Geist wie ein selbst organisiertes System arbeitet: Auch wenn man an einem beliebigen und anscheinend sinnlosen Punkt startet, dauert es nicht lange, bis man wieder beim Kern des Problems angelangt ist. Der menschliche Geist verleiht dann ganz von selbst dem neuen Zugang einen Sinn. Im Nachhinein erscheint das zuerst als unlogisch anmutende Vorgehen sogar logisch. Die Synektik ist zeitaufwendiger als das Brainstorming und die Methode 6 – 3 – 5; daher wird sie zumeist dann eingesetzt, wenn andere Kreativitätsmethoden nicht zu einem Erfolg geführt haben.

5. Entscheidungen treffen

Häufig hört man den Kommentar: Manager werden dafür bezahlt, dass sie Entscheidungen treffen. Wahrscheinlich verdanken sie dieser Tatsache Status und Gehalt.

Entscheidungen werden an vielen Schnittstellen der Unternehmensführung getroffen. Dabei handelt es sich nicht nur um die Wahl zwischen verschiedenen Alternativen, mit der wir uns im Folgenden beschäftigen werden. Es gibt auch Entscheidungen in der Organisation, der Führung, der Koordination und der Kontrolle. Die Techniken der Entscheidungsfindung sind in diesen Bereichen gleich. Viele Manager verlassen sich darauf, dass sie intuitiv die richtige Entscheidung treffen werden; ihre Erfahrung hat das häufig bestätigt. Wissenschaftsorientierte, moderne Jungmanager halten das für Unsinn. Trotzdem haben sich viele intuitive Entscheidungen als richtig erwiesen. Die Intuition ist bei der Entscheidungsfindung wichtig. Sie beruht auf gründlicher Sachkenntnis und fundiertem Hintergrundwissen. Dies lässt Manager eben intuitiv richtige Entscheidungen treffen.

Erfolgreiche Manager werden sich jedoch nicht ausschließlich auf ihre Intuition verlassen. Sie beschaffen sich möglichst viele Informationen. Von diesen Fakten ausgehend, entwickeln sie Alternativen: Die eigentliche Entscheidung besteht darin, zwischen diesen Alternativen zu wählen.

Dazu müssen verschiedene Möglichkeiten im Hinblick auf Zielvorhaben, Probleme, die durch diese Entscheidung entstehen, und Risiken bewertet werden. Diese Bewertung wird durch einen Vergleich der Alternativen mit ihren Vorteilen und Grenzen erreicht.

Den Prozess der Entscheidungsfindung bezeichnet man als *rationale Analyse*. Der erste Schritt besteht in einem klaren Verständnis der Ziele, der nächste in der Beurteilung der Konsequenzen. Darunter fallen einmal die messbaren Faktoren: Kostenaufwand, vorhandene Anlagen, verfügbares Personal, die Zeit, die eine Führungskraft darauf verwenden muss … Auch nicht messbare Faktoren müssen berücksichtigt werden: wie sich jede Alternative auf die Kundenakzeptanz, das Firmenimage und die Arbeitsmoral auswirkt, inwieweit andere Bereiche davon tangiert werden.

Wenn Unterschiede messbar sind – wie zum Beispiel bei Kosten, Investitionen, erwarteten Gewinnen – sind Vergleiche einfacher anzustellen. Als gemeinsamer Nenner eignet sich der

Geldwert: Versuchen Sie, wo immer möglich, die Produktionseinheiten in Stückzahlen und in Mark und Pfennig auszudrücken.

Beim Kostenvergleich sollte man sich an eine nützliche Regel halten und die Kostendifferenz feststellen, die entsteht, wenn man die Kosten für eine Alternative mit den Kosten vergleicht, die auch dann anfallen, wenn man die Alternative nicht wählt. Häufig wird aber der Fehler gemacht, bestimmte Kosten, die für die Entscheidung irrelevant sind, in den Prozess mit einzubeziehen.

Ein typisches Beispiel hierfür ist ein Unternehmen, das viel in die Entwicklung eines neuen Produkts investiert. Später wird ein neues Herstellungsverfahren erwogen. Die Reaktion ist gewöhnlich: „Wir haben schon so viel in das erste Verfahren investiert, dass wir damit weitermachen sollten.“ Es ist, als würde man gutes Geld schlechtem hinterherwerfen. Bei der Entscheidungsfindung sollten bisherige Investitionen keine Rolle spielen. Die Entscheidung sollte vielmehr im Hinblick auf künftige Kosten und andere Faktoren getroffen werden.

Auch die zahlenmäßig nicht leicht ausdrückbaren Faktoren müssen sorgfältig analysiert werden. Ihre Bedeutung wird leichter erkennbar, wenn man die „weichen“ Faktoren auf ihre Folgekosten hin überprüft.

Zum Beispiel lassen sich die Auswirkungen sinkender Arbeitsmoral messbar machen, wenn man die dadurch verursachte Fluktuation berechnet. Ein Betrieb muss sich gelegentlich entscheiden, ob er eine frei werdende Stelle extern oder intern besetzen will. Die Geschäftsleitung sollte sich über Folgendes im Klaren sein: Ein übergangener Betriebsangehöriger mag wegen seines bevorstehenden Ruhestandes selber nicht kündigen, die Tatsache seiner Nichtberücksichtigung kann aber von anderen Mitarbeitern als Zeichen mangelnder Beförderungsmöglichkeiten angesehen werden. Wenn die Betriebsführung beide Alternativen konsequent durchdenkt, kann sie sich ausrechnen, welche Kosten die eine oder andere Entscheidung nach sich zieht.

Eine andere Methode ist, verschiedene Kriterien aufzustellen, an denen jede Alternative gemessen wird. Einige Kriterien sind absolut, das heißt, die Alternative muss diesen Kriterien entsprechen, um überhaupt in Erwägung gezogen zu werden. Andere sind wünschenswert; sie werden ihrem Stellenwert entsprechend aufgelistet. Die bestmögliche Alternative ist dann diejenige, die neben allen absoluten die wichtigsten wünschenswerten Kriterien berücksichtigt.

Diese Methode bewährt sich auch bei den wichtigen Personalentscheidungen. Muss man sich zwischen mehreren Bewerbern entscheiden, bestimmt man am besten die absoluten und die wünschenswerten Kriterien für die Besetzung der Stelle.

In den letzten Jahren wurden viele Methoden entwickelt, die dem Management die Entscheidungsfindung erleichtern sollen. Die meisten sind quantitativer Natur und setzen häufig das Verständnis komplexer mathematischer Vorgänge voraus.

Solch eine Analyse kann aber sehr nützlich sein. Führungskräfte sollten sich mit ihren Methoden vertraut machen. Und doch sind diese quantitativen Entscheidungshilfen kein Allheilmittel für Management-Krankheiten. Sie können nur quantitative Einschätzungen liefern, aber kein gesundes Urteilsvermögen ersetzen. Man lässt sich am besten die Ergebnisse einer mathematischen Analyse von einem Experten erklären und benutzt sie als Instrument für die Entscheidungsfindung.

Der Computer als Entscheidungshilfe

Seit Computer in der Wirtschaft Verwendung finden, haben Führungskräfte sie auch zur Informationsgewinnung und zur Problemlösung genutzt. Wenn alle Aspekte eines Problems in einen Computer eingegeben werden, können auf diese Art betriebliche Entscheidungen getroffen werden.

Da die meisten Probleme aber nicht entsprechend programmiert werden können, ist der Computer in erster Linie ein Instrument zur Aufbereitung von Details. Er liefert die zur Entscheidungsfindung notwendigen Informationen rasch. Eine Situation, die sich quantitativ erfassen lässt, wird mit seiner Hilfe gründlicher aufbereitet. Der Computer kann auch Simulationsmodelle berechnen, auf deren Grundlage ein Manager die möglichen Resultate verschiedener Alternativen absehen kann.

Kollektive Entscheidungen

Viele Betriebe bevorzugen eine gemeinsame Entscheidungsfindung. Ausschüsse werden gebildet oder spezielle Beratungsgremien eingesetzt – oder die Führungsspitze bespricht die Angelegenheit unter sich. Der Schlüssel zur kollektiven Entscheidung ist der Konsens: Alle Beteiligten einigen sich auf eine Entscheidung. Sind sich die Verantwortlichen einig, wird ihnen der Erfolg der Sache auch am Herzen liegen.

Eine Methode, kollektive Entscheidungen zu treffen, ist die Bildung eines Teams. Sie basiert auf dem Konzept des Brainstormings, um Alternativen zu produzieren. Anschließend werden die eingebrachten Ideen durch Vergleich, Analyse und Bewertung so aufbereitet, dass bei der Lösung des Problems Übereinstimmung erreicht wird.

Die Vorschläge werden auf einem Blatt benotet, und der Leiter bestimmt die Durchschnittsnote eines Vorschlags; die besten Vorschläge werden einem anderen, ranghöheren Team vorgelegt.

Das ranghöhere Team benotet ebenfalls. Duplikate werden analysiert und gegebenenfalls kombiniert. Die besten werden einer letzten Instanz, einem Team aus Top-Managern des Unternehmens, vorgelegt. Dieses Team prüft die ausgewählten Vorschläge und veranlasst ihre Ausführung.

Diese Verfahrensweise ist vor allem für große Firmen geeignet. Sie formalisiert kollektive Entscheidungen und forciert objektive Ergebnisse, da sie Benotungen und Erklärungen verlangt. Das Konzept des Brainstormings wird dabei erweitert: Zu dem kreativen, Kritik ausschließenden Aspekt kommt die Beurteilung hinzu.

Nachteilig ist, dass die Methode viel Zeit und viel Geld verschlingt. Deshalb ist sie nur für Unternehmen geeignet, die über Expertenstäbe und genügend Führungskräfte verfügen.

Manche Konzepte können aber auch von kleineren Gruppen realisiert werden, besonders die Benotung von Alternativen mit entsprechenden Erläuterungen.

Diese Form der Entscheidungsfindung im Team ist nicht nur auf den sachlichen Bereich begrenzt, wie das folgende Beispiel zeigt.

Die Chefsekretärin der Firma Gould-Modicon hatte gekündigt. Ihr war aber sehr daran gelegen, dass eine geeignete Nachfolgerin für diese wichtige Position gefunden wurde. Nach intensiven Überlegungen lud sie einige Manager zu einer kurzen Besprechung ein, bei der die Muss- und die Wunschkriterien festgelegt wurden, die eine Nachfolgerin zu erfüllen hatte. Dieses Anforderungsprofil wurde dann einem Personalberater übergeben, der nach der idealen Chefsekretärin suchen sollte.

Vier Kandidatinnen kamen in die engere Wahl. Sie wurden zu einem ersten Vorstellungsgespräch eingeladen und von der scheidenden Sekretärin und zwei Managern nach den festgelegten Kriterien bewertet.

Eine der Kandidatinnen schied von vornherein aus, da sie ganz offen zu erkennen gab, dass sie von solch einem Teamwork nichts hielt. Die anderen drei Kandidaten wurden dem Firmenchef vorgestellt, der schließlich auch der Empfehlung des „Dreier-Rates“ folgte.

Diese Entscheidung wurde vom ganzen Unternehmen getragen, und jeder fühlte sich für die neue Kraft verantwortlich, hatten sie doch gemeinsam die Entscheidung vorbereitet. Kein Wunder also, dass die neue Chefsekretärin die Arbeit ihrer Vorgängerin erfolgreich fortführen konnte.

Wenn eindeutige Kriterien gemeinsam erarbeitet werden, können sogar kritische Personalentscheidungen erfolgreich getroffen werden.

Der menschliche Aspekt bei der Entscheidungsfindung

Gleich, ob eine Entscheidung von einem Spezialisten-Team oder von einem Einzelnen getroffen wird, der menschliche Aspekt darf nie unberücksichtigt bleiben. Innerhalb einer Gruppe fällt er vielleicht weniger ins Gewicht. Spannungsfelder zwischen Mitarbeitern werden häufig von der Gruppe neutralisiert.

Bei der individuellen Entscheidung spielt der menschliche Aspekt eine größere Rolle. Jeder Mensch hat eigene Ziele. Diese Ziele, wie auch die allgemeine Beurteilung der Lage, beeinflussen seine Entscheidung wesentlich.

Um objektive Entscheidungen zu treffen, muss der Manager als Entscheidungsträger eigene Vorurteile, Interessen und persönliche Zielvorgaben kennen und davon abstrahieren können.

Manche Manager der mittleren Führungsebene sind von den Zielen ihrer Abteilungen so sehr durchdrungen, dass sie die großen Zusammenhänge aus den Augen verlieren. Ihre Entscheidungen sind mit den Zielsetzungen des Unternehmens nicht mehr vereinbar. Daran ändert sich nichts, wenn sie ins

Topmanagement aufrücken: Sie handeln und entscheiden immer noch als Spezialisten.

Ein anderer menschlicher Aspekt bei der Entscheidungsfindung ist die Angst vieler Menschen, sich festzulegen. Schuld daran sind Ablehnung und Kritik. Dadurch erscheint es den Betroffenen manchmal als die beste Entscheidung, sich nicht zu entscheiden. Doch irgendjemand ist verantwortlich, in der Regel der Abteilungsleiter oder Geschäftsführer.

Als tüchtige Führungskraft wissen Sie, dass Sie nicht unfehlbar sind. Aber Sie wissen auch, dass gelegentliche Irrtümer besser sind, als überhaupt keine Entscheidungen zu treffen. Gelegentlich mögen Sie auch weniger gute Entscheidungen treffen; solange die exzellenten Entscheidungen überwiegen, schadet das nicht sehr. Wenn Sie sich der zur Verfügung stehenden Mittel bedienen und die Alternativen objektiv beurteilen, liegen Sie wahrscheinlich mit Ihrer Entscheidung richtig.

Kompromisse schließen

Eine Entscheidung befriedigt nur selten alle Beteiligten. Manche haben widerstrebend zugestimmt, während andere im Prinzip einverstanden waren, aber bestimmte Dinge anders beurteilten. Das Management sollte zwar immer einen Konsens anstreben, dennoch kann der Kompromiss manche Beteiligte auch enttäuschen.

Den Ausschlag sollte geben, was richtig ist und nicht, wer Recht hat. Kompromisse werden häufig nur zur Besänftigung vorgeschlagen, nicht im Interesse der Firma. Das ist vor allem in der Politik zu beobachten, wenn Gesetze eingebracht werden. Kompromisse werden von politischen Interessen diktiert, weniger von den relevanten Faktoren. Das Ergebnis ist häufig eine ineffektive Gesetzgebung. Beispiele dafür müssen wir an dieser Stelle nicht anführen.

Firmenpolitische Faktoren müssen jedoch auch bei der Entscheidungsfindung berücksichtigt werden. Manchmal ist es vernünftig, auf weniger Wichtiges zu verzichten, um die wichtigsten Punkte eines Vorschlags zu retten.

Auf keinen Fall sollte man aber sein Hauptziel opfern, um die Opposition zu besänftigen oder aus anderen Gründen einen undurchführbaren Vorschlag zu akzeptieren.

Ein guter Kompromiss enthält Verhandlungspunkte, aber auch solche, über die man nicht verhandeln kann. Bei den ersteren kann man nachgeben, bei den letzteren nicht.

Schuld an Konflikten ist häufig der Starrsinn einiger Mitglieder des Management-Teams; sie widersetzen sich grundsätzlich jeder Veränderung. Entweder sind sie zu träge oder sie fassen die vorgeschlagene Veränderung als Kritik auf. Wenn man die Gründe für ihre Ablehnung kennt, kann man entscheiden, welche Kompromisse angezeigt sind und welche nicht.

Entscheidungen, die man besser nicht treffen sollte

Viele Manager sind von der Wichtigkeit oder Dringlichkeit einer Entscheidung geradezu überwältigt. Häufig ist es nicht ratsam, zu diesem Zeitpunkt eine Entscheidung zu treffen. Man sollte besser abwarten, ob sich das Problem nicht von selbst löst. Dies gilt besonders, wenn man unter Druck steht.

Für jeden Manager gilt die Regel, sich keine Entscheidungen abringen zu lassen, die nicht wohl überlegt sind. Gelegentlich erfordern die Umstände Zwischenregelungen. Diese „Notpflaster“ überbrücken die Zeit bis zur endgültigen Entscheidung.

Es gibt aber Situationen, die durch Abwarten schlimmer werden. Wenn man sich zum Beispiel nicht rechtzeitig zu einer

Preissenkung entschließt, um konkurrenzfähig zu bleiben, kann das große Verluste bedeuten. Wird ein Konflikt mit den Gewerkschaften nicht rechtzeitig beigelegt, kann das zu Arbeitsniederlegung führen. Manager sollten die Dringlichkeit einer Lage beurteilen können und fähig sein, die Folgen eines Nichteingreifens abzuschätzen.

Entscheidungen prüfen

Es lässt sich nicht immer prüfen, ob eine Entscheidung etwas bewirkt hat. Aber es gibt genügend Situationen, in denen das möglich ist.

Im Marketing-Bereich ist es üblich, auf Testmärkten die Marketing-Entscheidungen zu überprüfen. Ein Unternehmen kann eine Verpackung für ein Produkt testen, indem sie es in unterschiedlichen Kartons auf demselben Markt anbietet, oder es kann eine Werbekampagne auf einem Testmarkt anlaufen lassen.

Im Herstellungsbereich können Produktionsverfahren in kleinerem Rahmen getestet werden, bevor man eine Serie startet.

Entschcidungen können auf mathematische Formeln projiziert und mit Hilfe von Simulationsmodellen und Computertechnologie können mögliche Resultate von Entscheidungen vorhergesagt werden.

Entscheidungen sollten überprüft werden, wo immer das möglich ist. Nur so können unvorhergesehene Probleme entdeckt und Fehler korrigiert werden. Die Überprüfung bereitet das Management auch auf Schwierigkeiten bei der Durchführung und der Akzeptanz eines Programms vor.

Die Notwendigkeit, vom Topmanagement gefällte Entscheidungen immer wieder zu überprüfen, erkannte auch Werner Baier, Hauptaktionär und vormaliger Vorstandsvorsitzender des Kfz-Zulieferers Webasto AG. Noch vor wenigen Jahren hatte er in seine Unternehmensgrundsätze schreiben lassen, bei Webasto wolle man die großen Energie- und Talentreserven der Mitarbeiter nutzen. Das hörte sich zwar sehr gut an, wurde jedoch kaum in die Tat umgesetzt. Die Herren an der Unternehmensspitze fürchteten um ihre Autorität, wenn sie nicht schnell und allein entschieden. Sie hatten Angst vor Opposition und Kritik aus den unteren Hierarchiestufen und schotteten sich ab.

Das sollte so nicht weitergehen: Der Firmenchef ordnete deshalb neue Spielregeln an. Von nun an beurteilen sich Manager und Mitarbeiter gegenseitig. Um eventuelle Hemmschwellen abzubauen, wurden Lob und Tadel zunächst anonym von unten nach oben weitergereicht. Inzwischen sprechen Vorgesetzte und Mitarbeiter direkt miteinander. Problemlösungsvorschläge werden jetzt von allen Seiten geprüft und diskutiert. Es gibt dabei keine Schwierigkeiten, da man Entscheidungen nicht mehr wider besseres Wissen verteidigen muss, nur um seine Position zu rechtfertigen. Auch komplizierte Diskussionen hinterlassen keine Narben, und die Kompromisse werden tragfähiger. Die Zeit spielt dabei nur noch eine untergeordnete Rolle, denn Entscheidungen, die unter Zeitdruck gefällt werden, so hat man bei Webasto festgestellt, sparen selten wirklich Zeit.

Feedback

Ist ein Plan weitestgehend fertig gestellt, können Führungskräfte sich nicht zurücklehnen und darauf warten, dass der Beschluss auch so durchgeführt wird. Jeder Lösungsvorschlag sollte eine Rückmeldung erhalten, damit das Management über die Resultate informiert wird.

Unter Feedback verstehen wir die laufende Ergebnisermittlung. Durch Berichte, Computerausdrucke, regelmäßige Überprüfungen und ähnliches sollte das Management sich vergewissern, ob seine Entscheidung richtig war. Falls sie revisionsbedüftig ist, kann die notwendige Korrektur schnell und effektiv durchgeführt werden.

Manager haben häufig Stabskräfte zur Seite, deren Aufgabe darin besteht, Konsequenzen zu ermitteln. Häufig sprechen Führungskräfte auch vor Ort mit Mitarbeitern, um eine aktuelle Rückmeldung zu erhalten.

Am effektivsten ist es festzustellen, ob die Entscheidung zur Zielerreichung beigetragen hat. Wie gut dies geschehen ist und wie Abweichungen korrigiert werden müssen, wird in Teil V behandelt.

Entscheidungsfindung gehört zu den wichtigsten Aufgabenbereichen eines Managers. Sie wird sich nie auf rein mechanische Weise durchführen lassen, trotz aller mathematischer Formeln und weitentwickelter Computertechnologie. Nötig sind vielmehr ein innovatives Angehen der Probleme und die Bereitschaft, das Risiko einer Entscheidung einzugehen.

6. Die endgültige Fassung

Der Planungsprozess ist nicht abgeschlossen, wenn man sich für eine Alternative entschieden und sie in den Plan integriert hat. Danach müssen Details ausgearbeitet und allen Beteiligten verständlich übermittelt werden. Meist geschieht das schriftlich.

Den Plan schriftlich zu fixieren, hat viele Vorteile. Führungskräfte sind dadurch gezwungen, ihre Entscheidung nachvollziehbar zu formulieren. Aus der schriftlichen Fixierung des Planes kann man ersehen, was von den Ausführenden erwartet wird und welchen Nutzen er bringen wird. Außerdem ist die schriftlich niedergelegte Planung eine offizielle Quelle, auf die sich alle Benutzer des Planes berufen können.

Viele Aspekte des Plans müssen allerdings dem Urteil der Führungskraft Entscheidungsspielräume lassen, denn alles lässt sich unmöglich abdecken. Auf alle Fälle sollte der Plan jedoch die nötigen Richtlinien enthalten, die eine folgerichtige Durchführung gewährleisten.

Die schriftliche Fixierung eines Planes hat aber auch Nachteile. Manchmal sollten bestimmte Aspekte einer vertraulichen Angelegenheit nicht allgemein bekannt werden. Wenn etwas zu Papier gebracht wird, kann es trotz aller Sicherheitsvorkehrungen eingesehen werden. Ein weiteres Problem ist, die Grundsätze unmissverständlich darzulegen.

Hinzu kommt die bereits erwähnte Tendenz, alles Schriftliche als endgültig zu betrachten. Daraus folgt eine gewisse Unbeweglichkeit, die die kreative Handhabung der Aktionsprogramme erschwert. Gerade deshalb sollte man schon bei der Formulierung der Strategien einen gewissen Spielraum berücksichtigen.

Auch einmalige Pläne sollten schriftlich festgelegt werden. Selbst wenn sich die Situation nicht wiederholt, ist es hilfreich, über Richtlinien zu verfügen, an denen sich die Fortschritte messen lassen.

Bei der Formulierung langfristiger Pläne stößt man auf andere Schwierigkeiten. Manchmal lässt sich der Plan untergliedern, zum Beispiel in organisatorische Einheiten (Herstellung, Marketing ...), in Profit-Center oder in geographische Bereiche. Er kann natürlich auch zeitlich untergliedert werden.

Die für jede Einheit und für jedes Jahr festgelegten Ziele sollten genau umrissen sein: Welche Phasen des Programms müssen Ende jeden Jahres und welche bis Ende der gesamten Planungsperiode abgeschlossen sein?

Ein langfristiger Plan präzisiert als erstes die Zielsetzungen, wie zum Beispiel der folgende Fünfjahresplan eines Verlages:

Ziele: Innerhalb der nächsten fünf Jahre sind die Akzente unseres Magazins zu verlagern: Statt Berichterstattung für Marketing-Experten und Verkaufsleiter sollen Berichte und Artikel für Leser aus allen Führungsbereichen veröffentlicht werden. Dadurch soll in diesem Zeitraum die Auflagenhöhe von 100 000 auf 125 000 erhöht werden. Mit der steigenden Auflage ist der Anzeigentarif zu erhöhen und der Gewinn um 15 Prozent zu steigern.

Dieser Plan beschreibt die geplanten Strategien, wie die Werbung und andere Absatz fördernde Maßnahmen, die Auflagenplanung, Redaktionsprogramme und andere Aspekte in die langfristige Planung eingebracht werden.

Danach untergliedern die verantwortlichen Manager des Verlags diesen Plan und bestimmen, was in jedem Jahr getan werden muss.

Zuletzt wird ein Fünfjahresbudget erstellt – dadurch wird der Plan quantifiziert. Dieser Aspekt ist wahrscheinlich der wichtigste, auch wenn er nicht in jeder Phase eine Rolle spielt; Einzelheiten der Werbung und Redaktion kann er zum Beispiel nicht spezifizieren. Er enthält jedoch Kosten und prognostizierte Umsatzerlöse. Sie sind entscheidend für die ganze Aktion. Selbst die Werbung kann quantifiziert werden, wenn man sich auf den Werbeetat bezieht.

Budgets

Budgets erfüllen eine doppelte Funktion in der Unternehmensführung: Sie sind sowohl ein Planungs- als auch ein Kontrollinstrument. In diesem Abschnitt beschäftigen wir uns mit dem Budget als Instrument der Planung. Später zeigen wir seine Verwendung beim Controlling.

Budgets sind Schätzungen der Einnahmen und Ausgaben. Im Geschäftsleben richtet sich die Höhe dieser Mittel meist nach den Absatzprognosen.

Die Budgetplanung kann sich entweder auf den gesamten Betrieb oder auch nur auf einen Teilbereich beziehen. Sie muss sich nicht auf finanzielle Mittel beschränken. Es gibt auch Industrieunternehmen, deren Budgets in Produktionseinheiten oder in der Form von Arbeitsstunden ausgedrückt werden. Die meisten Budgets werden auf jährlicher Basis erstellt. Sie können sich aber auch auf kürzere oder längere Zeiträume beziehen.

Die häufigsten Budget-Typen

- *Verkaufsbudgets:* Sie erstellen Absatzprognosen, die je nach Verkaufsgebiet, Produkt, Monat (oder Quartal), Verkäufer differenziert werden können. Das Verkaufsbudget sollte sämtliche Absatzkosten wie Werbung, Gehälter, Provisionen, Reisekosten, Gemeinkosten und sonstige verkaufsrelevante Ausgaben enthalten.
- *Produktionsbudgets:* Das Produktionsbudget ist häufig in Produktionseinheiten ausgedrückt. Es spezifiziert, wann ein Produkt fertig gestellt sein muss. Es bestimmt, welche Ausrüstung benutzt wird und wie viel eine Maschine produziert. Häufig werden Herstellungskosten pro Stück angegeben, um später nachzuprüfen, ob einzelne Artikel nicht unter Preis verkauft wurden.
- *Finanzbudgets:* Diese Budget-Art, die die Einnahmen vorhersagen soll, ist das Schlüsselbudget der meisten Firmen. Es enthält die zu erwartenden Einnahmen und die geplanten Ausgaben, damit entsprechendes Betriebskapital auch verfügbar ist. Ein Unternehmen kann aus dem Cash-flow ablesen, ob Zwischenfinanzierungen benötigt werden.
- *Gesamtbudget:* Dieses Budget ist die Summe aller Teilbudgets für bestimmte Bereiche oder Abteilungen. Es ist ein unerlässliches Hilfsmittel für das Topmanagement. An ihm lässt sich ersehen, wie der Betrieb funktioniert. Einzelheiten bestimmter Operationsphasen fallen in den Aufgabenbereich der Abteilungsbudgets.

Die Erstellung eines Budgets

Manche Unternehmen haben Fachleute, die Budgets für sie erstellen. Effektiver ist es jedoch, diejenigen mit dieser Aufgabe zu betrauen, die mit den Budgets arbeiten. Eine mitarbeiterorientierte Unternehmensführung wird die Beteiligten selbst die Budgets für ihre Bereiche ausarbeiten lassen.

Ein Mitglied des obersten Führungsteams sollte die Budgets der einzelnen Abteilungen koordinieren, Abteilungsleiter beraten und Konflikte zwischen den Abteilungen beheben. Es ist dafür verantwortlich, dass die Interessen der Abteilungen gut ausbalanciert sind.

Bei der Erstellung eines Budgets sollten Führungskräfte natürlich auf das Fachwissen ihrer Stabskräfte zurückgreifen. Die nützlichsten Informationen werden von den Leuten kommen, die mit der Materie vertraut sind. Wenn man sich während und nicht nach der Erstellung eines Budgets mit ihnen ins Benehmen setzt, kann man auch damit rechnen, dass sie es nach der Fertigstellung verstehen und akzeptieren.

Viele Manager neigen dazu, überhöhte Budgets anzusetzen, da sie mit Streichungen rechnen und so ihr eigentliches Ziel zu erreichen hoffen. Solche Strategien sollten eigentlich unnötig sein; schließlich ist das Budget dazu da, um ein bestimmtes Ziel zu erreichen. Eine vernünftige Budget-Politik kürzt oder streicht nicht automatisch. Sie setzt spezifische Ziele. Wenn die Beteiligten einsehen, dass ihre Forderungen daran gemessen werden müssen, werden sie auch entsprechende Zahlen nennen.

Die Zielvorhaben eines Budgets basieren meist auf früheren Erfahrungen und Leistungen. Davon ausgehend, werden die allgemeine Geschäftslage, die Preisentwicklung, das Angebot ähnlicher Produkte, Wettbewerbsbedingungen, Wachstum des Marktes und die übrigen Einflussgrößen analysiert. Hinzu kommen Pläne zur Intensivierung oder Reduzierung von Werbung, Produktionskapazität oder Expansionsabsichten.

Jeder an der Budgetierung Beteiligte wird die in Kapitel 4 besprochenen Planungstechniken nutzen und geeignete Informationen sowie Ideen zu den Plänen und Entwürfen beisteuern.

In vielen Unternehmen werden diese ersten Vorschläge von einem Ausschuss ausgewertet, der, von den Empfehlungen der Abteilungsleiter ausgehend, vorsichtige Berechnungen erstellt. Wenn das erfolgt ist, wird ein erster Budget-Entwurf dem Topmanagement oder einem Budget-Direktor vorgelegt. Oft werden diese Schätzungen zuvor mit den Abteilungsleitern diskutiert. Danach wird das endgültige Budget verabschiedet. In mitarbeiterorientierten Firmen werden die endgültigen Budgetvorschläge den Betroffenen vorgelegt, damit sie die Änderungen nachvollziehen und akzeptieren können. Stößt man bei dieser Gelegenheit auf ein größeres Problem, wird das Budget noch einmal geprüft und entsprechend modifiziert, falls dies angezeigt erscheint.

In den letzten Jahren wurde von vielen Firmen ein neues Budget-Konzept übernommen: „Zero-based budgets". Statt sich wie beim traditionellen Ansatz auf das Budget des letzten Jahres zu beziehen und Anpassungen hinsichtlich Inflation, Expansion und andere Planungsfaktoren zur Erstellung des neuen Budgets vorzunehmen, stellt man das ganze Budget in Frage. Bei jedem Posten wird geprüft, ob er gerechtfertigt und richtig eingeschätzt wurde oder inwieweit er zur Realisierung der generellen Abteilungs- oder Unternehmensziele beiträgt. So wird verhindert, dass Posten, die nichts zu den angestrebten Resultaten beitragen, weiter aufgestellt werden. Betont werden die aktuell wichtigen Posten, nicht die Kontinuität vergangener Aktionen.

Personalplanung

In größeren Unternehmen ist eine langfristige Personalplanung wichtig, damit möglichst immer die notwendigen Mitarbeiter verfügbar sind.

Kurzfristig gesehen, sollte ein Unternehmen immer genau wissen, wie viele Mitarbeiter für bestimmte Arbeitsbereiche benötigt werden, um den Erfordernissen der Produktion zu genügen. Die folgende Tabelle ist typisch für die auf ein Jahr festgelegte Personalplanung eines saisonabhängigen Unternehmens. Dieselbe Aufstellung kann später auch als Kontrollblatt verwandt werden, um nachzulesen, wie viele Personen tatsächlich in jeder Sparte arbeiten.

Die langfristige Personalplanung ist komplexer. Das Kriterium Quantität allein genügt nicht, um den Personalbedarf genau einzuschätzen. Es sollten auch Bedürfnisse berücksichtigt werden, die sich zum Beispiel aus natürlichem Verschleiß an Arbeitskraft, Versetzungen in den Ruhestand, Expansion ... entwickeln.

Langfristige Personalplanung fällt eigentlich in den Bereich Organisationsplanung. Sie enthält Prognosen, wie viele Mitarbeiter der verschiedenen Sparten pensioniert, entlassen oder befördert werden, weggehen oder in andere Bereiche überwechseln werden. Diese Schätzung ermöglicht dann zu planen, wie viele neue Mitarbeiter benötigt werden, um ausgeschiedene zu ersetzen, und woher sie genommen werden sollen – welchen Anteil davon die Firma selbst stellen kann und wie viele außerhalb rekrutiert werden müssen. Es kann überlegt werden, aus Absolventen einer Universität oder Fachhochschule eine Nachwuchsgruppe zusammenzustellen, in der zukünftige Führungskräfte herangebildet werden. Entwicklungsprogramme können ausgearbeitet werden, um Mitarbeitern Kenntnisse für Positionen mit größerer Verantwortung zu vermitteln. Dabei muss den sich ständig verändernden Anforderungen Rechnung getragen werden.

Personalplanung										
	Arbeiter an Lochpressen		**Arbeiter an Bohrmaschinen**		**Monteure**		**Packer**		**Prüfer**	
	B	**L**	**B**	**L**	**B**	**L**	**B**	**L**	**B**	**L**
Januar	4	4	6	6	20	18	12	11	4	4
Februar	4	4	6	6	20	20	12	11	4	4
März	4	4	6	6	20	20	12	12	4	4
April	6	5	8	8	25	22	14	12	5	4
Mai	6		8		30		16		6	
Juni	7		9		35		17		8	
Juli	7		9		40		20		8	
August	5		7		40		20		8	
September	4		6		30		20		8	
Oktober	4		6		20		15		5	
November	4		6		20		12		4	
Dezember	4		6		20		12		4	

B = Bedarf L = auf der Lohnliste

Wenn man augenblicklich 30 Buchhalter in der Firma hat, bedeutet dies nicht, dass diese Zahl konstant bleibt. Durch den Einsatz von Computern mag der Bedarf an Buchhaltern sinken, der Bedarf an Computer-Fachleuten dagegen steigen, abgesehen von anderen technologischen Veränderungen. All diese Faktoren müssen von Personalplanern berücksichtigt werden.

Wichtig sind in diesem Zusammenhang auch die wechselnden Arbeitsmarktverhältnisse. In manchen Branchen herrscht ein akuter Mangel an Arbeitskräften. Ein guter Planer wird sich überlegen, wie dieses Defizit ausgeglichen werden kann.

Aufstellung von Zeitplänen

Bei der Erstellung eines Plans sollten auch Zeitpläne gemacht werden, damit die mit der Durchführung beauftragten Mitarbeiter genau wissen, bis zu welchem Zeitpunkt welche Zwischenziele erreicht sein müssen. Konkrete Termine verleihen dem Plan Dringlichkeit. Ohne Termine gehen die Arbeiten nur schleppend voran, und das Projekt verliert für die Mitarbeiter an Bedeutung. Die Terminierung beginnt mit der Aufgliederung eines Plans in verschiedene sinnvolle Phasen. Jede enthält einen bestimmten Aspekt, über die Reihenfolge entscheiden die Prioritäten. Sind die Phasen und ihre Abfolge festgelegt, kann die Durchführung beginnen.

Auf dieser Ebene sollten auch die Mitarbeiter beteiligt werden. Die späteren Verantwortlichen sollten bei der Festlegung von Terminen selber dabei sein. Nur so ist sichergestellt, dass sie sich danach richten.

Einen Plan in einzelne Abschnitte mit festgelegten Terminen zu zerlegen, hat den Vorteil, dass er leichter zu kontrollieren ist. Die Führungsspitze wird sofort erkennen, wenn eine Phase zu lange dauert. Sie kann entsprechende Vorkehrungen treffen, statt in letzter Minute festzustellen, dass das Projekt hinter dem Termin herhinkt. Es ist vorteilhaft, wenn die Beteiligten nach jeder Phase das Erreichte beurteilen können, um gewisse Dinge zu ändern, ehe die nächste Phase beginnt. Es vermittelt auch ein Gefühl der Befriedigung, eine Sache abgeschlossen zu haben.

Hinzu kommt, dass sich ein Ziel einfacher erreichen lässt, wenn man sich ihm schrittweise nähert. Ist der Plan „mundgerecht“ zerlegt, machen die einzelnen Happen einen leichter verdaulichen Eindruck als das gesamte Projekt.

Zum Beispiel erstellte Virginia Bruce, die Leiterin einer Kreditabteilung bei Columbia Appliances, zuerst einen Aktionsplan zur Reduzierung der Zinsaufwendungen bei Wareneinkäufen:

- Händler nach Umfang und Häufigkeit der getätigten Geschäfte klassifizieren (bis 1. Februar).
- Mit dem Verkaufsleiter bestimmte Händler aussuchen, die sich auf das neue System umstellen sollen (bis 15. März).
- Für jeden Händler Finanzierungskosten vom Vorjahr recherchieren (bis 1. März).
- Laufende Kredite und Finanzen wie üblich überprüfen. Terminplan für die Umstellung der Händler auf das neue System erstellen (bis 27. April).
- Zusammen mit der Verkaufsabteilung Höchstbeträge und Fristen (nach dem neuen System) den Bedürfnissen und Möglichkeiten der einzelnen Händler entsprechend festlegen (bis 31. Mai).
- System tritt am 1. Juli in Kraft.
- Monatlich Veränderungen in den Einkaufs- und Zahlungsgewohnheiten der Händler sowie Krediterfahrung auswerten.

Nach einer Übergangszeit von einem halben Jahr war das neue System problemlos eingeführt und erwies sich als sehr erfolgreich.

Flexibilität einplanen

Da sich Zukünftiges nie genau vorausplanen lässt, versuchen gute Strategen, ihre Pläne flexibel zu gestalten. So kann ein Plan durch kleine Korrekturen veränderten Bedingungen angepasst werden.

Am besten lässt sich das mit einem *fortlaufenden Plan* durchführen. Ein fortlaufender Plan wird nie als etwas Fertiges betrachtet, sondern am Ende jeder Phase geprüft und revidiert. Ein Fünfjahresplan würde sich nicht auf einen festen Zeitraum beschränken (1987 – 1992), sondern sich jedes Jahr verändern, so dass mit seiner Erstellung für 1988 der Plan für 1993 hinzugefügt würde. Dabei würden die in den Jahren davor durchgeführten Korrekturen berücksichtigt, um den veränderten Umständen Rechnung zu tragen.

Hat die Erfahrung gezeigt, dass mit Instabilität zu rechnen ist, sollten Pläne eher als Richtlinien konzipiert werden, damit der Manager über einen gewissen Handlungsspielraum verfügt. Dieser Spielraum ermöglicht es ihm, innerhalb fester Parameter auf plötzliche Veränderungen zu reagieren.

Ein Marketing-Plan sieht zum Beispiel vor, ein neues Produkt über mehrere Monate auf dem Markt einzuführen, und zwar zunächst nur in einer Region. Nach dem zweiten Monat stellt der Manager jedoch fest, dass das Produkt zwar angenommen wird, die Konkurrenz aber einen ähnlichen Artikel auf den Markt bringt. Er sollte Flexibilität beweisen und die Einführung des Produkts in den übrigen Teilen des Landes beschleunigen, um der Konkurrenz zuvorzukommen.

Beim Planen werden häufig Geldmittel für bestimmte Projekte im Voraus bereitgestellt. Gewöhnlich sind diese Mittel ausschließlich für die Durchführung eines Plans bestimmt und dürfen für keinen anderen Zweck verwandt werden. Trotzdem sollte die verantwortliche Führungskraft flexibel bleiben und Mittel erst dann für eine Sache einsetzen, wenn diese aktuell ist.

Ein Unternehmen nimmt sich vor, in drei Jahren eine Fabrikanlage zu erstellen. Es muss sofort mit der Planung beginnen. Wenn sich zwischen Planungs- und Baubeginn die Umstände geändert haben, muss das Projekt eventuell modifiziert oder aufgegeben werden. Die Unternehmensleitung sollte deshalb bestimmte Punkte festlegen, an denen der Plan überprüft werden muss, bevor der nächste Schritt unternommen wird. Manchmal scheint sich ab einem Punkt nichts mehr ändern zu lassen, und der Plan muss durchgezogen werden, selbst wenn er kaum Erfolg verspricht. Man sollte sich auch in einem solchen Fall überlegen, ob man bereits investierte Zeit und investiertes Geld nicht besser einfach abschreiben sollte.

Flexibilität beweist man auch in der Entwicklung von Alternativen. Ein Unternehmen beabsichtigt, in der Gegend A eine Fabrik zu bauen. Es weiß aber nicht, ob die Bauvorschriften in seinem Sinn geändert werden können, und entwickelt deshalb einen Alternativplan, der eine Fabrik in der Gegend B vorsieht. Es sichert sich also dort das Vorkaufsrecht auf einen Bauplatz. Obwohl die Alternative den Plan verteuert (Optionsprämie), garantiert sie, dass das Bauvorhaben ohne Verzögerung durchgeführt werden kann.

Manche Firmen entwickeln einen Plan für den normalen Ablauf der Geschäfte innerhalb der nächsten Zeit und zu diesem Plan noch Alternativen, die vom Geschäftsvolumen abhängen. Wenn der Umsatz höher oder niedriger als vorgesehen ist, treten Alternativpläne in Kraft. Die Firmen sind flexibel genug, entweder den ursprünglichen Prognosen entsprechend zu handeln oder sich den veränderten Bedingungen anzupassen. Jeder Plan sollte immer wieder überprüft werden, um sicherzugehen, dass die Zielsetzungen des Unternehmens auch realisiert werden.

Regelmäßige Kontrollen und eventuelle Revisionen lassen Planung zu einer wichtigen und äußerst dynamischen Management-Funktion werden, die wesentlich zu der Effizienz eines Unternehmens beiträgt.

Teil III
Organisieren

III

Wer Erfolg haben will, braucht erstens ein klar umrissenes und praktisches Ziel, zweitens ein Mittel, um die gewünschten Ergebnisse erreichen zu können. Und drittens muss er diesem einen Ziel alles unterordnen.

Aristoteles

So werden Sie erfolgreicher mit Spitzen-Organisation

- Wann Sie keine Entscheidung fällen sollten.
- Wie Sie Ihr Unternehmen oder Ihre Abteilung organisieren und damit stärken.
- Wie Sie „Zeit-Räubern" aus dem Weg gehen.
- Wie Sie Ihre Produktivität, ohne sich dabei anzustrengen, um 50 % steigern können.
- Wie Sie Widerstände erkennen und Konsens herstellen.

7. Die Organisationsstruktur

Die zweite der fünf Primärfunktionen des Managements ist das Organisieren der betrieblichen Ressourcen, um die geplanten Ziele zu erreichen.

Eine effiziente Organisation setzt voraus, dass Führungskräfte wissen, welche Aktivitäten in ihren Zuständigkeitsbereich fallen, wem sie Rechenschaft schuldig sind und wer sich ihnen gegenüber zu verantworten hat. Außerdem müssen sie die gesamte Unternehmensstruktur sowie ihren Platz darin kennen und die offiziellen Kommunikationswege handhaben können. Dies dient dazu, die Ziele der Abteilung oder der Firma – möglichst in Form von erwarteten Resultaten – zu erreichen.

Zu viele Unternehmer organisieren ihren Betrieb um ihre Belegschaft herum. Besser wäre es, von den erwarteten Ergebnissen auszugehen und sich dann die notwendigen Mitarbeiter zu suchen. Kleinere Betriebe haben häufig keine Organisationsstruktur. Bestimmten Mitarbeitern werden bestimmte Aufgaben zugeteilt. Wenn dies funktioniert, bilden sie den Kern einer Abteilung. Danach werden weitere Mitarbeiter eingestellt und den Abteilungen zugeteilt. So entwickelt sich eine ziemlich instabile Struktur. Solange alles glatt läuft, kann man damit leben. Treten aber Schwierigkeiten auf, fällt das Ganze zusammen. Es kann jahrelang gut gehen, wenn der Unternehmer eine dynamische Persönlichkeit ist oder hohe Gewinne das schlechte Management ausgleichen. Selten aber werden solche Betriebe all ihre Chancen nutzen.

Um sich behaupten zu können, müssen die meisten Unternehmen eine zielorientierte Organisation aufbauen. Die Struktur basiert ausschließlich auf den erwarteten Ergebnissen. Statt eine Aufgabe auf den Manager zuzuschneiden, wird ein Manager eingestellt, der diese Aufgabe erfüllen kann.

Da es vor allem von der Organisationsstruktur abhängt, ob die Ziele realisiert werden, sollte so konzipiert werden, dass die Struktur den Bedürfnissen des Unternehmens entspricht.

Der erste Schritt besteht in einer Analyse der zur Verfügung stehenden Ressourcen – der menschlichen, materiellen und finanziellen. Diese Analyse sollte interne und externe Faktoren berücksichtigen, die hilfreich oder hinderlich sind.

Als Nächstes fragt man sich: „Welche langfristigen und kurzfristigen Ziele erscheinen angesichts unserer Ressourcen logisch, vernünftig und realisierbar?“

Sind die Ziele formuliert, können wir den dritten Schritt unternehmen und eine Organisationsstruktur konzipieren, die diese Ziele verwirklichen hilft. Am besten fragen Sie sich dabei:

- Auf welche Schlüsselbereiche muss ich mein Augenmerk richten?
- Welche wesentlichen Funktionen müssen in diesen Schlüsselbereichen erfüllt werden?
- Welche Resultate werden von den einzelnen Funktionen erwartet?

- Welches sind die vorrangigen Tätigkeitsfelder der einzelnen Funktionen, die viel Zeit und Aufmerksamkeit erfordern?
- Welche Hauptpositionen erfordert jeder der Schlüsselbereiche? Diese Frage muss beantwortet werden, damit nur wirklich notwendige besetzt werden.
- Wie lassen sich diese Hauptpositionen ergebnisorientiert strukturieren? Viele Stellenbeschreibungen erfüllen nicht ihren Zweck, weil sie aufgabenorientiert und nicht ergebnisbezogen sind. Leistungsnormen bestimmen, was unter zufrieden stellender Leistung zu verstehen ist.
- Welche Unterstützungsfunktionen sind zur Realisierung der Betriebsziele nötig?
- Welche Ergebnisse erwarten wir von diesen Hilfsfunktionen?
- Wie delegiert man ergebnisbezogen? Es ist wichtig, seine Mitarbeiter mit den erwarteten Ergebnissen vertraut zu machen und sie an den Ideen und Entscheidungen teilhaben zu lassen. Nur dann werden sie sich an ihrer Verwirklichung engagiert beteiligen.
- Wie lässt sich ein wirksames Kontroll- und Informationssystem entwickeln, damit die Planziele verwirklicht werden? Resultate zu planen, ist eine Sache, sie zu kontrollieren, eine andere. Gute Planung sieht ein Informations- und Kontrollsystem vor, das allen Betroffenen als Organisationshilfe dient.
- Welche verwandten oder ähnlich ausgerichteten Aufgaben können in einem Teilbereich zusammengefasst werden?
- Für jede Funktion sollten die passenden Mitarbeiter gesucht werden, damit die Funktion nicht an die Mitarbeiter angepasst werden muss.

Einheit der Kontrolle

Um den reibungslosen Ablauf der Geschäfte in einer Firma zu garantieren, muss klar sein, wer für welchen Aufgabenbereich die Verantwortung trägt. Es sollte jeweils nur einen direkten Vorgesetzten geben. Wenn mehrere Personen sich diese Aufgabe teilen, fehlt meist die nötige Übereinstimmung; zum Beispiel könnte eine Anweisung der des anderen widersprechen. Daraus entstehen Konflikte. Die Einheit der Kontrolle wird jedoch nicht zwangsläufig in Frage gestellt, wenn zwei Personen so eng zusammenarbeiten, dass sie in Zielsetzungen und Führungsstil vollständig übereinstimmen.

Kontrollspanne

Wie viele Mitarbeiter kann ein Manager wirksam beaufsichtigen? Eine zu enge oder zu weite Verantwortungsspanne kann die Management-Struktur empfindlich schwächen. Dabei sollte Folgendes berücksichtigt werden:

- Wie viel Zeit verwendet der Manager auf die Beaufsichtigung seiner Mitarbeiter? Die meisten Führungskräfte erfüllen außerdem technische, administrative und andere Funktionen. Wenn eine Führungskraft vor allem Aufsichtsfunktionen erfüllt, kann sie mehr Verantwortung übernehmen. Hat sie noch andere Aufgaben, wird sie sich kaum noch um eine große Belegschaft kümmern können.

- Wie komplex sind die zu lösenden Aufgaben? Sind sie anspruchsvoll, sollte man der Führungskraft nicht zu viele Mitarbeiter unterstellen. Es ist auch zwischen strategischer und operativer Kontrolle zu unterscheiden. Eine leitende Führungskraft trifft häufig Entscheidungen, die richtungweisend sind und viele Bereiche des Unternehmens betreffen. Direkte Vorgesetzte beschränken sich meist auf ihre Abteilung. Ihr Kontrollbereich kann entsprechend größer sein.

- Wiederholen sich die Probleme und Aktivitäten oder sind sie unterschiedlich? Eine Führungskraft, die es hauptsächlich mit wiederkehrenden Situationen zu tun hat, kann mehr Mitarbeiter beaufsichtigen als eine, die ständig mit neuen Aufgaben konfrontiert wird.
- Wie gut sind die Mitarbeiter geschult? Welche Fähigkeiten bringen sie mit? Führungskräfte, die über einen hochqualifizierten Mitarbeiterstab verfügen, können natürlich mehr Mitarbeiter leiten als andere, die viel Zeit für die Schulung und Überwachung ihrer Mitarbeiter benötigen.
- Wie groß ist das Gebiet, über das die Mitarbeiter verteilt sind? Ist es zu groß, kann ein Manager keine persönlichen Kontakte pflegen. Eine allzu große Nähe kann sich jedoch auch hemmend auf die Eigeninitiative der Mitarbeiter auswirken.
- Stehen Stabskräfte zur Verfügung? Dann hat ein Manager mehr Zeit zur Personalführung.

In den letzten Jahren herrschte die Tendenz vor, einer Führungskraft möglichst viele Mitarbeiter zu unterstellen, während früher sechs bis acht Personen als Maximum betrachtet wurden. Verbesserte Kommunikation und Datenverarbeitungssysteme sowie die routinemäßige Abwicklung vieler Arbeitsvorgänge erlauben es, einen sehr viel größeren Kontrollbereich zu beaufsichtigen. Das wiederum führt dazu, dass die Anzahl der Zweigstellen eines Unternehmens abnimmt, die Kommunikation innerhalb des Betriebs einfacher wird und die Informationen weniger verstümmelt oder unvollständig ankommen. Je mehr Ebenen passiert werden müssen, desto größer ist die Wahrscheinlichkeit, dass Fakten falsch interpretiert werden.

Größere Kontrollbereiche bedeuten eine größere Herausforderung. Den Entscheidungen des Managers kommt mehr Bedeutung zu. Wenn er seine Mitarbeiter mit einbezieht, übernehmen diese mehr Verantwortung und bereiten sich auf größere Aufgaben im Unternehmen vor.

Gliederung in Abteilungen

In einer Organisationsstruktur können die Betriebsabläufe ganz unterschiedlich unterteilt werden. Bei sehr großen Unternehmen sind meist Produktlinie oder Dienstleistung, Standort oder auch andere Kriterien ausschlaggebend für die Organisationsstruktur.

In kleineren Betrieben ist die Abteilung die Einheit, auf der die ganze Betriebsstruktur beruht. Die Abteilung besteht aus mehreren Positionen oder Stellen, die untereinander koordiniert sind und auf ein gemeinsames Ziel hinarbeiten. Bei der Gliederung in Abteilungen berücksichtigt man bestimmte Faktoren:

- Welche Ergebnisse werden erwartet? Schlüsselbereiche sind wichtige Aufgaben, auf die sich Einzelne und die Abteilung als Ganzes konzentrieren sollten. Für die Lagerverwaltung ist beispielsweise der Schlüsselbereich die Erhaltung des Lagerbestands.
- Wohin mit einer Funktion, die nicht direkt zu einem Schlüsselbereich gerechnet werden kann? Hilfsfunktionen sollten am besten den Abteilungen zugeordnet werden, die sie am meisten beanspruchen. So sollte die Kopierstelle eines Betriebs mit einer großen technischen Abteilung auch dort untergebracht werden.
- Können wir das Wissen von Experten nutzen? Wenn im Betrieb mehrere Spezialisten sind, könnten sie in einer

besonderen Abteilung zusammenfasst werden. Statt verschiedene Statistiker auf diverse Abteilungen zu verteilen, nutzt man ihre Fähigkeiten besser in einer Statistik-Abteilung.

- Lassen sich verschiedene Funktionen besser koordinieren? Auch unterschiedliche Funktionen können einer Instanz unterstellt werden, wenn das der Zusammenarbeit dient. Oft fallen in einer Fabrik Warenversand und -annahme, zwei ähnliche, aber eigentlich gegensätzliche Funktionen, in den Aufgabenbereich derselben Abteilung.

- Kann eine bestimmte Untergliederung die Kontrolle erleichtern? Die Qualitätskontrolle sollte unabhängig von der Produktion sein. Die damit Beauftragten fühlen sich weniger gehemmt, wenn sie nicht denselben Vorgesetzten wie die Leute aus der Produktion haben.

  In manchen Betrieben wird der Wettbewerb zwischen den Abteilungen gefördert. Damit sollen die Leistungen gesteigert und Vergleiche ermöglicht werden. Das ist im Verkauf üblich. Die verschiedenen Absatzgebiete sind so strukturiert, dass Ergebnisse, Kosten und Methoden miteinander verglichen werden können.

- Ist ein Abteilungsleiter in der Lage, sich ausreichend um seine Mitarbeiter zu kümmern? Wenn nicht, sollte die Abteilung weiter untergliedert werden.

- Wie viel kostet es, Abteilungen einzurichten? Je mehr Abteilungen es gibt, desto mehr Führungskräfte, Sekretärinnen und andere werden benötigt. Außerdem braucht jede Abteilung Räume, Telefone und Büroausstattung. Manchmal benötigen sie auch Spezialisten, um ihre Funktionen erfüllen zu können. Das bedeutet zusätzliche Aufwendungen. Je weniger Abteilungen man hat, desto geringer sind die Kosten.

- Verfügt der Betrieb auch über entsprechende Fach- und Führungskräfte für die Abteilung? Wenn nicht, sollte man keine neue Abteilung einrichten. Irgendwelche Personen zusammenzuführen, kann das Unternehmen schwer belasten. Eine neue Firma muss anfangs natürlich improvisieren.
- Fördert die beabsichtigte Schaffung von Abteilungen das Betriebsklima und die Zusammenarbeit innerhalb eines Betriebs? Denken Sie an die Mitarbeiter, die eine Abteilung bilden sollen. Werden ihre Ziele berücksichtigt, kennen alle die Gründe für die Umstrukturierung und akzeptieren sie diese?

Unser Hauptziel sind Ergebnisse. Dabei müssen gelegentlich auch die Interessen Einzelner übergangen werden. Unternehmen, die dem Betriebsklima einen zu hohen Stellenwert einräumen, laufen Gefahr, die eigentlichen Betriebsziele aus den Augen zu verlieren.

Das Verhältnis zwischen Stab und Linie

Das auf Stabs- und Linienstrukturen basierende Organisationsmodell kommt eigentlich aus dem militärischen Bereich. Die Wirtschaft übernahm dieses Modell und wollte damit die immer komplizierteren hierarchischen Strukturen in den Griff bekommen.

Linienautorität ist direkte, operative Autorität, jede Instanz ist direkt einer höheren untergeordnet. Ein Linienmanager ist für alles, was innerhalb seines Bereichs geschieht, verantwortlich. In einer reinen Linienorganisation plant der Manager die gesamte Arbeit, beaufsichtigt seine Mitarbeiter, führt Qualitätsprüfungen durch und trifft alle Entscheidungen in seiner Abteilung. Das System bewährt sich vor allem in kleineren

Betrieben, erweist sich aber als unpraktisch in wachsenden Unternehmen.

Ein Vorteil dieses Systems liegt darin, dass Dinge rasch und unbürokratisch erledigt werden können und Kommunikationsprobleme komplexerer Organisationen wegfallen. Es hat aber offensichtliche Nachteile: Führungskräfte sind gewöhnlich mit Arbeit überhäuft. Wenn ein Abteilungsleiter ausfällt, gelingt es selten, einen Nachfolger einzuarbeiten. Außerdem wird es im Zeitalter fortschreitender Spezialisierung immer unwahrscheinlicher, dass ein einzelner Manager die Komplexität einer Aufgabe in den Griff bekommt.

Mit *Linie* werden in der Regel Funktionen bezeichnet, die auf betriebliche Ergebnisse zielen. In produzierenden Unternehmen wären das Produktions- und Verkaufsabteilung. Alle unterstützenden Funktionen gehören zum Stabssystem, wie beispielsweise die Marketingabteilung, die Finanzbuchhaltung oder die Personalabteilung. Stabsmanager haben gewöhnlich keine Kontakte mit Linienmitarbeitern, aber sie beraten und unterstützen die Linienmanager bei ihren Aufgaben.

In den meisten Unternehmen ist das Linien- mit dem Stabssystem kombiniert. Stabskräfte nehmen Linienmanagern die Spezialaufgaben ab. Sie ermöglichen es ihnen, sich auf die Arbeitsabläufe in ihren Abteilungen zu konzentrieren.

Eine Stelle kann innerhalb der Gesamtstruktur Stabsfunktion haben, ihre eigenen Aufgaben aber wie eine Linienstelle erfüllen. Die Personalabteilung übt eine Linientätigkeit aus: Sie führt Bewerbungsgespräche durch und entscheidet über die Besetzung der Stellen. Was jedoch die Beziehungen zu den Angestellten betrifft, berät und unterstützt sie Linienmanager in Fragen der Arbeitsmoral und Disziplin – eine Stabsfunktion.

Zwischen Linien- und Stabsmanagern kommt es häufig zu Konflikten. Linienkräfte beschweren sich oft, dass Stabsstellen Erfolge für sich verbuchen, zu denen sie nicht beigetragen hätten, oder sie schieben den Stabsstellen die Verantwortung für irgendwelche Fehler zu, die ohne sie nicht gemacht worden wären. Sie werfen ihnen auch vor, sich die Autorität eines Linienmanagers anzumaßen, was Verwirrung stiftet und die Einheit der Kontrolle gefährdet, wenn zum Beispiel ein Stabsexperte das Linienmanagement übergeht und sich direkt an dessen Mitarbeiter wendet.

Siegfried Frost, stellvertretender Leiter der Produktionskontrolle, überprüfte eine Kundenbeschwerde wegen eines nicht termingemäß ausgeführten Auftrages. Anschließend sprach er mit den zuständigen Arbeitern. Sie erklärten, der Auftrag solle erst in zwei Tagen bearbeitet werden. Frost wusste, dass der Kunde nicht warten konnte, und erklärte die Sache für vorrangig. Er blieb so lange, bis sie die Maschinen umgestellt hatten.

Zwei Stunden später stürmte Norbert Kaller, der Leiter dieser Abteilung, in das Büro des Produktionskontrolleurs. „Wie kommen Sie dazu, meinen Leuten Instruktionen zu geben?“ brüllte er. „Das ist meine Abteilung, hier bestimme ich, was getan wird. Ich habe ihnen gesagt, sie sollen wieder mit der alten Sache weitermachen. Ihre Einmischung hat uns zwei Stunden gekostet, jetzt sind wir auch mit dem anderen Auftrag in Verzug – und der hatte Priorität.“

Diese Angelegenheit kostete die Firma nicht nur Zeit und Geld, auch die Autoritätsstruktur war in Frage gestellt worden. Die Arbeiter wussten, dass Frost zur „Chefetage“ gehörte, denn er hatte eine Stabsstelle in der Abteilung, die die Arbeitsplanung durchführte. Sie taten also, was er verlangte. Das Ganze hätte nicht passieren dürfen. Frost hätte sich zuerst mit Kaller besprechen müssen. Vielleicht hätte Kaller seinen Leuten entsprechende Anweisungen gegeben. Stabskräfte sollten grundsätzlich nicht die Autorität von Linienmanagern für sich beanspruchen oder ignorieren.

Häufig machen Stabskräfte den Linienmanagern zum Vorwurf, sich neuen Ideen gegenüber zu verschließen, die zuständigen Stabskräfte nicht zu konsultieren und deren Empfehlungen gewöhnlich zu ignorieren.

Um mit solchen Problemen fertig zu werden, wurden die verschiedensten Methoden ausprobiert. Vorrangig ist die Klärung der Beziehungen zwischen Linie und Stab. Eindeutige Stellenbeschreibungen und genaue Kenntnis der Autoritätsstruktur sind Grundvoraussetzungen. Linien- und Stabsmanager sollten sich an der Festlegung der Ziele beteiligen und für die ermittelten Schlüsselbereiche engagieren. Die Betonung liegt auf Teamarbeit und nicht auf Konkurrenzkampf.

Es gibt zwei Arten von Stabsfunktionen: persönliche und spezialisierte. Erstere werden durch Assistenten verkörpert, die letzteren durch Experten auf Gebieten wie Recht, Public Relations, Marktforschung und so weiter.

Die Aufgaben eines Stabsassistenten reichen von Handlangertätigkeiten bis zur Ausführung von Managemententscheidungen. In vielen Unternehmen beschafft er Informationen über aktuelle Fragen, wirkt bei Erstellung von Plänen mit, erläutert Angestellten und Kollegen die Anweisungen des Chefs, erarbeitet für ihn besondere Projekte und trifft gelegentlich selbst begrenzte Entscheidungen. Manchmal kann er es auch zum Stabschef bringen, eine Position, die viel Macht und Einfluss bedeutet.

Die spezialisierten Stabspositionen beschäftigen sich nur mit Dingen, die in ihren Fachbereich fallen. Sie können vier verschiedene Funktionen übernehmen:

- *Beratendes Team:* Stabskräfte setzen sich mit Problemen auseinander, machen Vorschläge und entwickeln eventuell Pläne für die Linienmanager. Da der Linienmanager für den Erfolg einer Aktion verantwortlich ist, muss er auch sein Veto einlegen können. Die Vorschläge der Experten haben jedoch die Unterstützung der Betriebsleitung. Der Linienmanager wird sie also nicht einfach von der Hand weisen. Gute Stabskräfte ersparen dem

Linienmanager viel Zeit, Geld und Mühe und helfen ihm, fundierte Entscheidungen zu treffen.

- *Service für Linienmanager:* Solche Stabskräfte haben keineswegs nur beratende Funktion. So kann die Personalabteilung selbstständig Positionen besetzen, Stellenbeschreibungen ausarbeiten und so weiter. Eine Einkaufsabteilung nimmt üblicherweise die Materialanforderungen von Linienmanagern entgegen und kauft in eigener Regie ein.
- *Kontrollstab:* Diese Stabsstelle hat Kontrollbefugnisse. Sie könnte beispielsweise nachprüfen, ob die Linienabteilungen in ihren Schlüsselbereichen die angestrebten Ergebnisse erzielen. Ein Beispiel dafür ist die Qualitätskontrolle.
- *Fachabteilung:* In bestimmten Fällen wird das Fachwissen einer Stabsstelle benötigt, um ein Projekt voranzutreiben. Die Autorität des Linienmanagers wird dem Experten der Stabsstelle übertragen, der das Projekt besser beherrscht. Ein Beispiel wäre die Einführung eines neuen Produkts: Dem Produktmanager können in diesem Fall Verkäufer unterstellt werden (die normalerweise dem Verkaufsleiter unterstehen), um einen Markt für das neue Produkt zu erschließen. Dem Produktmanager werden diese Befugnisse jedoch nur für dieses eine Produkt oder eine begrenzte Zeit übertragen, damit die Stellung des Linienmanagers nicht untergraben wird.

Neue Organisationsstrukturen

In den sechziger Jahren wurden weitere Methoden entwickelt, um bestimmte Organisationsprobleme in den Griff zu bekommen. Darunter fällt die bereits erwähnte Position des Produktmanagers, einer mit besonderen Aufgaben betrauten Stabskraft. Er wird in Unternehmen benötigt, die eine ganze Palette von Produkten herstellen und verkaufen, wie Procter and Gamble, die dieses Konzept entwickelt haben.

Der Produktmanager ist verantwortlich für sämtliche Aktivitäten, die ein Produkt erfordert – Forschung und Entwicklung, Herstellung, Marketing, Verkauf und Distribution. Wenn das Produkt Teil der regulären Produktgruppe geworden ist, muss er darauf achten, dass es sich auf dem Markt behauptet.

Diane Hensen ist Produktmanagerin für Softee-Windeln bei Rumford Paper. Das Unternehmen produziert auch Toilettenpapier, Papierservietten, Küchenpapier, Pappteller und Pappbecher. Für jeden Artikel ist ein Produktmanager zuständig. Ihre Aufgabe besteht vor allem darin, die verschiedenen Aktivitäten für ihr Produkt zu koordinieren. Der Betrieb hat nur einen Absatzstab für sämtliche Artikel. Diane Hensen muss dafür sorgen, dass die Vertreter die Papierwindeln nicht vernachlässigen und dass Verkaufsprobleme sofort behoben werden. Sie arbeitet mit der Produktion und der Qualitätskontrolle zusammen und achtet darauf, dass der Lagerbestand an Windeln den voraussichtlichen Bedarf deckt und der Qualitätsstandard konstant bleibt. Außerdem arbeitet sie mit dem Werbestab des Unternehmens und der Marketingagentur zusammen, wenn Programme für ihr Produkt entworfen werden. Diane Hensen ist für ihr Produkt verantwortlich. Aber sie hat nicht den Aufgabenbereich eines Linienmanagers; vielmehr muss sie mit ihm die anfallenden Arbeiten erledigen.

Dem Produktmanager entspricht in einem technischen Betrieb der Projektmanager. Er ist für ein bestimmtes Projekt verantwortlich, zum Beispiel für Design und Herstellung eines elektronischen Systems. Er koordiniert die Aktivitäten von Ingenieuren, Produktionsleiter und Vertragsabteilung, damit das Projekt ordnungsgemäß und termingerecht abgeschlossen wird.

Eine Variante der Projektmanager-Funktion ist die *Matrix-Organisation.* Sie empfiehlt sich bei äußerst komplexen Problemen. Unternehmen, die solche Projekte entwickeln, verfügen meist über qualifizierte, im ganzen Betrieb verstreute Leute, deren Mitarbeit bei dem Projekt benötigt wird. Die Matrix-Organisation beauftragt einen Projektmanager, aus den entsprechenden Abteilungen Mitarbeiter abzuziehen, die für spezielle Aufgaben gebraucht werden. Experten werden für die Dauer des Projekts an den Projektmanager ausgeliehen. Danach kehren sie wieder in ihre Abteilungen zurück. Das ist jedoch nicht unproblematisch: Andere Prozesse werden dadurch unterbrochen, dass diese Mitarbeiter abgezogen werden. Eine Matrix-Organisation wird jedoch nur gebildet, wenn ein Projekt absolut notwendig ist und die Kosten genau spezifiziert sind.

Die Matrix-Organisation wird gelegentlich auch als befristetes Projektteam bezeichnet. Solange sie Teil dieses Teams sind, brauchen die Mitglieder für das Geschehen in ihrer alten Abteilung keine Verantwortung zu übernehmen. Ihr Chef ist der Projektmanager, nicht mehr der Abteilungsleiter.

Der Vorteil einer Matrix-Organisation ist ihre Flexibilität. Da es keine ständigen Mitglieder gibt, können je nach Bedarf Experten berufen oder in ihre Abteilungen zurückgeschickt werden. Diese Fluktuation bewirkt, dass das Team Veränderungen gegenüber aufgeschlossen bleibt. Kein Mitglied braucht einen gewissen Status zu verteidigen. Innerhalb der Gruppe gibt es keine Hierarchie, und so kann sich jeder auf die angestrebten Resultate konzentrieren.

Allerdings ist die Verantwortlichkeit zuweilen schwer zu bestimmen. Koordination ist zwar wichtig, aber aufgrund der befristeten Dauer des Projekts nicht einfach. Bei Linienmanagern ist eine Matrix-Organisation nicht beliebt. Sie nimmt ihnen Mitarbeiter weg und bringt Kommunikationswege durcheinander.

Die Struktur einer Matrix-Organisation

In manchen Unternehmen gibt es ein Team von Führungskräften, das gemeinsam die Verantwortung übernimmt. Jedes einzelne Mitglied dieses Teams leistet seinen Beitrag zur gemeinsamen Entscheidungsfindung.

Der Erfolg hängt von den beteiligten Führungskräften ab. Topmanager sind gewöhnlich starke Persönlichkeiten. Sie wollen sich selten den Vorsitz teilen. Andererseits bevorzugen an Teamarbeit gewohnte Mitarbeiter dieses Verfahren.

Eine Variante besteht in einem einzigen Vorsitzenden, der mit einem aktiven Führungsteam zusammenarbeitet, das nicht nur beratende Funktion hat. Dieses Modell wird in vielen deutschen Großunternehmen praktiziert, wo unter der Führung eines Vorstandsvorsitzenden die weiteren Vorstandsmitglieder die Verantwortung für Teilbereiche übernehmen. So gibt es Finanzvorstände, solche für Marketing und Service sowie andere, die zum Beispiel für den Bereich Forschung und Entwicklung verantwortlich zeichnen.

Technisch ausgerichtete Organisationen haben festgestellt, dass sich die üblichen Leitungssysteme in ihrem Fall nicht bewähren. Die Kreativität ihrer Mitarbeiter wird von übermächtigen Strukturen erdrückt. Manche haben deshalb neue Methoden ausprobiert: Ein bekanntes Beispiel ist das „Netzwerkmanagement“ der Intel Corporation, einem führenden Halbleiter-Hersteller. In John Naisbitts Buch *Megatrends* heißt es sinngemäß: Bei Intel bedeutet Netzwerkmanagement:

- Mitarbeiter haben verschiedene Chefs.
- Für Funktionen, wie Einkauf und Qualitätskontrolle, sind Ausschüsse oder Gremien verantwortlich, nicht ein hierarchisch strukturierter Stab unter einer einzigen Führungskraft.
- Es gibt nur durch schulterhohe Trennwände abgeteilte Arbeitsplätze.

- Die Kleidung ist leger.
- Das Unternehmen selbst wird von einer Dreiergruppe, einem Externen, einem langfristigen Planer und einem mit Verwaltungsaufgaben betrauten Mitarbeiter geführt.
- Auch wenn die Entscheidungen letztendlich von der obersten Führungsebene getroffen werden, sollen die Mitarbeiter gleichberechtigt an den Diskussionen teilnehmen.
- Auch ein neuer Mitarbeiter soll Diskussionen mit seinem Vorgesetzten nicht aus dem Weg gehen.

Intels stellvertretender Vorsitzender Robert Noyce stellt fest: „Wir wollten Mitarbeiter zusammenbringen, die sich an vielen Entscheidungen beteiligen und Dinge tun, die in einer Linienorganisation nicht möglich wären."

Ein anderes Mitglied der Dreiergruppe, Andrew Grove, bemerkt: „Wir können es uns nicht leisten, den Austausch von Ideen und Informationen durch hierarchische Barrieren zu unterbrechen, wie das in vielen Unternehmen geschieht."

Naisbitt fügt hinzu: „Die wachsende Technologie am Arbeitsplatz lässt die menschliche Interaktion immer wichtiger werden, Netzwerke verbessern die Kommunikationsstrukturen. Je mehr Automatisierung, desto mehr Qualitätszirkel. Je mehr Textverarbeitungssysteme und Computer-Terminals, desto wichtiger das kreative Netzwerk innerhalb der Organisation."

Ergebnisorientierte Stellenbeschreibung (EOS)

Ganz gleich ob Vorarbeiter oder Geschäftsführer, das Engagement des Einzelnen hängt immer davon ab, wie er seine Position im Unternehmen wahrnimmt.

Zu viele Stellenbeschreibungen sind aufgaben- und nicht ergebnisorientiert. Sie bestimmen, wie eine Arbeit durchgeführt werden soll, statt das Schwergewicht auf Ergebnisse zu richten. Neuere Management-Theoretiker haben erkannt, dass Mitarbeiter, die sich nur an Aufgaben orientieren, weniger Erfolge aufweisen und ihrer Arbeit nicht viel abgewinnen.

Wenn wir ein Unternehmen ergebnisorientiert strukturieren wollen, müssen die Schlüsselpositionen entsprechend ausgerichtet werden. Eine Stellenbeschreibung sollte angeben, welche Ergebnisse erwartet, nicht welche Leistungen erbracht werden sollen.

In jeder ergebnisorientierten Stellenbeschreibung (EOS) sollte das Hauptziel angegeben sein (warum der Arbeitsplatz existiert), die Schlüsselbereiche (auf die der Positionsinhaber seine Aufmerksamkeit konzentriert), Teilziele (die ihm helfen, die Hauptziele zu realisieren) und realistische Leistungsnormen (spezifisch, quantitativ und messbar).

Wie eine ergebnisorientierte Stellenbeschreibung aussieht, sollen die folgenden Beispiele zeigen. Sie enthalten nur einige Schlüsselbereiche. Eine vollständige Stellenbeschreibung enthält alle Aufgabenbereiche und Leistungsnormen, an denen sich Ergebnisse messen lassen.

Durch die Festlegung von angestrebten Ergebnissen und von Leistungsnormen kann ein Manager nicht nur die Leistungen beurteilen, sondern auch die Mitarbeiter zielorientiert motivieren.

Um den Schlüsselbereichen mehr Bedeutung zu verleihen, sollten die Normen nicht von oben herab diktiert werden. Wenn alle Beteiligten an der Festlegung der Ziele und der Entwicklung der Leistungsnormen mitarbeiten, werden sie von ihnen auch als realistisch und erreichbar akzeptiert. Können die in den Stellenbeschreibungen aufgelisteten Ergebnisse von den Managern nicht erreicht werden, sollte man gemeinsam die Gründe analysieren und entsprechende Korrekturvorschläge ausarbeiten. Diese Empfehlungen sollten zusammen mit Ratschlägen von Stabskräften und der Führungsspitze einen neuen Lösungsansatz bilden. In manchen Fällen war vielleicht die Stellenbeschreibung nicht präzise genug und muss entsprechend modifiziert werden.

Ergebnisorientierte Stellenbeschreibung

Verkaufsleiter – Bürobedarf

Hauptziel: Ein bestimmtes Absatzvolumen pro Zeitraum, pro Periode, pro Geschäftsjahr bei vorgegebenen Kosten erreichen.

Schlüsselbereich 1: Einen stets ausreichenden Lagerbestand an brauchbaren, verkäuflichen Produkten sicherstellen.

Leistungsnormen: Der Verkaufsleiter hat im Bereich Lagerhaltung seine Aufgabe zufrieden stellend erfüllt, wenn

- die Überschussbestände des Lagers zu keinem Zeitpunkt mehr als 4 Prozent betragen
- immer so viel an bestimmten Waren vorhanden ist, dass jederzeit Verkäufe getätigt werden können
- die Ware immer einem Qualitätsstandard entspricht, dass sie jederzeit den Anforderungen der Kunden standhält

Schlüsselbereich 2: Die Leistungsfähigkeit des Verkaufspersonals auf einem Niveau zu halten, das die Realisierung des Hauptziels gewährleistet.

Leistungsnormen: Der Verkaufsleiter hat seine Aufgabe zufrieden stellend erfüllt, wenn

- alle Verkäufer ihre vorgegebenen Absatzquoten erreicht haben
- für sämtliche Produkte die angestrebten Absatz-Ziele erreicht wurden.

noch: Ergebnisorientierte Stellenbeschreibung

Schlüsselbereich 3: Eine gleich bleibend hohe Nachfrage nach den Produkten und Dienstleistungen des Unternehmens aufrecht erhalten.

Leistungsnormen: Der Verkaufsleiter hat im Bereich der Nachfrage seine Aufgabe zufrieden stellend erfüllt, wenn

- die Zahl der neu eröffneten Kundenkonten um 10 Prozent jährlich steigt
- der Verlust alter Kundenkonten weniger als 5 Prozent jährlich beträgt
- das Geschäftsvolumen der eingerichteten Konten um mindestens 8 Prozent jährlich steigt

Wenn Mitarbeiter ihre Stellenbeschreibung selbst erarbeiten, hat das den Vorteil, dass dem Stelleninhaber seine eigene Tätigkeit und deren Ziele klarer werden.

Gertrud Salm, Verwalterin einer Privatklinik, erkannte bei der Erarbeitung ihrer ergebnisorientierten Stellenbeschreibung, warum sie viele Jahre als Führungskraft kämpfen musste, ohne ihr eigentliches Ziel zu erreichen. Als staatlich geprüfte Krankenschwester hatte sie sich ausschließlich an Tätigkeiten orientiert, wie Spritzen zu geben, Patienten auf Operationen vorzubereiten, Berichte zu schreiben und ähnliches. Sie erkannte, dass sie ergebnisbezogen denken musste.

Frau Salm richtete also ihr Augenmerk auf Resultate. Sie begann, zu delegieren. Dadurch stärkte sie das Selbstvertrauen der Schwestern. Sie hatten mehr Verantwortung und konnten auf bestimmte Ziele hinarbeiten. Innerhalb von zwölf Monaten schaffte es Frau Salm, aus einem Verlustgeschäft ein profitables Unternehmen zu machen.

Mitarbeiter, die genau wissen, was sie leisten müssen, um erfolgreich zu sein, lassen sich nicht nur einfacher ausbilden, sondern auch leichter auswählen. Manche Arbeitgeber verwenden die ergebnisbezogene Stellenbeschreibung als Hilfsmittel bei der Auswahl von Bewerbern. Wenn sie sich für einen Kandidaten interessieren, zeigen sie ihm die Stellenbeschreibung und erklären, dass er die darin enthaltenen Anforderungen erfüllen müsse. Er wird gebeten, die einzelnen Schlüsselbereiche zu prüfen und zu überlegen, ob er in der Lage ist, die Leistungsnormen zu erfüllen. Wenn er eingestellt wird, muss der neue Mitarbeiter der Unternehmensleitung versichern, dass er die ergebnisbezogene Stellenbeschreibung kennt und akzeptiert.

Eine vollständige ergebnisbezogene Stellenbeschreibung auszuarbeiten, ist aufwändig, aber es lohnt sich. Harlan W. Ritter, der Präsident der Houston Belt & Terminal R.R. bezeugt dies. Vor der Entwicklung der ergebnisbezogenen Stellenbeschreibung hatten seine Mitarbeiter nur eine vage Vorstellung von ihren Aufgaben.

Um feststellen zu können, welche Mittel und wie viele Leute sie benötigten, um ihre Ziele zu erreichen, wurden sie aufgefordert, ihre Stelle zu beschreiben. Das Ergebnis war erstaunlich. Das Unternehmen konnte nicht nur Personal, sondern außerdem erhebliche Kosten einsparen.

Ergebnisorientierte Stellenbeschreibung

Werkmeister

Hauptziel: Produkte höchster Qualität innerhalb der vorgegebenen Kostenspannen und Termine herstellen und ausliefern.

Schlüsselbereich 1: Erhaltung einer ausreichenden Belegschaft.

Leistungsnormen: Der Werkmeister hat im Personalbereich seine Aufgabe zufrieden stellend erfüllt, wenn

noch: Ergebnisorientierte Stellenbeschreibung

- die Ziele der Personalplanung erfüllt und alle Arbeitsplätze jederzeit besetzt sind
- für jede Stelle Leistungsmaßstäbe existieren und jeder Mitarbeiter demonstrieren kann, dass er über die qualitativen und quantitativen Anforderungen unterrichtet ist
- für Arbeitsbedingungen entsprechend den Betriebsanweisungen gesorgt ist
- die Leistung der Mitarbeiter regelmäßig mit den vorgegebenen Maßstäben verglichen wird und Leistungszulagen und/oder Anerkennungsschreiben an Mitarbeiter mit hervorragenden Leistungen vergeben werden.

Schlüsselbereich 2: Erhaltung eines guten Arbeitsklimas.

Leistungsnormen: Der Werkmeister hat seine Motivationsaufgabe zufrieden stellend erfüllt, wenn

- jeder Mitarbeiter Arbeitsweise und Unternehmensziele kennt
- alle Beschwerden innerhalb von 24 Stunden bearbeitet sind
- regelmäßig überprüft wird, ob die Talente der Mitarbeiter optimal genutzt werden
- mit jedem Mitarbeiter regelmäßig in Bewertungsgesprächen über Leistung und Zukunftsperspektiven beraten wird
- die Leistung der einzelnen Mitarbeiter und der ganzen Belegschaft in regelmäßig stattfindenden Versammlungen Anerkennung finden

noch: Ergebnisorientierte Stellenbeschreibung

Schlüsselbereich 3: Erhaltung einer wirksamen Qualitätskontrolle.

Leistungsnormen: Der Werkmeister hat seine Aufgaben im Bereich der Qualitätskontrolle zufrieden stellend erfüllt, wenn

- angemessene Leistungsmaßstäbe zur Erfüllung aller notwendigen Aufgaben existieren
- vor der Übertragung einer neuen Aufgabe sichergestellt wird, dass die betreffenden Mitarbeiter über die Qualitätsmaßstäbe unterrichtet sind
- die Mitarbeiter die Zielsetzungen und die Gründe dafür verstehen
- die Leistungen regelmäßig mit den vorgegebenen Maßstäben verglichen werden und der Ausschuss zu keinem Zeitpunkt einen bestimmten Prozentsatz übersteigt

Organigramme und Organisationshandbücher

Ein Organigramm ist die graphische Darstellung einer Organisationsstruktur. Es verdeutlicht die wichtigsten Funktionen, die Beziehungen untereinander, die Instanzenwege und die relative Bedeutung einzelner Stelleninhaber.

Man erkennt daran den allgemeinen Aufbau einer Organisation. In ihrer ganzen Komplexität lässt sich eine Organisation auf diese Weise nicht darstellen. Man sieht, auf welcher Managementebene eine Position angesiedelt und welche Instanz für eine Abteilung zuständig ist.

Um sich die Machtstrukturen eines Unternehmens zu vergegenwärtigen, sollte man sich nicht auf eine solche Darstellung verlassen. Sie gibt die tatsächliche Situation nur unvollständig wieder. So stehen Personal, Finanzen, Technik, Forschung und Entwicklung auf einer gemeinsamen Ebene unter einer Führungsinstanz. Das stimmt nur in einer formellen Organisationsstruktur. Faktisch haben diese Positionen unterschiedliche Stellenwerte innerhalb einer Firma. Wenn sich das Unternehmen beispielsweise auf die Entwicklung neuer Technologien spezialisiert, wird die Abteilung Forschung und Entwicklung sehr viel wichtiger sein als alle anderen. In einer verkaufsorientierten Firma, in der Herstellung, Finanzen, Forschung und Entwicklung der Marketingabteilung untergeordnet sind, ist die wichtigste Position auf Abteilungsebene die des Marketingmanagers. Das drückt sich aus in dem Gewicht, das seine Stimme bei betrieblichen Entscheidungen hat, in seinem Gehalt und in seinem Ansehen im Unternehmen. Was also auf gleicher Ebene angesiedelt ist, darf keineswegs immer als gleichrangig betrachtet werden.

Bei der Bewertung einer Organisationsstruktur muss noch eine andere Dimension berücksichtigt werden. In dem Schema fehlt eins der wichtigsten Kriterien für eine realistische Beurteilung des Unternehmens – die *Persönlichkeit* der Führungskräfte. Es gibt immer Führungskräfte, die mehr Einfluss haben, als ihr Titel oder ihre Position vermuten lassen. Dafür existieren mehrere Gründe. Häufig beherrscht ein Manager die Lage durch persönliches Durchsetzungsvermögen. Seinen Ideen und Meinungen wird mehr Gewicht beigemessen als denen seiner schwächeren Kollegen. Deshalb muss man wissen, wer diese Führungskräfte sind und wie groß ihr Einfluss ist.

Auf dem Organigramm der CRC, Inc. war Michael Davis als Stabsassistent des Geschäftsführers aufgeführt. Obwohl es über ihm noch einen ausführenden stellvertretenden Geschäftsführer und sechs weitere stellvertretende Geschäftsführer gab, besaß Davis sehr viel mehr Einfluss als diese. Warum? Er war vor vier Jahren direkt von der Columbia Universität zur

Firma gekommen. Seine Leistungen waren so gut, dass er bald zur rechten Hand des Geschäftsführers wurde. Diese Tatsache ließ sich aus der schematischen Darstellung nicht ablesen.

Die meisten Betriebe ergänzen diese Modelle durch Organisationshandbücher. Darin findet man zusätzliche Details, präzise Stellenbeschreibungen und eine Definition der Verantwortungsbereiche jeder Position. Handbücher vermitteln ein besseres Bild der Positionen in einem Unternehmen als die graphischen Darstellungen, die nichts über die eigentliche Funktion aussagen. Nur wenn man die Stellenbeschreibungen in den Organisationshandbüchern genau liest, kann man den Status einer Position bestimmen.

Organisieren ist ein Prozess, der nie abgeschlossen ist. Deshalb können Organigramm und Organisationshandbuch keine Endpunkte der organisatorischen Entwicklung markieren. Wenn sich die Umstände ändern, muss die Organisation sich anpassen.

Warum finden Umstrukturierungen statt? Häufig sind die Gründe außerhalb der Firma zu suchen. Das Geschäftsvolumen nimmt zu oder verringert sich, und entsprechend werden mehr oder weniger Arbeitskräfte benötigt. Dann erfüllt das Organisationsschema nicht mehr seinen Zweck. Die Strukturen müssen verändert werden. Auch gesetzliche Bestimmungen können eine Umstrukturierung eines Unternehmens erfordern.

Seitdem in Deutschland, besonders bei Behörden und großen Unternehmen, Gleichstellungsbeauftragte über die grundgesetzlich garantierte Chancengleichheit der Geschlechter wachen und behinderten Arbeitnehmern bei gleichen Voraussetzungen oft der Vorrang bei der Besetzung einer Stelle eingeräumt wird, mussten sich die Personalabteilungen ebenfalls umstellen. So mussten neue Einrichtungen geschaffen werden, um zum Beispiel auch Frauen in bisher typischen Männerberufen beschäftigen zu können. Für behinderte Arbeitnehmer mussten technische Voraussetzungen geschaffen werden, um ihnen einen zumutbaren Arbeitsplatz einzurichten.

Andere gesetzliche Regelungen haben zu Sicherheitsvorkehrungen in den Betrieben geführt, die es vorher nicht gab. Technologische Fortschritte veränderten ebenfalls die Organisationsstrukturen. Durch die Einführung der Computertechnik hat sich in der Buchhaltung mehr verändert als durch jede andere neue Technik.

Innerhalb des Unternehmens müssen Veränderungen stattfinden, wenn neue Produkte entwickelt, alte neu konzipiert werden oder wenn eine dynamische Führungskraft ausscheidet.

Immer wenn ein Unternehmen wächst, muss seine Struktur sich auch entsprechend verändern. Wachstum kann horizontal und vertikal erfolgen. Bei vertikalem Wachstum verändert sich die Struktur mit dem Geschäftsvolumen. In einer kleinen Firma reichen ein, zwei Führungskräfte; wächst sie jedoch weiter, müssen weitere Führungskräfte – häufig Fachleute – hinzukommen. Auf diese Weise entwickelt sich allmählich eine hierarchische Struktur, in der jede Führungskraft eine ranghöhere über sich hat.

Horizontales Wachstum findet statt, wenn eine Abteilung zusätzliches Personal benötigt. Anfänglich konnten vielleicht zwei Vertreter den ganzen Markt abdecken. Als das Unternehmen expandierte, wurden mehr Mitarbeiter erforderlich, die Firma richtete Zweigstellen ein. Diese wiederum brauchten entsprechende Unterstützung. Stabsstellen wie Verkaufsförderung und Kundendienst wurden hinzugefügt.

Die Organisationsstruktur eines Unternehmens sollte in regelmäßigen Abständen überprüft werden, damit sie auch ihren Zweck erfüllt. Wenn eine Firma keine gesunde Struktur aufweist, ist auch die vorausgegangene Planung umsonst.

8. Delegieren und dezentralisieren

Warum, an wen und was Führungskräfte delegieren sollten

„Eine Lektion habe ich als Führungskraft schon ganz früh gelernt: Versuchen Sie nicht, die ganze Show allein abzuziehen. Wählen Sie Ihre Mitarbeiter sorgfältig aus. Übertragen Sie ihnen Verantwortung. Sie sollen sich entwickeln können und für ihre Leistungen und Handlungen verantwortlich sein. Damit trug ich nicht nur zum Erfolg des Unternehmens, sondern auch zu meinem eigenen bei." Das sagte Charles Percy, ehemaliger U.S.-Senator und Vorstandsvorsitzender der Bell & Howell Co.

Erfolgreiche Führungskräfte kennen das Potenzial ihrer Mitarbeiter. Sie nutzen es und entwickeln auf diese Weise deren Fähigkeiten und Fachwissen. Am besten erreicht man dies durch Delegation von Aufgaben.

Delegieren bedeutet, jemandem Pflichten, Aufgaben, Machtbefugnisse und Entscheidungsgewalt zu übertragen. Ein Manager kann sich erst dann voll entfalten, wenn er einen Teil seines Aufgabenbereiches an seine Mitarbeiter überträgt, denn auf diese Weise gewinnt er Zeit für die wirklich wichtigen Führungsaufgaben.

Trotz zahlreicher Lippenbekenntnisse weigern sich viele Führungskräfte, etwas an ihre Mitarbeiter zu delegieren, außer vielleicht ein paar Lappalien. Muss das so sein? Um die Gründe dafür zu verstehen, müssen wir uns vergegenwärtigen, dass eine Führungskraft zwar Verantwortung abgeben, sich ihrer aber nicht ganz entledigen kann. Sie bleibt letztlich verantwortlich für alles, was in ihrem Bereich geschieht.

Da Führungskräfte für Erfolge ebenso wie für Misserfolge verantwortlich gemacht werden, scheuen sie sich, ihren Mitarbeitern die nötigen Befugnisse einzuräumen. Das fehlende

Vertrauen zu Mitarbeitern entschuldigen sie mit dem Satz „Ich kann das selbst besser“. Das ist zweifellos richtig. Nur besteht ihre Aufgabe im Führen, nicht im Ausführen. Der Schreibtisch des delegationsunwilligen Managers wird unter der Last anstehender Arbeiten bald zusammenbrechen. Sucht man nach dem Grund, warum Führungskräfte zu wenig delegieren, so gibt es eigentlich nur einen einzigen, nämlich Angst. Es ist die Angst, für die Handlungen anderer verantwortlich zu sein, oder die Angst davor, dass die Mitarbeiter die Aufgabe besser erfüllen könnten und damit die eigene Position gefährden.

Ängstlichen Führungskräften muss man helfen, mehr Selbstvertrauen zu entwickeln. Sonst könnten sie tatsächlich so ineffizient werden, wie sie es befürchten. Beim Delegieren ist entscheidend, was und an wen Aufgaben übertragen werden. Voraussetzung ist grundsätzlich, dass die Mitarbeiter befähigt sind, Verantwortung zu übernehmen. Zu delegieren, ohne zu wissen, ob der Beauftragte die ihm zugeteilte Aufgabe auch erfüllen kann, ist schlechtes Management.

Ist diese Voraussetzung erfüllt, so sollte an Mitarbeiter mit der meisten freien Kapazität delegiert werden. Manchmal ist es auch sinnvoll, an solche Mitarbeiter zu delegieren, deren Fähigkeiten man prüfen will. Darin liegt eines der wirksamsten Motivierungsmittel. Wer eine schwierige Aufgabe gemeistert hat, kann sich über sein Erfolgserlebnis und sein gestiegenes Ansehen bei den Kollegen freuen.

Was sollte delegiert werden? Keineswegs übertragen werden sollten Führungsaufgaben im engeren Sinne. Es ist zum Beispiel ein Ding der Unmöglichkeit, eine Sekretärin Mitarbeiterbeurteilungsbögen ausfüllen zu lassen. Auch die Verteilung von Lob und Tadel und das Fällen wichtiger Entscheidungen über langfristige Unternehmensziele kann nicht delegiert werden.

Übertragen werden können hingegen alle Aufgaben, die keine Priorität besitzen oder die bloße Routinearbeiten sind wie

Büroarbeiten oder das regelmäßige Ausfüllen bestimmter Formulare.

Führungskräfte sollten auch bedenken, dass es Aufgaben gibt, die nicht unbedingt an Mitarbeiter des eigenen Betriebs delegiert werden müssen. Es kann gegebenenfalls sinnvoll sein, externe Dienstleister einzuschalten, damit die kostbare Arbeitszeit der Mitarbeiter im Hause besser verwendet werden kann.

Prinzipien erfolgreichen Delegierens

Als Manager werden Sie erfolgreich delegieren, wenn Sie die folgenden Prinzipien beachten:

Geben Sie Führungskräften, die delegieren müssen, das Gefühl, dass ihre Position im Unternehmen sicher ist. Häufig ist der Delegierende unsicher und scheut sich deshalb, Mitarbeitern Kompetenzen zu übertragen. Dem lässt sich entgegenwirken, indem man sein Selbstvertrauen stärkt. Lassen Sie ihn vielleicht in den Genuss bestimmter Privilegien kommen, verleihen Sie ihm einen Titel! Er darf die Aufforderung zu delegieren nicht als Zweifel an seinen Fähigkeiten missverstehen. Er sollte sie vielmehr als eine Bestätigung seiner Managementqualitäten betrachten. Führungskräfte sollen einsehen, dass sie durch Delegieren viel Zeit und Kraft sparen.

Machen Sie der Führungskraft klar, wie wichtig es ist, Aufgaben zu delegieren. Solange sie sich auf das beschränken muss, was sie selbst erledigen kann, wird sie ihr Potenzial nicht ausschöpfen. Führungskräfte werden nicht nur danach beurteilt werden, welche Fähigkeiten sie auf ihrem Spezialgebiet haben, sondern ebenso danach, wie sie ihre Mitarbeiter führen. Dazu gehört auch immer Delegation.

Das Betriebsklima sollte innovationsfreudig und mitarbeiterorientiert sein. Die Führungskräfte müssen Vertrauen in ihre Belegschaft ausstrahlen. Angst und Frustration dürfen sich gar nicht erst entwickeln, erste Anzeichen dafür müssen als Warnsignal betrachtet werden.

Führungskräfte sollten vom Delegationsprinzip überzeugt sein, das vom Top-Management bis zu den unteren Ebenen praktiziert wird. Mitarbeiter können sich nur entwickeln, wenn sie selbstständig Entscheidungen treffen und dabei auch Fehler machen können. Wenn das Prinzip der Delegation sich durchsetzen soll, muss der Betrieb bereit sein, die durch solche Fehler entstehenden Kosten zu tragen. Die Erfahrung hat gezeigt, dass Führungskräfte, die auf einer unteren Ebene Fehler machen, meist daraus lernen und auf höheren Managementebenen weniger kostspielige Fehlentscheidungen treffen.

Eine Führungskraft muss so delegieren, dass der Mitarbeiter dies als einen Fortschritt in seiner eigenen Entwicklung betrachtet. Delegieren ist eines der effektivsten Mittel, Führungskräfte zu entwickeln. Machen Sie Ihren Mitarbeitern klar, dass sie durch diese zusätzliche Autorität und damit verbundene Verantwortung auf einen größeren Aufgabenbereich vorbereitet werden.

Mitarbeiter sollten wissen, welche Ergebnisse von ihnen erwartet werden. Sie sollten einen Aktionsplan ausarbeiten, der zeigt, wie sie die gewünschten Resultate erreichen und welche Unterstützung sie brauchen.

> Manager müssen das Potenzial ihrer Mitarbeiter realistisch einschätzen und wissen, ob der Beauftragte fähig und genügend motiviert ist, die übertragene Aufgabe zu erfüllen. Delegieren Sie Aufgaben, die Mitarbeiter geistig fordern und Talente entwickeln, von denen niemand etwas wusste.

An Leistungsnormen sollten Mitarbeiter und Vorgesetzte die erzielten Resultate messen können. In mitarbeiterorientierten Unternehmen werden diese Leistungsmaßstäbe zusammen mit den Beteiligten erarbeitet. Jeder sollte seine Fortschritte selbst messen und notwendige Korrekturen vornehmen können.

Im Zusammenhang mit den ihnen übertragenen Aufgaben muss den Mitarbeitern ausreichend Kompetenz übertragen werden, damit sie notwendige Entscheidungen treffen und sich erforderliche Mittel beschaffen können. Sie sollten sich bei den Stabsstellen selbstständig beraten lassen dürfen.

Führungskräfte sollten ihren Mitarbeitern immer mit Rat und Tat zur Seite stehen. Delegieren darf kein Sprung ins kalte Wasser sein. Die Führungskraft trägt die Verantwortung dafür, dass der Beauftragte die vorgegebenen Ziele erreichen kann. Sie wird ihm die nötige Hilfestellung geben, damit der Mitarbeiter die geltenden Richtlinien und Anordnungen kennt. Eine gute Führungskraft ist für Mitarbeiter immer ansprechbar, aber sie greift nicht unbedingt von sich aus in das Geschehen ein. Bei Problemen sollte sie den Mitarbeitern Gelegenheit geben, diese selbst zu erkennen und zu lösen.

Erfolgreiches Delegieren besteht aus drei Schritten – die wie die Seiten eines Dreiecks miteinander verbunden sind:

- Schritt 1: Zuweisen von Aufgaben
- Schritt 2: Übertragen von Verantwortung
- Schritt 3: Ableiten von Verpflichtungen

Ergebnisbezogenes Delegieren würde so aussehen:

„Zu Ihrem Absatzgebiet gehören …

Erwartet wird:

1. Das Umsatzvolumen soll im nächsten Jahr um 7 Prozent wachsen.

2. Der Kundenstamm soll jeden Monat um drei neue Kunden erweitert werden.
3. Für die Artikel A und B soll eine Umsatzsteigerung von 15 Prozent erzielt werden.“

Bei dieser Art von Delegation kommt es nicht auf das Wie, sondern auf das Was an. Wie sie die Resultate erzielen, bleibt den Beauftragten überlassen.

Um Aufgaben bewältigen zu können, die nicht Routine sind, muss dem Beauftragten auch die Autorität zugestanden werden, entsprechende Maßnahmen zu treffen. Das ist jedoch keine uneingeschränkte Machtbefugnis. Jeder Autorität sind Grenzen gesetzt durch allgemeine Geschäftsgrundsätze, gesetzliche Vorschriften und persönliche Fähigkeiten der Beauftragten.

Ein Abteilungsleiter hat zum Beispiel die Befugnis, Rohmaterial für die Abteilung einzukaufen – jedoch nur für einen bestimmten Höchstbetrag, oder er hat die Befugnis, die Produktionsplanung zu ändern – jedoch nur innerhalb bestimmter Grenzen. Er kann auch Überstunden fordern und begrenzte Gehaltserhöhungen veranlassen. Er hat vielleicht die Autorität, Mitarbeiter einzustellen und zu entlassen, dennoch sind für ihn die Grundsätze der Personalabteilung verpflichtend. Er muss bei jeder Entlassung die Bestimmungen des Unternehmens und des Arbeitsrechts berücksichtigen. Diese Grenzen erfordern es, die mit der delegierten Aufgabe verbundenen Rechte und Pflichten klar zu definieren.

M. Shono, Verkaufsleiter der MS Japan KK in Tokio, lässt sich immer erst einen Aktionsplan vorlegen. Er enthält die einzelnen Schritte zur Erfüllung der übertragenen Aufgabe. Entdeckt Herr Shono Mängel, spricht er mit seinen Mitarbeitern darüber und lässt sie den Plan revidieren. Der Beauftragte muss seinen Plan noch einmal überdenken, ehe er mit der Verwirklichung beginnt.

Je mehr Effizienz ein Mitarbeiter beweist, desto weniger braucht sich Herr Shono mit dem Aktionsplan zu beschäftigen. Die Praxis, vor der Durchführung einer Arbeit einen solchen Plan zu erstellen, hat sich als sehr hilfreich erwiesen.

Ein weiterer wichtiger Schritt ist die Erledigung von Verpflichtungen. Statt von Verpflichtung spricht man auch von Verantwortung oder Rechenschaft. Der Beauftragte muss sich für die übertragenen Aufgaben verantwortlich fühlen und entsprechend engagieren. Ohne diese Übereinkunft wäre kein Delegieren möglich.

Die meisten Delegationsempfänger haben auch den Wunsch, ihre Aufgabe zu erfüllen. Führungskräfte müssen ein Klima schaffen, das dieses Engagement fördert.

Erfolgreiches Delegieren beruht auf der Überzeugung, dass der Beauftragte die nötige Kompetenz besitzt: Deshalb wird ein Unternehmen seine Führungskräfte sorgfältig aussuchen und ihre Weiterentwicklung fördern.

Wenn eine Führungskraft für Resultate verantwortlich gemacht wird, ohne dass sie über die notwendige Entscheidungskompetenz verfügt, ist sie in einer unerträglichen Zwangslage. Das gilt zum Beispiel für einen Manager, der einen eiligen Auftrag termingerecht ausführen muss, von seinen Mitarbeitern jedoch keine Überstunden verlangen darf und keine zusätzlichen Mitarbeiter anfordern kann.

Die Gesamtverantwortung lässt sich nicht delegieren. Auch wer Aufgaben delegiert, trägt immer noch die Verantwortung dafür, dass die festgesetzten Ziele erreicht werden.

Dezentralisation

Der Schritt über das Delegieren hinaus führt zur Dezentralisation. Die meisten Unternehmen sind weitgehend zentralisiert. Anweisungen kommen von oben und sickern durch die verschiedenen Ebenen der Hierarchie bis zur Basis durch. Je größer das Unternehmen wird, desto schwieriger können Ideen und Innovationen von der Zentrale nach außen transportiert werden. Mitarbeiter in der vordersten Linie können nicht schnell genug auf Veränderungen reagieren, wenn die Reaktion davon abhängt, dass die Problemlösung über die Zentrale läuft und von der Entscheidung der Unternehmensleitung abhängig ist.

Deshalb dezentralisieren Unternehmen ihre Organisation, das heißt, sie übertragen einzelnen Sektionen Entscheidungskompetenz. In manchen Firmen führt das zur völligen Autonomie von Organisationseinheiten. Sie operieren fast wie selbstständige Betriebe und sind für Gewinn und Verlust selbst verantwortlich. Auch wenn ihre Führungskräfte sich mit ihren Problemen an die Zentrale wenden können, so machen sie doch eigene Pläne, entwickeln ihre eigene Organisation. Sie leiten, koordinieren und kontrollieren ihre Aktivitäten. Eine solche strategische Geschäftseinheit nennt man *Profit-Center*. Es kann auf der Basis eines Produkts, eines Kundenkreises, einer bestimmten Absatzregion oder nach anderen, eher funktionalen Gliederungskriterien aufgebaut werden.

Beide Systeme, Zentralisierung und Dezentralisation, haben Vorteile. Um entscheiden zu können, welches System für einen bestimmten Betrieb in Frage kommt, sollte man eine Reihe von Faktoren berücksichtigen.

In einem zentral organisierten Unternehmen hat die Führungsspitze beträchtliche Machtbefugnisse. Ein Teil der Autorität wird an Mitarbeiter delegiert, die sie ihrerseits weiterdelegieren. Dem Top-Management wird auf diese Weise viel Arbeit abgenommen. Dennoch trägt es die letzte Verantwortung.

Dezentralisierung setzt voraus, dass die Unternehmensleitung ihren Mitarbeitern zutraut, die richtigen Entscheidungen zu treffen – auch solche von großer Tragweite.
Zentralisierte Unternehmen versuchen, Firmenpraxis und -politik möglichst einheitlich zu gestalten. Kreativität kann sich kaum entfalten, wenn jede Anpassungsmaßnahme genehmigt werden muss.
In dezentralisierten Unternehmen wird dagegen Eigeninitiative gefördert. Es gibt zwar Grundsätze, die eine gemeinsame Firmenpolitik gewährleisten sollen, aber die Führungskräfte dezentralisierter Einheiten können auch davon abweichen.
Zentralisierte Firmen nutzen häufig intensiv Stabskräfte, die sich auch organisatorisch in der Nähe des Top-Managements befinden. Art und Umfang ihrer Tätigkeiten rechtfertigen es, dass sich das Unternehmen diese hochqualifizierten und hochdotierten Experten leistet. Sie bilden mit den Linienmanagern ein effizientes Führungsteam.
In einer dezentralisierten Organisation kommt dem Top-Management und seinem Stab weniger Bedeutung zu. Jeder Bereich entwickelt Führungskräfte, die für viele Aspekte der Arbeit zuständig sind. Das hat den Vorteil, dass sie so für höhere Managementaufgaben vorbereitet werden.
Ein Nachteil der zentralisierten Betriebsführung ist dagegen, dass vor allem Spezialisten aufgebaut werden, die für das höhere Management schwerlich in Frage kommen.
Da in einem zentralisierten Unternehmen zwischen den oberen und unteren Schichten ein großer Abstand besteht, gibt es wenig Kontakt und gegenseitiges Verständnis. In der dezentralisierten Gruppe hingegen fördern die persönlichen Beziehungen Arbeitsmoral und Einsatzfreude.

Zentralisation erleichtert die Kontrolle und die Korrektur ineffizienter Verfahrensweisen sowie Abweichungen von der Firmenpolitik.

In einem dezentralisierten Unternehmen kann man dagegen auf Veränderungen rascher reagieren. Da eine dezentralisierte Organisation meist genau umrissene Ziele verfolgt, richtet sie eigene Kontrollen ein, damit diese auch erreicht werden.

Dezentralisation hat außerdem den großen Vorteil, dass sie es einem Unternehmen erlaubt, gelegentlich zu experimentieren. In einer Einheit können beispielsweise neue Ideen getestet und später von anderen Abteilungen übernommen werden. Das Risiko verteilt sich, denn eine Einheit kann einen Verlust erleiden, ohne dass die anderen davon berührt werden.

Ein oft kritisierter Aspekt des Profit-Centers ist dessen einseitige Gewinnorientierung. Dezentralisierte Einheiten und ihre Führungskräfte werden unterschwellig oder ganz offen dazu gedrängt, kurzfristige Gewinne über langfristige Ziele zu stellen. Ein Projekt der Forschung und Entwicklung wird eventuell zurückgestellt oder fallengelassen, damit der Quartals- oder Jahresgewinn besser aussieht. Wäre das Projekt realisiert worden, hätten die Gewinne sich vielleicht langfristig erhöht, auch wenn die Leistungen des Managers kurzfristig weniger spektakulär ausgefallen wären.

Bei der Dezentralisierung wirkt sich ebenfalls nachteilig aus, dass einzelne Bereiche sich häufig als Konkurrenten betrachten. Ein Bereich behindert das Wachstum eines anderen, weil er nur den eigenen optimalen Gewinn im Auge hat. Darunter leidet jedoch das Gesamtergebnis des Betriebs.

Andererseits ist eine dezentralisierte Einheit überschaubarer. Sie lässt sich einfacher handhaben. Jedoch können nicht alle Betriebe gleichmäßig in selbstständige Einheiten aufgeteilt werden. Manchmal verhindert die Technologie diese Aufteilung. Das Profit-Center-Konzept wird dadurch eingeschränkt, dass alle operativen Bereiche eines Betriebes sich in autonome, funktionsfähige Einheiten aufgliedern lassen müssen.

Kleine autonome Organisationseinheiten finden gewöhnlich mehr Beachtung, als wenn sie ein Teil eines großen, zentral organisierten Unternehmens sind. Solche Einheiten lassen sich viel einfacher koordinieren und kontrollieren. Auch ist die Verantwortlichkeit leichter festzumachen.

Das Profit-Center-Konzept wird auch dadurch eingeschränkt, dass die Zentrale für ihre dezentralisierten Einheiten bestimmte fachliche Dienstleistungen erbringen muss. Häufig reicht ein einziges Service-Center kaum aus, um auf die Bedürfnisse der verschiedenen Einheiten einzugehen. Manchmal wäre es deshalb günstiger, diese Dienstleistungen extern zu beziehen. Aufgaben der Zentrale für wirksame Profit-Center:

- Langfristige Strategien und jährliche Ziele festlegen, in quantitativer aber auch immaterieller Hinsicht (Firmenimage, Arbeitsmoral und Personalentwicklung).
- Richtlinien für die dezentralisierten Einheiten festlegen. Anhand dieser sollte ein Manager sowohl passende Entscheidungen treffen als auch Eigeninitiative entfalten können.
- Für die bestmögliche Führungsspitze einer dezentralisierten Einheit sorgen.
- Den Teilbereichen finanzielle Mittel zur Verfügung stellen, damit sie expandieren können (nach Absprache mit der Zentrale).
- Ein Controlling schaffen, das Gewinn- und Verlustentwicklung rechtzeitig aufzeigt.
- Einrichtungen zur fachlichen Dienstleistung und Beratung zur Verfügung stellen.
- Buchführung, Personalauswahl, Einkaufsplanung und andere Prozesse vereinheitlichen.

Zeitmanagement

Peter F. Drucker fragte einmal Hunderte von Führungskräften nach dem Schlüssel ihres Erfolgs. Die Fähigkeit, seine Zeit im Griff zu haben, rangierte an erster Stelle.

Hier sind die zehn wichtigsten Grundsätze, wie Sie mehr Zeit gewinnen können (nach Lothar J. Seiwert):

1. Bilden Sie Arbeitsblöcke für größere oder gleichwertige Aufgaben: Es ist effektiver, eine Arbeit „an einem Stück" zu erledigen, als sie mehrmals zu unterbrechen. Dadurch benötigt man zusätzliche Anlauf- und Einarbeitungszeiten.
2. Schirmen Sie sich für wichtige Aufgaben gezielt ab! Auf diese Weise sichern Sie sich einen begrenzten Zeitraum konzentrierter Schaffenskraft. Eingehende Telefonate werden später beantwortet.
3. Setzen Sie Zeitlimits bei Besprechungen und eigenen Terminen. Tätigkeiten ziehen sich gerne so lange hin, wie Zeit zur Verfügung steht. Oft erzielt man in kürzerer Zeit die gleichen oder bessere Ergebnisse als bei Open-end-Treffen.
4. Setzen Sie bei allen Ihren Arbeiten Prioritäten! Unterscheiden Sie zwischen A-Aufgaben (sehr wichtig), B-Aufgaben (wichtig) und C-Aufgaben (unwichtig oder weniger wichtig). C- und gegebenenfalls B-Aufgaben können Sie delegieren, woraus sich die beiden nächsten Grundsätze ergeben:
5. Tun Sie möglichst nur das wirklich Wesentliche!
6. Nutzen Sie Delegation auch als bezahlte Dienstleistung voll aus!
7. Portionieren Sie größere Aufgaben in kleine Teile! Mit dieser Salami-Taktik lassen sich auch große Projekte bewältigen.

8. Vereinbaren Sie Termine mit sich selbst für A-Aufgaben. Ansonsten besteht die Gefahr, dass sich auch die letzte Lücke in Ihrem Terminkalender schließt und Sie die wichtigsten Aufgaben ständig vor sich herschieben.
9. Erledigen Sie Schwerpunktaufgaben am frühen Morgen! Auf diese Weise haben Sie bereits Wichtiges erledigt, bevor Sie von den Ereignissen des Arbeitsalltags überrollt werden.
10. Beziehen Sie Leistungshochs und -tiefs gezielt in Ihre Planungen mit ein! Die Leistungsbereitschaft schwankt im Tagesverlauf. Die Phase der größten Schaffenskraft liegt zumeist zwischen 9 und 12 Uhr morgens, während die niedrigste in der Zeit nach dem Mittagessen liegt.

Es gibt viele Zeiträuber, die versuchen, Ihnen Ihre kostbare Zeit zu stehlen. Einer davon ist das Telefon, ein anderer unnötige Konferenzen. Häufig wird zu lange über Belangloses geredet, oder unsere Anwesenheit ist keinesfalls erforderlich. Gern wird auch zu viel Zeit für schriftliche Unterlagen und Berichte verwendet. Von Zeit zu Zeit sollte man prüfen, ob sie überhaupt notwendig sind. Schlechte Kommunikation ist ebenfalls ein Zeiträuber. Werden wir missverstanden, bedeutet dies unnötige Wiederholungen und Erklärungen. In die Rubrik der Zeiträuber fallen außerdem zu lange Mittagszeiten oder Kaffeepausen, private Besuche im Büro, Aktivitäten, bei denen Arbeitszeit auf firmenfremde Dinge verwandt wird. Ed Donaldson, Geschäftsführer bei Sid's TV & Appliances in Arizona, löste das Problem der Zeitdiebe so: Die Zahl der Mitarbeiter war innerhalb von zwei Jahren von 8 auf 55 gestiegen. Donaldson hatte sein Büro in dem betriebsamsten Laden der Kette. Ständig platzten Führungskräfte und Angestellte herein und erzählten ihm von ihren Problemen. Nachdem er sein Büro anderswo einrichtete, war dieser Störfaktor ausgeschaltet. Donaldson brachte seinen Führungskräften bei, mit ihren Problemen selbst fertig zu werden und auch ihre Angestellten zu selbstständigem Handeln zu ermutigen. Das Resultat war eine Steigerung seiner eigenen Leistungsfähigkeit um fast 50 Prozent.

Weitere Zeiträuber lassen sich durch Weiterbildung ausschalten, so zum Beispiel Mängel an organisatorischen Fähigkeiten, Unfähigkeit zu delegieren, zuzuhören oder Mitarbeiter zu motivieren sowie der Mangel an Kreativität.

Wenn Sie Ihren Zeithaushalt in den Griff bekommen wollen, so sind Zeitplanbücher empfehlenswert. Gegenüber herkömmlichen Terminkalendern haben sie den Vorteil, dass sie, als Loseblattsysteme organisiert, eine detaillierte Jahres-, Monats-, Wochen- und Tagesplanung und zudem die Aufzeichnung weiterer beruflicher und persönlicher Daten erlauben. Ein Zeitplanbuch ist somit weniger ein Vormerkkalender als ein umfassendes Planungsinstrument, das auch als Nachschlagewerk, Ideenkalender und Kontrollwerkzeug verwendet werden kann. Auf dem Markt sind mittlerweile Dutzende von verschiedenen Zeitplanbüchern im Angebot, die sich in ihrem Aufbau und ihren Zielgruppen voneinander unterscheiden und teilweise auch schon mit Softwareprogrammen verbunden sind.

Wenn Sie die Ihnen zur Verfügung stehende Zeit gut nutzen, werden Sie nicht nur im beruflichen Bereich erheblich an Effektivität gewinnen. Zeitmanagement heißt: Die richtigen Dinge tun – anstatt die Dinge richtig tun.

9. Die informelle Organisation

Das Organisationsmodell eines Unternehmens zeigt nur dessen formelle Struktur, nicht aber die inoffiziellen Interaktionen. Es ist, als würde man mit bloßem Auge einen Wassertropfen betrachten – er ist vollkommen klar und ruhig. Unter dem

Mikroskop entdecken wir jedoch unendlich viele Mikroorganismen in ständiger Bewegung.

Diese informelle Struktur muss das Management verstehen und berücksichtigen, wenn sie für das Unternehmensziel genutzt werden soll.

Gebräuche und kulturelle Überzeugungen bilden sich bei jeder Art von sozialem Austausch, bei der Arbeit wie im Privatleben. Entscheidend sind Faktoren wie Nationalität, ethnische Zugehörigkeit, Bildungsgrad, Verpflichtungen gegenüber bestimmten Menschen oder Idealen und Identifizierung mit einer bestimmten Klasse oder Philosophie.

Identifizieren sich die Arbeitnehmer eines Unternehmens mit ihren Kollegen als *Arbeiter* – im Gegensatz zu ihren Vorgesetzten, den *Chefs* – sind bereits die Voraussetzungen für Konflikte gegeben. Ähnlich problematisch ist es, wenn Arbeitnehmer sich vor allem als Mitglieder einer sozialen Gruppe sehen und dann erst als Teil des Unternehmens. Häufig kommt es vor, dass sich Akademiker nicht unter Nicht-Akademiker mischen, Facharbeiter nicht mit Ungelernten zu tun haben wollen. Gruppen bilden sich auch wegen der Position oder Rolle, die die Mitglieder innerhalb der Organisation besitzen oder für sich beanspruchen. Häufig wird unser Verhalten durch die Erwartungen anderer geprägt.

Als Max Leser vom Lagerarbeiter zum Chef der Laderampe befördert wurde, waren seine früheren Arbeitskollegen begeistert. Max war einer von ihnen. Sie kannten ihn und waren überzeugt, mit ihm als Chef wunderbar zurechtzukommen. Aber bald kamen ihnen erste Zweifel. Statt T-Shirt und Jeans trug Max auf einmal Hemd und Krawatte. Er alberte auch nicht mehr mit ihnen herum, sondern widmete sich mit großem Ernst seiner neuen Aufgabe. Statt sich mittags zu seinen Kollegen zu setzen, schloss er sich den anderen Abteilungsleitern an. Er war zwar immer noch nett und umgänglich, aber er gehörte nicht mehr zu den Arbeitern. Er hatte sich Verhaltensweisen zugelegt, die er Ranghöheren abgeschaut hatte.

Ein Mensch identifiziert sich also nicht nur mit einer Gruppe. Er übernimmt auch die Rolle, die seiner Position entspricht. Herrscht in dem Betrieb ein autoritärer Ton, wird sich der neue Vorgesetzte auch diesen angewöhnen.

Informelle Gruppen

An jedem Arbeitsplatz bilden sich informelle Gruppen. Meistens haben ihre Mitglieder gemeinsame Interessen und stammen aus ähnlichen Verhältnissen.

Menschen sind soziale Lebewesen, sie brauchen ihre Gruppe. Wenn sie Freunde am Arbeitsplatz haben, sind sie auch gleich zufriedener. Sie erwarten von ihrer Arbeit, dass sie ihre sozialen Bedürfnisse befriedigt. Die Gruppe bietet ihnen Rückendeckung, wenn das Gefühl aufkommt, vom Chef schikaniert zu werden.

Ohne diese von informellen Gruppen vermittelte Arbeitszufriedenheit wäre die tägliche Routine eines Industriebetriebes schwer zu ertragen. Informelle Gruppen haben auch in höheren Positionen beträchtlichen Einfluss auf das Verhalten ihrer Mitglieder.

Gruppen können sich aufgrund von Gemeinsamkeiten entwickeln. Manche haben mit der Arbeit nichts zu tun, wie bei einem betrieblichen Kegelklub. Aber auch Arbeit und Karriere können eine Rolle spielen, zum Beispiel bei der Mitgliedschaft in einem Berufsverband. Eine Gruppe übt bewusst oder unbewusst einen gewissen Druck auf die Mitglieder aus, sich ihren propagierten Maßstäben und Idealen anzupassen.

Höhere Produktionsquoten sind eine der häufigsten Ursachen für Konflikte zwischen Management und informellen Gruppen. Ob es Produktionseinheiten sind oder die Anzahl von

Versicherungsabschlüssen, die informelle Gruppe hat ihre eigenen Normen. Wenn ein Mitglied sie nicht beachtet, wird es aufgefordert, „langsamer zu machen". Wer sich nicht fügt, wird unter Druck gesetzt oder ausgeschlossen.

Ein anderer wichtiger Faktor innerhalb einer Gruppe ist das Teilen von Einstellungen und Werten. Neue Mitglieder eignen sich automatisch Einstellungen und Wertmaßstäbe der älteren Kollegen an. Wenn die Gruppe den Vorgesetzten für unfair hält, wird das neue Mitglied das auch tun, selbst wenn sein Verhältnis zu ihm eigentlich das Gegenteil vermuten ließe.

Gruppen lehnen gewöhnlich organisatorische Änderungen ab, auch wenn sie vorteilhaft für sie sind. Führungskräfte sollten diese Art von Widerstand bei Veränderungen berücksichtigen.

Gruppenverhalten

Die Mitgliedschaft in einer – formellen oder informellen – Gruppe verleiht bestimmtes Ansehen. Hat die Gruppe innerhalb eines Unternehmens einen gewissen Status, sind Nicht-Mitglieder besonders begierig, aufgenommen zu werden. Die Mitglieder selbst verhalten sich ihrer Gruppe gegenüber sehr loyal. Ist der Status der Gruppe eher niedrig, betrachten die Mitglieder ihre Zugehörigkeit als eine Art Zwischenlösung und beweisen weniger Loyalität.

In einem Krankenhaus genoss die Gruppe der Operationsschwestern besonderes Ansehen. Die anderen Schwestern und das übrige Krankenhauspersonal betrachteten sie als Elite. Die Operationsschwestern verhielten sich ihrer Gruppe gegenüber entsprechend loyal. Sie sonderten sich von den anderen Schwestern ab und vertraten in den meisten Fragen, die das Krankenhaus betrafen, eigene Positionen. Die anderen Schwestern hatten zwar auch informelle Gruppen, beneideten aber die Operationsschwestern und bemühten sich, auch bei Operationen eingesetzt zu werden, obwohl in anderen Bereichen ebenso gut bezahlte Positionen frei waren.

Je größer der Zusammenhalt in einer Gruppe ist, desto einflussreicher ist sie. Wenn kein Konsens besteht, wird sie auch im Betrieb nicht viel zu sagen haben. Deshalb versuchen Gruppen, ihre Mitglieder zusammenzuschweißen. Sie tolerieren zwar unterschiedliche Meinungen, in entscheidenden organisatorischen Fragen erwarten sie jedoch Einigkeit. Abweichungen sind in diesem Bereich nicht gestattet. Wer eigene Interessen über die der Gruppe stellt, wird nicht lange dazugehören.

Ist eine Gruppe von außen bedroht, vergessen die Mitglieder meist persönliche Querelen und bilden eine gemeinsame Abwehrfront. Wenn ein neuer Vorgesetzter andere Arbeitsmethoden einführt, werden sich die informellen Gruppen seiner Abteilung zusammentun und protestieren. Häufig werden auf diese Weise fortschrittliche Maßnahmen der Unternehmensleitung offen oder subtil boykottiert. Solche Reaktionen müssen bei anstehenden Änderungen einkalkuliert werden.

Neben den informellen Gruppen gibt es *Cliquen*. Ihre Mitglieder sind auf verschiedene Bereiche verteilt. Gewöhnlich verbindet sie das gemeinsame Interesse an einer Sache. Das kann ein aktueller Plan sein, wie zum Beispiel einer beliebten Führungskraft zur Beförderung zu verhelfen, oder langfristige Strategien mit dem Ziel, soziales Verantwortungsbewusstsein im Unternehmen zu fördern.

Cliquen können sich auch bilden, wenn etwas durchgesetzt werden soll, das die Firma weiterbringen könnte. Häufig sind die Ziele einer Clique nicht identisch mit denen des Unternehmens. Sie verhindern eher deren Realisierung, als sie voranzutreiben. Wenn die Clique auf die ganze Organisation verteilt ist, können die Folgen verheerender sein als bei einer informellen Gruppe.

Wenn eine Führungskraft entdeckt, dass eine sehr aktive Clique im Unternehmen existiert, sollte sie deren Ziel herausfinden. Gelegentlich unterscheidet es sich nur unwesentlich von dem des Unternehmens, oft wird nur die Durchführung eines Projektes anders beurteilt. In einem solchen Fall können Cliquen-Sprecher und Führungskräfte die Meinungsverschiedenheiten beheben.

Die Unternehmensleitung sollte sich die Unterstützung der Clique sichern; mit vereinten Kräften können sie das gesetzte Ziel in Angriff nehmen.

Die Führungsspitze kann aber auch feststellen, dass die Ziele der Clique mit denen des Unternehmens unvereinbar sind. Das ist ein ernstes Problem. Auf jeden Fall sollte man die Cliquen-Führer ansprechen und versuchen, ihnen den Standpunkt des Unternehmens nahe zu bringen. Das ist nicht einfach. Man muss die Mitglieder der Clique gut kennen und viel Überredungskunst aufwenden, um sie zum Umdenken zu bewegen.

Vor kurzem beschloss ein großes Einzelhandelsgeschäft für Bürobedarf, neue Software für die Kontrollsysteme von Buchhaltung und Lagerhaltung einzuführen. Eine starke Clique, deren Mitglieder auf sämtliche Zweigniederlassungen verteilt waren, widersetzte sich der Maßnahme. Das Unternehmen hatte die Clique entweder nicht erkannt oder ignoriert. Das Computer-System wurde eingeführt, es kam aber nie zum Tragen, weil die Clique ihre Unterstützung verweigerte.

Informelle Gruppen in einem bestimmten Bereich wie auch die auf ein ganzes Unternehmen verteilten Cliquen bringen eigene Führungspersönlichkeiten hervor. Von ihnen hängt es ab, wie militant eine Gruppe ist und welche Richtung sie verfolgt.

In jeder Gruppe tauchen Gruppenführer auf. Gewöhnlich handelt es sich um Persönlichkeiten, die aufgrund charakterlicher Eigenschaften Unterstützung und Vertrauen der Mitglieder gewinnen. In älteren Firmen sind es oft erfahrene Firmenangehörige. Gelegentlich kann auch ein Neuer durch Charme, Schlagfertigkeit und Überzeugungskraft gewinnen. Eine

Gruppe von Leuten, die sich noch nie begegnet sind, wird innerhalb einer halben Stunde oder weniger einen Führer aus ihren eigenen Reihen auserkoren haben.

In der Führung kann natürlich ein Wechsel stattfinden. Ein anderes Mitglied der Gruppe nimmt aktiver an Diskussionen oder Aktionen teil, so dass die Leitung allmählich an ihn übergeht. Oder ein Mitglied fordert den Führer heraus, es entsteht ein Wettstreit um die Führung. Ohne Abstimmung wird zu gegebener Zeit der eine oder andere den Sieg davontragen. Es ist ihm gelungen, die anderen Mitglieder auf seine Seite zu ziehen. Manchmal verlässt der ehemalige Führer die Gruppe und gründet eine neue oder er akzeptiert seine neue Rolle und arbeitet mit seinem Nachfolger zusammen.

Es gehört zu den Funktionen eines Führers, ständig in Kontakt mit der Gruppe zu sein und die Mitglieder aufzufordern, Probleme gemeinsam anzugehen. Er entwickelt neue Ideen und begeistert die anderen dafür. Abweichler pfeift er zurück. Seine Hauptaufgabe ist es jedoch, einen Konsens herzustellen. Der erfolgreiche Anführer einer Gruppe weiß, was in den Menschen und um ihn herum vorgeht und kann gegebenenfalls Kompromisse vorschlagen. Er kann auch als Vermittler zwischen anderen Gruppierungen, Management oder Betriebsrat auftreten.

Viele Gruppen haben jedoch keinen einzelnen Anführer. Die Führung ist auf mehrere Personen aufgeteilt, so dass jede ihr Spezialgebiet vertritt. Das Management hält vielleicht den Beredetsten für den Kopf der Gruppe, obwohl er nur der Wortführer ohne eigentliche Autorität ist. Eine Führungskraft sollte dies schnell durchschauen.

Konsens herstellen

Früher oder später müssen in jeder Gruppe Entscheidungen gefällt werden. Manchmal entscheidet die Mehrheit; in vielen Gruppen, vor allem in den informellen, werden Entscheidungen durch allgemeinen Konsens getroffen. Jeder muss sich den Beschlüssen der Gruppe fügen.

Wenn die Gruppe über bestimmte Strukturen verfügt, wird eventuell abgestimmt. Ein Ergebnis von 6:2 ist zwar überzeugend. Dennoch könnte die Mehrheit etwas über die Gründe derjenigen erfahren wollen, die dagegen gestimmt haben, um sie auf ihre Seite zu ziehen. Wir wissen, wie wichtig Konsens ist. Wer negative Gefühle und Einwände nicht äußern darf, wird bewusst oder unbewusst die Durchführung der getroffenen Entscheidung boykottieren. Kann man zur Entscheidungsfindung etwas beitragen, wird der Widerstand weniger ausgeprägt sein.

Eine Führungspersönlichkeit erkennt Konflikte, auch wenn sie nicht offen ausgedrückt werden. Einwände sollten immer zur Sprache kommen. Der Führer muss sich mit ihnen auseinander setzen und sollte auch die Gegner anhören. Die Beziehung der Gruppenmitglieder zu ihrem inoffiziellen Führer ist ein anderer Aspekt des Gruppenverhaltens, den man kennen muss, um richtig zu reagieren. Selbst wenn der Führer offiziell eine Spitzenposition hat, sind die Gefühle ihm gegenüber gemischt. Einem Vorgesetzten wird eventuell wegen seiner Position, seines Wissens und seiner Erfahrung Achtung entgegengebracht.

Gleichzeitig bewirkt seine Autorität aber auch heimlichen Groll. Solche Gefühle werden meist nicht gezeigt, da offene Feindseligkeit unangenehme Folgen haben könnte. Ablehnung kann sich auch unterschwellig in kleinen Rebellionen manifestieren, zum Beispiel durch ständiges Zuspätkommen, große Diskussionen über Unwesentliches oder dem Abwälzen der Probleme auf einen „Sündenbock“ – das schwächste Mitglied der Gruppe.

Eine erfolgreiche Führungspersönlichkeit weiß, dass eine gewisse Ablehnung normal ist. Sie tritt ihr offen gegenüber, erkennt sie sozusagen an und nimmt sie manchmal sogar auf sich. Eine ausgesprochene Sache verliert ihre Wirkung. Der Konflikt ist damit behoben. Die Energie, die sich gegen den Führer gerichtet hatte, kann dann auf die Verwirklichung der Gruppenziele verwandt werden.

Problematische Gruppenmitglieder

Ein häufiges gruppendynamisches Problem ist die Gegenwart eines Störenfrieds, vielleicht eines Hyperaktiven oder eines Trägen. Hyperaktive versuchen ständig, Aufmerksamkeit auf sich zu lenken, die sie eigentlich nicht verdienen. Sie schwingen oft große Reden, haben aber eigentlich nichts zu sagen. Sie verdecken ihre Unsicherheit, indem sie sich bei jeder Diskussion zu Wort melden. Die anderen Mitglieder reagieren meist allergisch auf diese Kollegen. Unfruchtbare Auseinandersetzungen und nutzlose Gefühlsausbrüche können daraus folgen.

Der Verantwortliche sollte solche Mitarbeiter beiseite nehmen und ihnen erklären, dass er ihren Eifer zwar zu schätzen weiß, die anderen aber auch zu Wort kommen müssen. Wenn das nicht hilft, sollten die Diskussionsbeiträge zeitlich begrenzt werden. Häufig erzwingen aber auch die anderen Gruppenmitglieder deren Zurückhaltung.

Das andere Extrem sind die Passiven, die sich nur ganz selten zu Wort melden. Besitzen solche Mitarbeiter Wissen oder Fähigkeiten, die wichtig für die Gruppe sind, sollten diese genutzt werden. Der Gruppenführer versucht, die Gründe für ihr Verhalten ausfindig zu machen. Ist es Schüchternheit, fragt er sie nach ihrer Meinung, empfiehlt ihre Vorschläge weiter und zeigt ihnen als Gruppenmitgliedern Anerkennung. Wenn das nicht fruchtet, sollten sie sich beraten lassen oder ein Training belegen, das ihr Selbstvertrauen stärkt.

Solche Probleme gibt es in formellen und informellen Gruppen. In ersteren wird der Leiter von der Unternehmensspitze bestimmt; er ist entweder Vorsitzender eines Ausschusses, Abteilungsleiter oder dergleichen. Aber selbst wenn er offiziell die Leitung hat, kann es neben ihm einen eigentlichen Meinungsbildner geben, der selbst nur Mitglied der Gruppe ist, aber von allen stillschweigend in seiner führenden Rolle anerkannt wird. Dieser informelle Leiter tritt als Sprecher der Gruppe auf. Häufig werden die Probleme bereits vor dem offiziellen Meeting unter seinem Vorsitz besprochen und gewisse Entscheidungen getroffen.

Gruppenakzeptanz gewinnen

Um die Entwicklung informeller Gruppen zu fördern, die mit der Firmenpolitik übereinstimmen, gibt es verschiedene Methoden. Man könnte zum Beispiel auf eine Matrix-Organisation zurückgreifen (siehe Kapitel 7) und bestimmte Mitarbeiter mit der Durchführung eines zeitlich befristeten Projekts betrauen.

Bei der Auswahl eines Matrix-Teams sollte das Management darauf achten, dass die Ziele dieses Teams mit seinen eigenen übereinstimmen. Das Projekt-Team wird im Idealfall durch seine Arbeit so zusammengeschweißt werden, dass es sich wie eine informelle Gruppe verhält.

Das Management muss deshalb auch die zwischenmenschlichen Aspekte der Situation berücksichtigen und bei der Zusammenstellung des Teams die Ziele der Einzelnen, deren frühere Handlungen und Verhaltensweisen miteinbeziehen. Fachwissen rangiert erst an zweiter Stelle. Es besteht allerdings die Gefahr, dass ein Team von Ja-Sagern ausgewählt wird, die ein kreatives Handhaben der Probleme erschweren. Deshalb dürfen individuelle Zielsetzungen und Fähigkeiten nicht vernachlässigt werden. Die Mitarbeiter sollten, ohne Kritik oder Druck befürchten zu müssen, ihre Meinung äußern dürfen. Sie müssen aber auch in der Lage sein, einen Konsens zu erreichen. Mitarbeiter mit den bereits erwähnten Problemen sollten nicht ausgewählt werden.

Ist das Team zusammengestellt, sollte man ihm die Richtlinien und klare Ziele vermitteln. Ist das Projekt sinnvoll und interessant, wird der Zusammenhalt als Gruppe begünstigt. Verhaltensforscher haben beobachtet, dass Ziele um so entschlossener angestrebt werden, je mehr Begeisterung die Beteiligten aufbringen.

In solchen Situationen sind Führungskräfte und Fachkräfte aller Ebenen gefordert, zusammenzuarbeiten, Ideen auszutauschen und ein gutes Arbeitsklima zu entwickeln. Das Management kann dazu beitragen, indem es dem Team die notwendigen Kompetenzen überträgt.

Zusammenfassend lässt sich sagen: Der Manager muss mit den formellen und informellen Strukturen seiner Organisation vertraut sein, um die Unternehmensziele realisieren zu können. Nur dann ist er in der Lage, mit beiden Strukturen zu arbeiten.

Teil IV
Leiten

IV

Der beste Vorgesetzte hat Intelligenz genug,
sich gute Mitarbeiter auszusuchen,
und genügend Selbstdisziplin, sich nicht in ihre
Arbeit einzumischen.

Theodore Roosevelt

So gewinnen und halten Sie Spitzenleute

- Ist der „logische“ Nachfolger auch die beste Persönlichkeit für diesen Posten?
- Wie Sie ein guter Zuhörer werden (selbst wenn es Ihnen zuwider ist, sich die Geschichten anderer Leute anzuhören).
- Fehler bei der Vergabe von Anweisungen und wie Sie diese vermeiden.
- Was Sie für das Management von den Japanern lernen können.
- Die Techniken der Führungskräfte.
- Zehn Tips für das Training Ihrer Mitarbeiter.

10. Die richtigen Mitarbeiter gewinnen

Der Schlüssel zu einem Management, bei dem die Mitarbeiter an den Entscheidungen beteiligt werden, ist dafür geeignete Mitarbeiter zu finden. Diese sind aber nicht so leicht ausfindig zu machen und auszubilden.

Fortschritte der Technologie haben den Bedarf an Fachkräften dringender werden lassen. Auf vielen Managementebenen übersteigt selbst zu Zeiten wirtschaftlicher Stagnation die Nachfrage das Angebot. Während die Zahl der beschäftigten/gesuchten Hilfskräfte in der Industrie drastisch zurückgegangen ist, hat sich der Bedarf an Technikern und Facharbeitern sehr verstärkt.

Das Management muss seine Personalpolitik sowohl kurz- als auch langfristig planen. Es muss Männer und Frauen gewinnen, die freigewordene Posten ausfüllen, sowie Mitarbeiter, die auf zukünftige Führungsaufgaben vorbereitet werden müssen.

Man darf sich nicht ausschließlich auf die innerbetriebliche Entwicklung von Führungskräften verlassen. Manager und potenzielle Manager, die jahrelang auf Beförderung warten müssen, werden oft durch günstige Angebote abgeworben. Gewiss, Manager sollten innerhalb ihres Bereichs ständig größere Aufgaben anstreben und auch Nachwuchs heranbilden. Da aber kaum jemand vom Schulabgang bis zum Ruhestand in demselben Betrieb bleibt, müssen die Unternehmen außerhalb und innerhalb ihrer Organisation potenzielle Führungskräfte suchen. Der für einen Aufstieg vorgesehene eigene Kandidat könnte irgendwann einmal abspringen.

Anforderungsanalyse

Die meisten Betriebe haben eigene Bewertungsverfahren, um Anforderungen, Verpflichtungen und andere, relevante Faktoren festzulegen. Diese Stellenbeschreibungen wurden bereits in Kapitel 7 besprochen.

Der zweite Teil der Anforderungsanalyse detailliert die spezifischen Anforderungen: Kenntnisse und Fertigkeiten, über die ein Arbeitnehmer verfügen muss, etwa Ausbildung, vorausgegangene Ausbildung und Erfahrung, sowie bestimmte physische und psychische Eigenschaften. Es ist vor allem dieser Aspekt, der das Management bei der Wahl eines Bewerbers interessiert. Diese Anforderungen erleichtern die Auswahl der Bewerber wesentlich. Leider sind sie jedoch häufig unrealistisch, existieren seit Jahren nur in den Akten und haben keinen Bezug zur aktuellen Situation. Arbeitsplätze verändern sich mit ihren Inhabern, dem technologischen Fortschritt und auftauchenden Problemen.

Alle Stellenbeschreibungen sollten regelmäßig überprüft werden, besonders wenn eine Stelle längere Zeit von derselben Person besetzt war. Ein solcher Mitarbeiter prägt gewöhnlich seinen Aufgabenbereich. Wenn eine langjährige Kraft ersetzt werden muss, fällt die Wahl oft auf einen ähnlichen Kandidaten. Das kann im Hinblick auf die Stelle und den Bewerber ein schwer wiegender Fehler sein. Durch eine Neubewertung werden präzisere und aktuelle Anforderungsmerkmale gewonnen.

Allzu häufig ist die Anforderungsanalyse ein Produkt des unmittelbaren Vorgesetzten, dessen Vorstellungen von persönlichen Wünschen und Vorurteilen bestimmt werden. Innerhalb eines bestimmten Rahmens sollten diese Wünsche berücksichtigt werden. Andere Richtlinien werden geliefert durch Arbeitsanalyse und Vergleich mit den entsprechenden Stellen innerhalb des eigenen Unternehmens oder außerhalb.

Die Anforderungen müssen mit der ergebnisbezogenen Stellenbeschreibung übereinstimmen. Beim Verkaufsleiter einer Firma für Bürobedarf können sie, wie im folgenden Kasten dargestellt, aussehen.

Anforderungen

Verkaufsleiter – Bürobedarf

Vom Kandidaten werden erwartet:

Schlüsselbereich 1: Um einen stets ausreichenden Lagerbestand an brauchbaren, verkäuflichen Produkten sicherzustellen:

1. Erfahrung in Entwicklung/Durchführung von Marketing-Plänen
2. Erfahrung im Umgang mit Lager-Kontrollsystemen
3. Erfahrung in der Entwicklung und Einführung von Verkaufs-Kontrollsystemen

Schlüsselbereich 2: Um die Leistungsfähigkeit des Verkaufspersonals auf einem bestimmten Niveau zu halten:

1. Erfahrung in Training und Motivation von Vertretern
2. Erfahrung in Festlegung von Absatzgebieten

noch: Anforderungen

3. Erfahrung in Festlegung von Absatzquoten
4. Erfahrung in Zusammenarbeit mit Vertretern, um optimale Ergebnisse zu erzielen

Schlüsselbereich 3: Um eine gleich bleibend hohe Nachfrage nach den Produkten aufrecht zu erhalten:

1. Kenntnisse im Bereich Verkaufsförderung und Werbung
2. Kenntnisse im Bereich Marktforschung
3. Kommunikative Fähigkeiten (schriftlich und mündlich)

Diese Erfahrungen können in den folgenden Bereichen erworben worden sein (in dieser Reihenfolge):

- Büroausstattung und Büromaterial
- Büromöbel
- Industriebedarf, Betriebsausstattungen
- anderen hochqualifizierten Produktlinien

Ausbildung: Ein Hochschulstudium ist wünschenswert, aber nicht obligatorisch. Fortbildungskurse in Marketing, Marktforschung, Verkaufsmanagement, Verkaufsförderung, Werbung und Verwaltung sind erwünscht.

Arbeitsbedingungen: Der Bewerber ist fähig und willig, ungefähr 40 Prozent der Zeit zu reisen (Auto oder Flugzeug) und Überstunden zu machen.

Interne Suche nach Führungskräften

Eine offene Stelle auf Managementebene sollte auch eine Chance für den Nachwuchs bieten. Wenn Sie über qualifizierte Mitarbeiter verfügen, sollten diese als Erste berücksichtigt werden. Ein effizientes Management wird die für die Weiterbildung ihrer Mitarbeiter notwendigen Einrichtungen mit einplanen.

Viele Unternehmen haben eigene Personalpläne. Sie geben nicht nur an, wie viele Mitarbeiter wann und in welchen Bereichen gebraucht werden, sondern auch, wer und wann für eine Beförderung in Frage kommt. Diese Daten basieren auf prognostizierten Versetzungen in den Ruhestand und natürlichen Verschleißerscheinungen.

Die Personalpläne, die bestenfalls gute Schätzungen sind, werden durch so genannte Anforderungsprofile ergänzt, die die Leistungsnormen einer Stelle auflisten und eventuell in Frage kommende Mitarbeiter nennen. Wenn ein Leiter der Marktforschung ausscheidet und der Assistent als Nachfolger in die engere Wahl gezogen wird, sichtet die Unternehmensleitung die vorhandenen Unterlagen und entdeckt dabei vielleicht einen Verkäufer oder Mitarbeiter einer anderen Abteilung, der genau die Ausbildung oder Erfahrung für die freigewordene Stelle besitzt.

Bei Beförderungen innerhalb des Betriebes müssen mehrere Kriterien berücksichtigt werden, um entscheiden zu können, ob der sich anbietende Nachfolger in Frage kommt.

Als der Einkaufsleiter der Achilles Heel Co. in den Ruhestand ging, fasste man als Nachfolger nur seinen langjährigen Assistenten ins Auge. Dessen Führungsqualitäten ließen jedoch zu wünschen übrig. Es wäre ein Fehler gewesen, ihn zu befördern, nur weil er jetzt an der Reihe war. Nachdem der Firmenchef der Achilles Heel Co. sah, dass der Assistent des Verkaufsleiters nicht die nötige Qualifikation besaß, prüfte er die Anforderungen, die ein Bewerber erfüllen musste. Er beschloss, dass nicht Erfahrung im Verkaufsbereich entscheidend war, sondern gründliche Kenntnis der Produkte des Unternehmens und Führungsqualitäten. Er entschied sich für eine Produktmanagerin der Marketingabteilung, die bereits in der Verkaufsabteilung gearbeitet hatte.

Der Marketingleiter war empört. Der Weggang seiner besten Mitarbeiterin hätte auf jeden Fall nachteilige Auswirkungen auf das Marketingprogramm gehabt. Er sah aber ein, dass das Wohl der Firma Priorität hatte. Werden bei solchen Gelegenheiten fähige Leute übergangen, verlassen sie oft verärgert das Unternehmen. Davon ist dann nicht nur die Abteilung, sondern das ganze Unternehmen betroffen.

Ob die Position mit eigenem oder fremdem Personal besetzt oder der ordnungsgemäße Anwärter übergangen wird, die Situation danach muss irgendwie geregelt werden. Verbleibt der übergangene Mitarbeiter im Betrieb, muss die Angelegenheit mit ihm durchgesprochen werden. Ist das Unternehmen groß genug, um das Problem aufzufangen, kann ihm eine andere Stelle angeboten werden, die eher seinen Fähigkeiten entspricht. In solchen Fällen bietet man einem langjährigen Mitarbeiter einen besonderen Titel und eine Gehaltserhöhung an. Wenn sich Ressentiments nicht vermeiden lassen, ist dies jedenfalls besser, als ihn mit Aufgaben zu betrauen, denen er nicht gewachsen ist.

Werden entsprechende Führungstrainings angeboten, können solche Probleme vermieden werden. Auf diese Programme werden wir noch eingehen.

Rekrutierung von neuen Mitarbeitern

Wenn ein Unternehmen seinen Mitarbeitern Aufstiegsmöglichkeiten bietet, haben diese das Gefühl, Karriere machen zu können, und entwickeln größeren Ehrgeiz. Die Firma hat zudem Mitarbeiter, die sich bewährt haben. Diese Bewerber kennen den Betrieb, seine Politik und Verfahrensweisen sowie die Vor- und Nachteile, die nicht auf den ersten Blick offensichtlich sind. Sie können sich entsprechend schnell einarbeiten. Warum besetzen so viele Unternehmen ihre Führungspositionen dennoch mit externen Bewerbern?

Häufig ist kein geeigneter Kandidat zur Hand, was an fehlenden Entwicklungsprogrammen oder der Personalpolitik liegen kann. Oder es hängt von veränderten Anforderungen ab, wenn technische Fähigkeiten oder Führungsqualitäten benötigt werden, über die noch niemand im Betrieb verfügt. Das ist oft der Fall, wenn neue Technologien eingeführt werden.

Eine große Ölgesellschaft hatte sich jahrelang gerühmt, nur Leute aus eigenen Reihen zu befördern. Jeder hatte unten angefangen, als Arbeiter auf den Ölfeldern, als Tankwart oder als Büroangestelllter. In den 60er Jahren gab es plötzlich Veränderungen. Das Unternehmen führte Computer ein und musste feststellen, dass es zu lange dauern würde, Mitarbeiter in die neue Materie einzuarbeiten. Also mussten Experten und Führungskräfte, die damit vertraut waren, eingekauft werden. Gleichzeitig wurden in der Petrochemie neue Technologien entwickelt. Die Gesellschaft war gezwungen, auf das Fachwissen externer Chemiker und Ingenieure zurückzugreifen. Wenn das Unternehmen wettbewerbsfähig bleiben wollte, musste es seine Personalpolitik umstellen.

Die Unternehmensleitung sollte immer versuchen, eine Position optimal zu besetzen. Die Praxis sieht meist so aus, dass interne und externe Bewerber berücksichtigt werden, weil dann die Auswahl größer ist.

Externe Bewerber bringen neue Ideen und Konzepte mit. Auch wenn die Betriebsangehörigen es nicht gern sehen, wenn Leute von außerhalb eingestellt werden – die Tatsache, dass Beförderungen nicht automatisch erfolgen, könnte sie motivieren, sich mit den neuesten Entwicklungen vertraut zu machen, um sich zu profilieren.

Führungskräfte werden auf unterschiedlichen Wegen gesucht:

Zeitungsinserate

Der gesuchte Manager ist vielleicht selbst nicht auf Jobsuche, würde aber auf ein interessantes Angebot eingehen. Solche Kräfte erreicht man nicht per Kleinanzeige, sondern durch eine Annonce im Stellenmarkt einer überregionalen Zeitung.

Für Fachkräfte bieten sich entsprechende Zeitschriften an. Häufig erscheinen sie allerdings nur monatlich und sind deshalb ungeeignet, wenn eine Stelle sofort besetzt werden muss.

Vergleichbar mit der Fachpresse sind überregionale Wirtschaftszeitschriften und Tageszeitungen. Häufig enthält die Wochenendausgabe viele Stellenangebote und -gesuche. Eine gute Anzeige muss sorgfältig aufgesetzt werden. Besprechen Sie den Text mit einem kompetenten Mitarbeiter der Anzeigenabteilung der Zeitung, damit alle wesentlichen Punkte abgedeckt werden. Wenden Sie sich an Ihre Werbeagentur für die Gestaltung.

Arbeitsämter

Viele Manager lassen sich von Arbeitsämtern nur Bürokräfte und Führungskräfte der unteren Ränge vermitteln. Sie übersehen dabei, dass sie auch über Vermittlungsdienste für besonders qualifizierte Fach- und Führungskräfte verfügen (Büro für Führungskräfte in der Wirtschaft: BFW). Gehen Sie die Stellenausschreibungen der Arbeitsämter aufmerksam durch. Prüfen Sie, ob die Qualifikationen Ihren Anforderungen entsprechen. Von Vorteil ist, dass die Angelegenheit sofort bearbeitet wird. Die endgültige Entscheidung muss das Unternehmen natürlich selbst treffen.

Personalberater

Personalberater fallen in Deutschland aus den rechtlichen Rahmenbedingungen der Arbeitsvermittlung, auf die die Bundesanstalt für Arbeit ein Monopol hat. Davon ausgenommen sind jedoch Top-Positionen. Diese dürfen auch durch Personalberater besetzt werden.

Im Gegensatz zu den Arbeitsämtern warten Personalberater nicht darauf, dass die Bewerber auf Stellenausschreibungen reagieren, sondern gehen selbst auf die Suche, teils über Zeitungsinserate; oft aber nehmen sie auch den direkten Weg zum Wunschkandidaten (Headhunter). Der Vorteil ist, dass die Beratungsfirmen ebenfalls Kandidaten ausfindig machen, die sich nicht unbedingt verändern wollen. Die Mithilfe von Personalberatern ist oft notwendig, weil der Wunschkandidat sich vielleicht nicht auf dem Arbeitsmarkt umsieht und keine Stellenausschreibungen liest. Personalberater nehmen offene Stellen genau unter die Lupe. Sie machen sich ein Bild von den Qualifikationen und der Persönlichkeitsstruktur des Bewerbers. Sie helfen dem Management, realistische Kriterien aufzustellen, und versuchen, die richtigen Kräfte zu finden. Sie setzen sich gewöhnlich telefonisch mit ihnen in Verbindung, wecken ihr Interesse und schlagen ein Interview vor. Nach sorgfältiger Eignungsprognose, Überprüfung der Referenzen und gegebenenfalls bestimmten Tests werden dem Unternehmen ein oder zwei Kandidaten zur Entscheidung vorgestellt.

Die Positionen, die von Personalberatern vermittelt werden, setzen ein Jahreseinkommen von mindestens 100 000 DM voraus. Das Honorar eines Personalberaters beträgt meist 30 Prozent des Jahresgehalts plus Auslagen. Im Gegensatz zur Personalbeschaffung durch das Arbeitsamt bekommt der Personalberater auch ein Honorar (oder Ausfallhonorar), wenn er den richtigen Kandidaten nicht ausfindig macht. Die Modalitäten sind unterschiedlich.

Hochschulmarkt

Am anderen Ende der Management-Skala werden immer junge Männer und Frauen gesucht, die auf spätere Spitzenpositionen innerhalb des Unternehmens vorbereitet werden sollen.

Große Firmen schicken häufig qualifizierte Mitarbeiter an die Hochschulen und Universitäten, um nach geeigneten Studenten und Absolventen Ausschau zu halten. Inzwischen existieren Ranglisten der Universitäten, was deren Kompetenz in den einzelnen Studienbereichen anbelangt. Für Betriebswirte zum Beispiel gilt es zur Zeit als sehr aussichtsreich, in Köln studiert zu haben.

Als besonders ergiebig für den Führungsnachwuchs haben sich die internationalen Business-Schools erwiesen. Es ist ein offenes Geheimnis, dass der größte Teil der Absolventen in St. Gallen oder Fontainebleau bereits einen gut dotierten Arbeitsvertrag in der Tasche hat und dass vielen Studenten an der Harvard Business-School der Aufenthalt, die Studiengebühr und ein großzügiges Taschengeld von ihrem späteren Arbeitgeber bezahlt werden.

Inzwischen gibt es aber auch einen regelrechten Markt, auf dem Angebot und Nachfrage zusammengeführt werden. Gemeint sind die Hochschulkontaktmessen. Auf europäischer Ebene hat sich die Euromanagers Market Development Services (EMDS) mit Sitz in Brüssel und Düsseldorf etabliert. 14 000 Absolventen wollten sich für die höheren Weihen empfehlen, aber eine strenge Jury ließ nur 550 Kandidaten für den europäischen Führungsnachwuchs zu. Hier sind also die Chancen gut, auf ein „Wirtschafts-Wunderkind" zu treffen.

Ein wenig bescheidener tun es dann auch die einzelnen Hochschulen auf nationaler Ebene. 1988 wurde die erste deutsche Kontaktbörse aus der Taufe gehoben, doch 1991 waren es schon über 50 solcher Veranstaltungen. Für die Firmen liegen die Vorteile auf der Hand: Sie erreichen bei den Hochschulen einen gewissen Bekanntheitsgrad und können andererseits auf interessante junge Leute treffen, denen sie ein Praktikum oder eine Diplomarbeit vermitteln können und die sie auch weiterhin gut im Auge behalten.

Eine interessante Möglichkeit, Führungsnachwuchs zur rekrutieren und zu schulen, entwickelte die Hamburger Beiersdorf AG. Hier werden in Assessment-Centern Mitglieder für die Gruppe „Führungslehre" ausgesucht. 15 Jungmanager, alle im Arbeitsprozess, treffen sich allmonatlich über eineinhalb Jahre hinweg zu Diskussionen. In dieser Zeit haben sie Gelegenheit, an den in einer Stärken-Schwächen-Analyse aufgedeckten Schwachstellen zu arbeiten. Nach einem zweiten Assessment-Center und ausgestattet mit einem persönlichen Entwicklungsplan wird der Nachwuchs dann in leitende Positionen gebracht.

Unternehmen, die niemanden zu den Kontaktbörsen entsenden können, beschränken sich auf den Versand von Informationsmaterial über das Unternehmen an die Hochschulen und laden zu Betriebsbesichtigungen ein.

Die Bedeutung der Personalakquise schon im Hochschulbereich belegen die Bemühungen der Audi AG aus dem Jahr 1990. Die Ingolstädter

- boten 700 Praktika und 250 Arbeitsplätze für Werkstudenten
- veranstalteten 70 Exkursionen für rund 2000 Studenten, und warben mit etwa 40 Firmenpräsentationen an Hochschulen und Kontaktmessen
- beantworteten Tausende von Anfragen gewissenhaft
- versandten Informationen an mehr als 150 Hochschullehrer
- veranstalteten Projektseminare für Studentengruppen

Diese Bemühungen machen Sinn, denn der hochkarätige Nachwuchs wird knapp. Analog zur prognostizierten Bevölkerungsentwicklung nimmt natürlich auch die Anzahl der Abiturienten und Studenten ab. Die Folgen der europäischen Öffnung sind noch ungewiss, wobei nicht ausgeschlossen werden kann, dass etliche Nachwuchsmanager ihr Heil in den Nachbarländern suchen werden.

Andere Möglichkeiten

Neben den offiziellen Quellen gibt es noch andere Möglichkeiten, den Bedarf an Führungskräften zu decken. Persönliche Empfehlungen rangieren dabei an erster Stelle. Jede Führungskraft kennt genug Leute, die wiederum andere Führungskräfte mit eventuellen Veränderungsabsichten kennen. Soll die Sache nicht vertraulich gehandhabt werden, lässt man seine Wunschvorstellungen im Bekanntenkreis durchsickern. Auf diese Weise kann man die besten Tipps bekommen. Der Nachteil ist, dass ein Unternehmen viel Zeit damit verschwenden kann, unqualifizierte Leute zu interviewen, die als die „richtigen" empfohlen wurden. Außerdem muss man dem, von dem der Tipp stammt, dann auch noch erklären, weshalb sein Kandidat nicht in Frage kommt.

Die Auswahl des richtigen Bewerbers

Das Auswahlverfahren besteht aus vier entscheidenden Schritten:

- Prüfung der Unterlagen
- Vorstellungsgespräch
- Eignungstests
- Beurteilung

Kandidaten werden in der Regel gebeten, ihre Bewerbungsunterlagen einzureichen. Dazu gehört ein handgeschriebener

Lebenslauf (denn es gibt Unternehmen, die, wenn eine Führungsposition zu besetzen ist, ein graphologisches Gutachten erstellen lassen wollen). Der Lebenslauf wird immer häufiger als „tabellarischer“ Lebenslauf ausgefertigt. Er konzentriert sich auf die wesentlichen Punkte und ist sehr übersichtlich. Achten Sie darauf, dass der Lebenslauf lückenlos ist. Eventuelle Fragen können Sie immer noch beim Bewerbungsgespäch anbringen.

Hinzu kommt ein Bewerbungsschreiben, in dem der Kandidat sein besonderes Interesse an der vakanten Stelle und den Grund für seine besondere Eignung darlegt. Nicht fehlen dürfen die Arbeitszeugnisse aus den vorherigen Beschäftigungsverhältnissen.

Trotzdem sollten die Bewerber auch einen vorbereiteten Fragebogen des Unternehmens ausfüllen, denn in Lebensläufen kommen nur positive Seiten zur Sprache, Schwächen werden diskret übergangen. Ein Unternehmen kann mit Hilfe seines Fragebogens diese Problemzonen leichter erkennen und Bewerber besser miteinander vergleichen. Auf diesen Fragebogen kann ein Manager später bei der Erstellung der Personalakte zurückgreifen, wenn er Informationen braucht.

Die meisten Unternehmen führen intensive Vorstellungsgespräche durch, bevor sie sich für einen Bewerber entscheiden. Ein solches Gespräch kann nützliche Hinweise liefern. Der Einstellende soll mit seinem Gegenüber keine Privatunterhaltung führen, sondern ein strukturiertes Interview, um mehr über ihn zu erfahren und seine fachlichen und persönlichen Fähigkeiten einzuschätzen. Gleichzeitig gibt er dem Bewerber Auskünfte über Firma und Position. Vorstellungsgespräche sollten nur von Mitarbeitern durchgeführt werden, die mit Interview-Techniken vertraut sind.

Über dieses Thema sind unzählige Bücher geschrieben worden. Auch Fachinstitute bieten Seminare über die Durchführung von Bewerbungsgesprächen an.

Für Büropersonal und weniger hochqualifizierte Kräfte gibt es verschiedene standardisierte Eignungstests. Umstritten sind allerdings Tests, die persönliche Eigenschaften ermitteln sollen. Bei der Auswahl von Führungskräften wird meist auf Tests verzichtet. Manche Organisationen lassen den Bewerber ein Gespräch mit einem Psychologen führen, der über ausgefeilte Techniken und Verfahren verfügt, um die Persönlichkeitsstruktur eines Bewerbers zu beurteilen. Das ist kostspielig und nur bei der Auswahl von Spitzenkräften zu empfehlen.

Personalberater können Unternehmen, die nicht über Fachleute auf diesem Gebiet verfügen, bei den Tests beraten.

Am besten lässt sich das Potenzial eines Kandidaten für eine bestimmte Position durch gründliche Analyse seiner beruflichen Erfahrung ermitteln. Aus dem, was er getan (oder unterlassen) hat, lässt sich abschätzen, wie er mit der neuen Arbeit zurechtkommen wird.

Obwohl vielen Managern ein Arbeitszeugnis des früheren Arbeitgebers genügt, ist es ratsam, sich auch telefonisch mit diesem in Verbindung zu setzen. Am Telefon sind die meisten Menschen offener. Häufig ergeben sich im Lauf eines Gesprächs neue Aspekte. Auch lässt sich am Tonfall des Gesprächspartners manches erkennen, was schriftlich kaum zum Ausdruck kommt. Dem sollte man nachgehen, um mehr über den beruflichen Werdegang des Bewerbers zu erfahren. Es empfiehlt sich, einen umfassenden Fragenkatalog zusammenzustellen, ehe man zum Hörer greift. Die Fragen sollten sich nicht nur auf die technischen Fähigkeiten eines Bewerbers beziehen, sondern auch auf Charaktereigenschaften, Einstellungen, Verlässlichkeit, Entscheidungsfähigkeit, Kreativität und die Gabe, Mitarbeiter zu motivieren.

Der Computer und entsprechende Programme können auch bei der Personalauswahl behilflich sein. So sollen komplizierte, auf Computern simulierte Managementaufgaben helfen, die wahren Strategen von den Schwätzern zu trennen – Managertest per Bildschirm und Maus.

Diese Möglichkeit nutzt zum Beispiel die Bundesanstalt für Arbeit bei ihren Berufseignungstests. Eigentlich ist das dort verwendete Verfahren nichts anderes als ein auf den Computer übertragener Multiple-Choice-Fragebogen, der sich allerdings dank der enormen Rechengeschwindigkeit blitzschnell auswerten lässt.

Etwas anspruchsvoller sind da schon die dynamisch ablaufenden Entscheidungstests, wie sie bei Beiersdorf oder Siemens ablaufen. Hier können fast beliebig viele Faktoren miteinander verknüpft werden. Es handelt sich also um elektronische Planspiele, wie man sie in ähnlicher Weise auch bei Unterhaltungsprogrammen vorfindet.

Die Programme sind teils wie die an anderer Stelle genannten Postkorbübungen konstruiert, bei denen allerdings nur Planungs- und Organisationsfähigkeiten des Kandidaten geprüft werden können. Durchsetzungsfähigkeit, Teamgeist oder Risikobereitschaft kommen hierbei nicht zum Vorschein.

Kompliziertere Programme verlangen dem Prüfling schon mehr ab: Im Assessment-Center des Pharma-Herstellers Merck in Darmstadt stehen auch Entscheidungsverhalten und vernetztes Denken auf dem Prüfstand. Bei Siemens sitzt der Prüfling gar an die drei Stunden vor dem PC, bis er das Planspiel zum Ende gebracht hat. Trotz aller Begeisterung über die Möglichkeit, eloquenten Schwätzern strategische Schwächen nachweisen zu können, ist man sich aber doch darüber im klaren, dass man nicht sicher sein kann, ob ein gutes Testergebnis nicht auch durch Zufall zustande kam.

Wenn Sie diese Tests einsetzen wollen, sollten Sie aber nicht die bisher schon bewährten Auswahlverfahren außen vor lassen, sondern den Computertest eher als einen von mehreren Prüfsteinen betrachten.

11. Kommunikation

Es gehört zu den wichtigsten Funktionen eines Managers, seinen Mitarbeitern Anweisung und Anleitung zu geben, Ideen und Vorschläge zu vermitteln, um von ihnen entsprechende Reaktionen und Reflexionen zu erhalten.

Diesen Gedankenfluss bezeichnet man als Kommunikation. Wie dieser Ideenaustausch stattfindet, lässt sich am besten an einem Radio verdeutlichen, das sowohl Sende- als auch Empfangsgerät ist. Auf der einen Seite ist der sendende Manager, auf der anderen der empfangende Mitarbeiter. Diese Rollen können jederzeit vertauscht werden.

Wirkungsvolle Kommunikation bedeutet, dass der Empfänger das Übermittelte nicht nur *hört*, sondern auch *versteht*.

Wie beim Radio kann die Mitteilung durch Nebengeräusche so verzerrt werden, dass der Empfänger sie missversteht. Dem Sender entgeht vielleicht, dass seine Mitteilung nicht korrekt empfangen wird. Die Störungsursache kann sowohl beim Sender, beim Empfänger als auch dazwischen liegen. Die folgende Tabelle zeigt Barrieren, die Kommunikation verhindern können:

Barrieren auf der Seite des Senders	**Barrieren dazwischen**	**Barrieren auf der Seite des Empfängers**
Vokabular Bedeutung der Worte Undeutliche Aussprache Einstellung zum Empfänger Fehlende Sensibilität gegenüber dem Empfänger	Kommunikationswege	Zuhören Desinteresse Vorurteile Einstellung zum Sender Non-verbale Hinweise werden ignoriert Emotionale Blockade

Nehmen wir das Problem unter die Lupe. Versuchen wir, Mittel und Wege zu finden, um die Störungen zu eliminieren, die häufig das Zustandekommen einer Kommunikation verhindern. Grundsätzlich kann man aber davon ausgehen, dass stets der Sender schuld ist, wenn eine Nachricht nicht oder nicht richtig verstanden wird.

Barrieren auf der Seite des Senders

Die meisten Manager benutzen eine ihnen geläufige Ausdrucksweise, ohne sich Gedanken zu machen, ob der Zuhörer diesen Fachjargon versteht. Im Umgang mit einigen Mitarbeitern gebraucht ein Manager vielleicht für sie unverständliche Spezialausdrücke. Der Kommunikationsinhalt kann auf diese Weise verloren gehen. Eine Barriere wurde auf der Seite des Senders errichtet.

Angehörige eines bestimmten Berufsstands entwickeln oft ihre eigene Fachsprache. Computer-Spezialisten sprechen von *Bits* und *Bytes*, von *Input* und *Interface* und benutzen Fachausdrücke, die außer ihnen niemand versteht.

Andererseits vereinfacht eine Fachsprache die Verständigung unter Personen, die sie beherrschen. Sie vermittelt ein Zusammengehörigkeitsgefühl, das die Kommunikation zusätzlich verbessert.

Ein häufigeres Problem ist die unterschiedliche Bedeutung, die bestimmte Wörter für die einzelnen Personen haben. Manchmal sind Worte emotional so besetzt, dass sie eine unbeabsichtigte Wirkung haben. Ein Manager erzählt zum Beispiel Mitarbeitern, dass ein neues Programm eingeführt werden soll, um die Leistungen zu verbessern. Eine Reaktion könnte sein: „Wunderbar, vielleicht werden jetzt endlich meine Vorschläge verwirklicht!"; eine andere: „Also wieder keine Gehaltserhöhung!" Die unterschiedlichen Reaktionen auf dasselbe Wort hängen von der Einstellung der Hörer ab und den Assoziationen, die es erweckt.

Man sollte bedenken, dass für den Sender ein Wort vielleicht etwas anderes bedeutet als für den Empfänger. Was der Sender vermitteln wollte, kann vom Empfänger völlig anders interpretiert werden. Da die meisten Mitteilungen mündlich und häufig über das Telefon erfolgen, sollte man sich auch um eine klare, deutliche Aussprache bemühen. Ein Mitarbeiter bittet seinen Chef nicht gern, das Gesagte zu wiederholen, und verliert auf diese Weise den Zusammenhang.

Beim Schriftverkehr können grammatikalische oder Fehler im Satzbau die Kommunikation empfindlich stören. Auf schriftliche Anweisungen und Direktiven werden wir später in diesem Kapitel zurückkommen.

Non-verbale Kommunikation muss ebenfalls berücksichtigt werden. Die Art, wie jemand etwas vermittelt, kann mehr ausdrücken als seine Worte. Ein Vorgesetzter kann zum Beispiel sagen: „Erledigen Sie das bei der nächsten Gelegenheit." – Augen, Ton und Körperhaltung signalisieren jedoch dem Mitarbeiter: „Es eilt!" oder auch „Wenn alles andere erledigt ist".

Eine weitere Barriere auf der Seite des Senders: die Einstellung zu seiner Arbeit, seinen Mitarbeitern und zu sich selbst. Wenn ein Manager arrogant ist, wird sich das auch in seinen Anweisungen ausdrücken. Seine Mitarbeiter werden sich über seine herablassende Art ärgern: Die Kommunikation wird erschwert. Eine Mitteilung zu empfangen, heißt nicht nur, sie zu verstehen, sondern auch, sie zu akzeptieren. Ressentiments verhindern Akzeptanz. Wer seinem Vorgesetzten grollt, hört gar nicht, was dieser sagt. Ein guter Manager wird deshalb versuchen, weder arrogant, noch sarkastisch zu erscheinen, sondern partnerschaftlich mit seinen Mitarbeitern zu reden.

Ein Sender muss sich auf Empfänglichkeit oder Unempfänglichkeit seines Gegenübers einstellen. Er sollte ein „inneres Ohr" entwickeln, um Reaktionen herauszuhören. Das gehört zu dem Feedback-Kreis guter Kommunikation. Wer genau beobachtet, wie seine Anweisungen aufgenommen werden, erhält sofort das gewünschte Feedback. Er weiß, ob der Empfänger die Mitteilung verstanden und akzeptiert hat.

Wenn diese Rückmeldung nicht erfolgt, wird der Kreis unterbrochen. Die Information wurde zwar gesendet, aber ohne Feedback kann der Sender nicht feststellen, ob sie angekommen ist.

Gute Kommunikation setzt einen geschlossenen Kreis voraus. Die Information wird dem Empfänger vermittelt, der Sender erhält sofort eine Reaktion. Er nimmt notwendige Korrekturen vor, revidiert die Mitteilung, bekommt wieder entsprechendes Feedback ... bis zum erfolgreichen Abschluss des Kommunikationsvorgangs.

Manager können Feedback direkt oder indirekt bekommen. Direkte Fragen können dem Empfänger zumindest eine teilweise Bestätigung entlocken. Aber das muss nicht immer der Fall sein. Auf die Frage „Haben Sie verstanden?“ wird die Antwort meistens „Ja“ lauten. Das heißt aber noch lange nicht, dass der Mitarbeiter das Gesagte auch tatsächlich begriffen hat. Vielleicht getraut er sich nur nicht, „Nein“ zu sagen, weil er nicht für begriffsstutzig gehalten werden will. In der Hoffnung, später herauszufinden, was eigentlich gemeint war, sagt er also „Ja“. Oder er ist nur überzeugt, alles verstanden zu haben. Es ist in diesem Fall also besser, nochmals auf den Hauptpunkt zurückzukommen, um jedes Missverständnis zu vermeiden.

Barrieren auf der Seite des Empfängers

Da der Kommunikationsprozess in beiden Richtungen verläuft, wird der Manager auch zum Empfänger, zum Beispiel, wenn er Beschwerden seiner Mitarbeiter entgegennimmt. Mangelhaftes Zuhören ist eines der größten Hindernisse bei der Informationsaufnahme.

Wolfgang Frey hielt sich für einen ausgezeichneten Verkaufsleiter, mit einem offenen Ohr für die Probleme seiner Mitarbeiter. Aber trotz seiner Bereitschaft zuzuhören, entgingen ihm häufig die wichtigsten Punkte. Er *hörte* sie zwar, aber er *hörte nicht zu.*

Eine typische Situation: Peter Streich war als ständiger Nörgler bekannt. Wenn er mit einem Problem zu Wolfgang Frey kam, stellte sich dieser auf eine lange, unproduktive Sitzung ein. Anfangs bemühte er sich noch, Streich aufmerksam zuzuhören, aber dann schweiften seine Gedanken ab. Statt sich auf das Problem zu konzentrieren (das er ja lösen sollte), dachte er an die bevorstehende Besprechung mit dem stellvertretenden Marketingdirektor und an die Verabredung zum Golf mit einem wichtigen Kunden am nächsten Tag. Weil er seinen Gedanken erlaubte abzuschweifen, fand er nie heraus, was Streich eigentlich von ihm wollte.

Warum schweiften Freys Gedanken ab? Da wir bekanntlich viel schneller denken als reden, ist der Zuhörer dem Sprecher in Gedanken voraus. Unbewusst beendet er häufig dessen Sätze, weil er zu wissen glaubt, was der andere sagen wird. Zwischen dem vorweggenommenen und dem tatsächlichen Ende einer Mitteilung beginnen die Gedanken des Zuhörers abzuschweifen. Der Sprecher redet weiter, formuliert neue Sätze und Ideen. Und der Zuhörer? Er verpasst die Pointe. Er ist mit seinen Gedanken woanders; er hört zwar die Worte, aber ihr Sinn entgeht ihm.

Was kann man dagegen tun? Hier einige Empfehlungen: Es ist wichtig, dass wir uns das Problem klarmachen und uns sofort bewusst werden, wenn wir nicht mehr zuhören. Während einer Besprechung wird ein Redner vielleicht mit monotoner Stimme endlose Ausführungen von sich geben, und wir schalten ab. Das ist der kritische Punkt. *Halt! Zuhören!* Während eines Gesprächs hören wir häufig nur Worte, keine Ideen. *Halt! Zuhören!*

Während eines Einstellungsgesprächs ist uns die Frage – oder die Antwort – nicht mehr gegenwärtig. *Halt! Zuhören!*

Wenn uns der Redner bereits als Langweiler oder Nörgler bekannt ist, schalten wir automatisch ab. Bei solchen Leuten muss man sich besonders zusammennehmen und sich sagen: *Halt! Zuhören!*

Ein guter Zuhörer kann im Voraus Situationen erkennen, in denen er in der Gefahr steht abzuschalten.

Sind Sie ein guter Zuhörer?

Wenn Ihnen jemand etwas sagen möchte, hören Sie dann auf zu sprechen?

Sie sollten es tun, denn Sie können nicht gleichzeitig zuhören und reden. Sie können auch nicht richtig folgen, wenn Sie nur darauf warten, dass der andere eine Atempause macht, um dann selbst loszulegen.

Konzentrieren Sie sich darauf, was andere sagen? Schauen Sie ihnen in die Augen, ohne dabei wie ein Hypnotiseur zu wirken?

Zuhören erfordert eine gewisse Anstrengung. Es ist eine Fähigkeit, die man erlernen muss. Auch wenn das Gespräch Sie nicht interessiert, sollten Sie aus Höflichkeit zuhören.

Hören Sie sich eine Geschichte auch bis zu Ende an, ohne Ihren Gesprächspartner zu unterbrechen? Sie werden nicht erfahren, worum es eigentlich geht, wenn Sie Ihren Partner daran hindern, der Reihe nach zu erzählen – und zwar in seinem Tempo. General Marshall brachte das auf einen Punkt: „Hören Sie sich die Geschichte Ihres Gegenübers an; hören Sie sich die ganze Geschichte Ihres Gegenübers an; hören Sie sich die ganze Geschichte Ihres Gegenübers zuerst an.“

Halten Sie sich mit Ihren eigenen Vorschlägen zurück oder beenden Sie die Sätze Ihres Gegenübers selbst? Diese lästige Angewohnheit ist weit verbreitet. Hören Sie Ihrem Gesprächspartner aufmerksam zu, legen Sie ihm nicht die Worte in den Mund, lassen Sie ihn ausreden. Zeigen Sie Interesse an dem, was Ihr Partner zu sagen hat, und regen Sie ihn dadurch an.

Sie sollten es versuchen. Viele Menschen brauchen einen aufmerksamen Zuhörer, um ihre Gedanken wirkungsvoll formulieren zu können.

Warten Sie bei einer Besprechung mit Ihren Fragen, bis der Redner fertig ist? Einen Redner zu unterbrechen, bedeutet, nicht zuhören zu können. Ein Redner kann völlig aus dem Konzept gebracht (und außerdem verärgert) werden, wenn er mitten in seinen Ausführungen durch eine Frage unterbrochen wird. Warten Sie mit Ihren Fragen bis zur anschließenden Diskussion.

Und zum Schluss: Lächeln Sie bei einer witzigen Bemerkung oder einer amüsanten Geschichte? Sie sollten das keinesfalls versäumen. Der Redner wird es zu schätzen wissen und Sie als einen großartigen Zuhörer betrachten.

Resümee: Wir lernen durch Zuhören und erfahren viel über unsere Gesprächspartner. Versuchen Sie, ein guter Zuhörer zu sein – Ihre Mitarbeiter und Vorgesetzten werden es zu schätzen wissen. Entwickeln Sie Ihre Fähigkeiten auf diesem Gebiet: Sie werden dadurch nicht nur ein besserer Gesprächspartner, sondern auch ein besserer Redner.

Eine weitere Barriere auf der Seite des Empfängers ist die allgemeine Tendenz, nur das zu hören, was man zu hören erwartet. Was wir aufnehmen und wie wir es beurteilen, hängt zum größten Teil von unseren Erfahrungen ab.

Ein Beispiel dafür sind die Vorurteile bestimmten Personen gegenüber. Ein Manager, der einen einfachen Arbeiter für beschränkt und ungebildet hält, wird ihn nicht „hören“, selbst wenn der Mann einen intelligenten Vorschlag macht. Ähnlich ist die Tendenz, nur das anzunehmen, was unseren Überzeugungen entspricht. Psychologen sprechen von kognitiver Dissonanz. Untersuchungen haben ergeben, dass dieselbe Information unterschiedliche Reaktionen bewirken kann, je nachdem, ob sie in unserem Sinne ist oder nicht.

Das bedeutet, dass der Sender die Reaktion des Empfängers berücksichtigen muss. Arbeiter, die der Betriebsführung nicht trauen, werden die Worte einer Führungskraft nur mit Vorbehalt aufnehmen. Es wird also wenig Feedback von ihrer Seite erfolgen. Die Führungskraft muss dem entgegenwirken, wenn sie ihre Intentionen vermitteln will.

Andererseits werden Aussagen einer Person, für die wir Sympathie oder Respekt empfinden, akzeptiert, mögen sie auch noch so fragwürdig sein.

Auch die Einstellung der Beteiligten kann sich hemmend auswirken. Wenn Mitarbeiter ein gesundes Selbstvertrauen haben und die Führungsspitze respektieren, werden sie Verständnis zeigen und Mitteilungen „von oben" akzeptieren. Haben sie jedoch Angst und geringes Selbstbewusstsein, wird die Übermittlung schwierig. Ihre Angst, etwas misszuverstehen, wird automatisch zu Missverständnissen führen. Und die Tatsache, dass sie nicht wagen nachzufragen, macht das Ganze nur noch schlimmer.

Barrieren zwischen Sender und Empfänger

Neben den Störungen der beiden Funktionen von Sender und von Empfänger gibt es auch äußere Störfaktoren. Bei einer Kommunikationsverbindung werden diese Störungen vor allem durch die Distanz zwischen Sender und Empfänger verursacht.

Es kommt häufig vor, dass eine mündliche Information über mehrere Stationen geht und dabei von jedem Zwischenempfänger so verändert wird, dass die letzte Fassung kaum noch etwas mit der ursprünglichen zu tun hat.

Diese Gefahr ist bei schriftlichen Mitteilungen geringer. Zwar wird die Form nicht verändert, aber die Interpretation kann unterschiedlich ausfallen. Es ist jedoch nicht immer angezeigt, etwas schriftlich zu fixieren; außerdem ist der Zeitaufwand sehr viel größer. Eilige Angelegenheiten und Dinge von vorübergehendem Interesse wird man nicht schriftlich fixieren.

Kommunikation innerhalb einer informellen Gruppe

Wir haben uns bislang nur mit formaler Kommunikation beschäftigt. Aber gerade in sehr großen Organisationen fällt der informelle Aspekt der Kommunikation besonders ins Gewicht. Er findet seinen Ausdruck in Gerüchten und Klatsch.

Gerüchte beruhen auf Halbwahrheiten oder sind völlig aus der Luft gegriffen. Eine Gerüchteküche gibt es in fast jedem Betrieb. Das Management sollte sich auf dem Laufenden halten, die Gerüchte konfrontieren, widerlegen und gegebenenfalls unterdrücken.

Gerüchte können sehr viel Schaden anrichten. Wenn beispielsweise verbreitet wird, dass eine Fabrik in den roten Zahlen sei oder geschlossen werden soll, kann dies zu allgemeiner Panik führen. Kursiert das Gerücht, dass ein Abteilungsleiter versetzt oder die Personalpolitik geändert werden soll, könnten Kündigungen, Klagen und Beschwerden, ja sogar Androhung von gerichtlichen Schritten die Folge sein.

Der Wahrheitsgehalt solcher Gerüchte sollte sofort überprüft werden. Manche Gerüchte enthalten ein Körnchen Wahrheit. Die Betroffenen müssen davon in Kenntnis gesetzt werden.

Inoffizielle Informationskanäle durchziehen die ganze Organisation. Die Übermittlung der Gerüchte erfolgt rasch und spontan, ein Weg findet sich immer. Manager benutzen sie, um formale Kommunikation zu verstärken; zuweilen lassen sie bestimmte Informationen durchsickern, um die Reaktion ihrer Mitarbeiter auf geplante Veränderungen zu testen.

Präsident Lyndon B. Johnson war darin ein Meister: Wenn er nicht sicher war, wie die Reaktion auf einen Vorschlag oder eine geplante Aktion ausfallen würde, veranlasste er seine Mitarbeiter, der Presse einen Wink zu geben. War die Reaktion positiv, bestätigte er das Gerücht. War sie negativ, distanzierte er sich davon und änderte seinen Plan.

Testfrage: Sollten Sie es ignorieren oder aber sofort eingreifen, wenn in Ihrem Unternehmen ein Gerücht in Umlauf gebracht wird?

Antwort: Sie sollten immer sofort eingreifen. Ein Gerücht kann Ihr Unternehmen sehr schädigen.

Anweisungen erteilen

Einer der geläufigsten Aspekte der Kommunikation ist das Erteilen von Anweisungen. Direkte Aufforderungen erfolgen meist mündlich, langfristige oder sehr detaillierte Instruktionen dagegen schriftlich.

Direkte Aufforderungen

Sie sind eigentlich nur in Ausnahmesituationen angebracht und sollten langsam und überlegt formuliert werden.

Bitten

Sie sind sehr viel höflicher als direkte Aufforderungen und wenden sich an Mitarbeiter, deren Kooperation benötigt wird. Ein Manager, der eine Bitte ausspricht, setzt das Einverständnis der Person voraus, an die sie gerichtet ist. Nur selten werden solche Bitten abgelehnt.

Vorschläge

Ein Vorschlag spricht das Verantwortungsgefühl eines Mitarbeiters an: Er appelliert an seinen Teamgeist und seine Loyalität der Gruppe gegenüber. „Halten Sie es für möglich, dass diese Briefe heute noch rausgehen? Das wäre wichtig, weil … Vielleicht könnten Sie die Abteilung X um Unterstützung bitten?" Eine solche Aufforderung spricht Verantwortung, Urteilsvermögen und Kompetenz an.

Überzeugen

Wenn irgend möglich, sollte man Gründe für eine bestimmte Aktivität darlegen. Wenn ein Mitarbeiter versteht, was sich hinter einer Bitte oder einem Vorschlag verbirgt, wird er bereitwilliger darauf eingehen. Versuchen Sie, das Interesse Ihrer Mitarbeiter zu wecken. Vermeiden Sie Befehle.

Kooperation

Ein effizienter Manager arbeitet mit anderen Führungskräften und Mitarbeitern zusammen. Häufig werden jedoch nur die Vorgesetzten berücksichtigt und die Mitarbeiter übergangen. Das lässt einen Manager in den Augen seiner Kollegen und Mitarbeiter arrogant erscheinen. Ein erfolgreicher Manager verhält sich seinen Mitarbeitern gegenüber niemals herablassend. Er zieht sie vielmehr in sein Vertrauen und bemüht sich um echte Zusammenarbeit.

Auch wenn man anderen Führungskräften Informationen und Anweisungen übermittelt, muss man sich vor Augen halten, dass sie keine Untergebenen sind. Ein effizienter Manager „verkauft" ihnen seine Ideen und sichert sich damit ihre Kooperation.

Einige Empfehlungen für Ihre mündliche Kommunikation im beruflichen Alltag

Typische Fehler bei mündlichen Anweisungen:

- Undeutliche Aussprache oder unpräzise Beschreibungen
- Willkürliche oder widersprüchliche Anweisungen
- Das Verständnis der Mitarbeiter wird vorausgesetzt, obwohl damit nicht zu rechnen ist.

Vorschläge für wirkungsvolle Anweisungen:

- Sie sollten mit allen Einzelheiten der zu erläuternden Aufgabe vertraut sein.
- Setzen Sie nur wirklich fähige Mitarbeiter ein. Manche Mitarbeiter sind für bestimmte Aufgaben geeigneter als andere.
- Anweisungen sollten klar, präzise und eindeutig sein.
- Gehen Sie nicht davon aus, dass die Anweisungen ohne weiteres verstanden werden. Vergewissern Sie sich, wiederholen Sie sie, falls erforderlich.
- Vermeiden Sie einen Ton, der Widerstand erzeugt.
- Geben Sie Beispiele, wenn nötig. Das ist hilfreich, wenn ein Problem verstanden werden soll.
- Geben Sie nicht zu viele Anweisungen auf einmal. Sie stiften nur Verwirrung.
- Wenn Sie effiziente Mitarbeiter haben, sollten Sie sie nicht bevormunden.
- Setzen Sie vernünftige Termine.
- Übermitteln Sie Ihre Anweisungen auf den richtigen Kanälen. Direkte Vorgesetzte sollten nicht übergangen werden, wenn einem Mitarbeiter eine bestimmte Aufga-

be übertragen wird. Dem Mitarbeiter sollte klar sein, dass der Vorgesetzte nicht nur dafür verantwortlich ist, dass die Aufgabe erfüllt wird, sondern dass er innerhalb des Leitungssystems eine bestimmte Führungsposition einnimmt. Die Leitungsbeziehungen sollten immer berücksichtigt werden. Für eine Gruppe oder einen Vorgesetzten ist es imageschädigend, wenn eine ranghöhere Führungskraft sich direkt an ein Mitglied der Gruppe wendet, ohne sich mit dem unmittelbaren Vorgesetzten in Verbindung zu setzen.

- Gehen Sie ins Detail, aber verwirren Sie Ihre Mitarbeiter nicht. Detaillierte Anweisungen sind angebracht, wenn mit überraschenden Zwischenfällen gerechnet werden muss oder die Arbeit ungewöhnlich ist, wenn die Beauftragten keine Erfahrung haben, wenn eine Standardisierung angestrebt oder eine Ausbildung durchgeführt wird.
- Verfolgen Sie konsequent, was Sie angefangen haben. Es kann angebracht sein, das Geleistete zu überprüfen. Kontrollieren Sie, ob Ihre Mitarbeiter die Aufgabe verstanden haben und zufrieden stellend erfüllen.

(nach M. J. Dooher, *Effective Communication on the Job*)

Schriftliche Kommunikation

In vielen Fällen hat die schriftliche Kommunikation gegenüber der mündlichen Vorteile. Sie zwingt dazu, Gedanken sorgfältiger auszuformulieren, hat einen offizielleren Charakter und erreicht gleichmäßig alle zu Informierenden. Insbesondere in komplexen Situationen, die detaillierte Angaben erfordern, eignen sich daher schriftliche Informationen. Das in Kapitel 3 als Planungsmittel beschriebene Organisationshandbuch kann wichtige Anleitungshilfen für Art und Struktur der schriftlichen Kommunikation geben.

Manchen Vorgesetzten, die sich mündlich gut ausdrücken können, fällt es schwer, ihre Gedanken schriftlich zu formulieren. Ihr Stil ist umständlich, eine Art Kanzleistil. Man stößt häufig auf Formulierungen wie „Nach Eingang dieses Schreibens wird erwartet, dass die entsprechenden Schritte eingeleitet werden ..." statt der einfachen Bitte „Kümmern Sie sich bitte sofort darum".

Nachteilig bei schriftlicher Kommunikation ist das fehlende Feedback. Deshalb treffen sich manche Führungskräfte nach Bekanntgabe eines schriftlichen Kommuniqués, um auf Fragen der Beteiligten einzugehen und zu prüfen, ob die Arbeitsgruppe alles verstanden und akzeptiert hat.

Wenn Sie die folgenden Hilfen beachten, sparen Sie beim Abfassen schriftlicher Informationen viel Zeit:

- Der eigentliche Bericht soll sich auf das Wesentliche beschränken; unbedingt notwendige statistische Angaben und sonstige Quellen sollten in einem Anhang erscheinen.
- Halten Sie sich an Fakten und Wesentliches. Ihre persönliche Meinung und allgemeine Betrachtungen sollten Sie nicht wiedergeben.
- Beschreiben Sie Ihr Thema klar und präzise ohne Phrasen.
- Beschränken Sie sich auf Informationen, die den Leser in die Lage versetzen, die Situation oder Tätigkeit rasch zu erfassen und erforderliche Schritte einzuleiten.
- Untergliedern Sie Ihren Text in Absätze, damit Sie ein logisches Gedankengerüst haben.
- Halten Sie Sätze und Abschnitte möglichst kurz. Vermeiden Sie aber einen abgehackten Stil.

- Drücken Sie sich möglichst konkret aus. Vermeiden Sie Abstraktionen, vage und missverständliche Ausdrücke, die eher verwirren.
- Definieren Sie Begriffe, die mehrere Deutungen zulassen.
- Vermeiden Sie sinnverwandte Worte, wenn sie missverständlich oder nicht eindeutig sind.
- Kommen Sie schnell zur Sache. Nur wenn Sie auch sonst beim Sprechen druckreif formulieren, können Sie Ihre mündliche Ausdrucksweise beibehalten.
- Wenn Sie es sich zeitlich erlauben können, legen Sie Ihren Entwurf für 24 Stunden beiseite und lesen Sie ihn dann noch einmal durch. Am besten bitten Sie einen Kollegen, ihn durchzugehen, um sicher zu sein, dass er verständlich ist. Bringen Sie ihn dann in die endgültige Fassung.

Sie sollten sich so verständlich machen, dass Ihre Worte nicht falsch interpretiert werden können. Wichtig ist außerdem, dass Sie Ihren Text aus der Perspektive des Lesers schreiben: Überlegen Sie, welche Zusammenhänge aus Ihrem Arbeitsbereich die Leser – also Ihre Kollegen – nicht kennen und Sie daher erklären müssen.

Manchmal fällt besonders der Einstieg schwer. Wenn das Ihr Problem ist, fangen Sie am besten „mittendrin“ an. Sie können das Material beim Umschreiben neu ordnen. Das Ergebnis wird ein guter Text sein. Und noch ein nützlicher Tipp: Nehmen Sie die Fragen Ihres Lesers vorweg und beantworten Sie sie in Ihrem Text.

Falls Ihnen das Schreiben schwerfällt und Sie nicht gerade einen Text verfassen, der aufgrund seines brisanten oder geheimen Inhalts nur betriebsintern gelesen werden darf, ist zu überlegen, ob Sie nicht das Schreiben einem externen Dienstleister überlassen können. Redaktionsbüros oder Ghostwriter, die im Texten geübt sind, bieten hier professionelle Hilfe an. Sie formulieren oft schneller und besser, als dies im Schreiben Ungeübte können. Sie brauchen sich durch diesen Vorschlag nicht in Ihrem Stolz verletzt zu fühlen: Wenn Sie wüssten, wer alles seine Reden oder Texte schreiben lässt!

Kommunikation von unten nach oben

Für einen Manager zählt nicht nur die Kommunikationsverbindung von ihm zu seinen Mitarbeitern, sondern auch der umgekehrte Weg, deren Verbindung zu ihm. Sie sollten wissen, dass er den Gedankenaustausch und innovative Vorschläge fördert und zu würdigen weiß, dass er aber auch für ihre Probleme ein offenes Ohr hat und entsprechende Maßnahmen einleiten wird.

Die beste Methode für diese Art von Kommunikation ist, Verbesserungsvorschläge zu prämieren. Unternehmen, die dieses System eingeführt haben, berichten von zahllosen nützlichen Ideen, durch die sich viele Kosten einsparen ließen. Auf diese Weise wurden auch neue Arbeitsmethoden und neue Produkte entwickelt. Das betriebliche Vorschlagswesen trägt jedoch wenig zur Verbesserung der Beziehungen zum direkten Vorgesetzten bei, da er bei diesem System übergangen wird.

Ein weiteres Kommunikationsmittel sind Besprechungen, die eine Führungskraft mit ihren Mitarbeitern abhält. Sie können in Form eines Brainstormings ablaufen, bei dem ein bestimmtes Problem in Angriff genommen wird, oder auch allgemeiner Natur sein. Der Erfolg hängt wesentlich vom Geschick des Leiters und dem Verhältnis zwischen Mitarbeitern und Führungskraft ab. Bei gegenseitigem Vertrauen können solche Treffen sehr produktiv sein. Andernfalls kommt wenig dabei heraus.

Persönliche Beziehungen der Führungskraft zu den einzelnen Mitarbeitern sind entscheidend. Sie erfordern viel Zeit und Fingerspitzengefühl. Kennt ein Vorgesetzter seine Mitarbeiter, kann er auch mit ihnen reden und, was noch wichtiger ist – er kann ihnen zuhören!

Die Angst, schlechte Nachrichten zu überbringen, stört allzu häufig die Kommunikation zwischen Führungskraft und Mitarbeiter. Wer bei den alten Griechen eine Niederlage meldete, bezahlte dafür mit seinem Leben. Für eine effiziente Führungskraft sind gute und schlechte Seiten einer Sache wichtig.

Konosuke Matsushita, Gründer eines der größten japanischen Unternehmen, berichtete aus seinen Anfangsjahren: „Als unsere Firma erst einige hundert Angestellte hatte, wurde einer unserer Verkaufsfahrer von einem Großhändler beschimpft. Dieser regte sich auf, weil er einige unserer Produkte nur mit großer Mühe verkauft hatte, die dann auch noch als fehlerhaft zurückgesandt worden waren. ‚Es ist eine Frechheit, dass Euer Geschäftsführer eine Firma für Elektrogeräte leitet. Das muss man erst einmal können! Wenn Ihr nichts Besseres produzieren könnt, wäre Euer Chef besser daran, seinen Laden zuzumachen und auf der Straße gebackene Kartoffeln zu verkaufen!‘

Der Verkaufsfahrer berichtete diesen Vorfall Wort für Wort dem Geschäftsführer. Dieser ging sofort zum Großhändler und entschuldigte sich wegen der Ungelegenheiten, die durch seine Waren entstanden waren.

Inzwischen hatte sich der Händler wieder beruhigt. ‚In der Aufregung sagte ich ein paar Grobheiten', meinte er verlegen, ‚niemals habe ich gedacht, dass er Ihnen die Sache mit der gebackenen Kartoffel berichten würde.'"

Die beiden Männer wurden im Lauf der Zeit gute Freunde. Das war nur möglich, weil der Geschäftsführer die ganze Geschichte erfahren hatte und sofort reagieren konnte.

Ein Chef sollte seine Mitarbeiter stets ermutigen, gute und schlechte Nachrichten an das Management weiterzuleiten. Denn eine Firma mit entsprechend guter interner Kommunikation macht den gleichen Fehler nicht zweimal!

In großen Unternehmen sollten Kommunikationskanäle geschaffen werden, die den Mitarbeitern erlauben, ihre Chefs zu erreichen.

Manche Unternehmen entschieden sich für die Politik der offenen Tür. Das Top-Management ist bereit, Probleme, Vorschläge oder sonstige Mitteilungen anzuhören. Meistens soll die „offene Tür" aber nur dann in Anspruch genommen werden, wenn die üblichen Kommunikationswege nicht zum Ziel führen. Der Erfolg dieser Politik hängt ganz davon ab, wie sie in den einzelnen Betrieben gehandhabt wird.

Wie in den meisten Management-Bereichen gibt es auch im Fall der Kommunikationsverbindung zu den oberen Führungsebenen kein Patentrezept. Wenn ein Manager aufrichtig mit seinen Mitarbeitern kommuniziert und ihr Vertrauen rechtfertigt, wenn Arbeitsmoral und Zusammengehörigkeitsgefühl vorhanden sind, werden keine größeren Kommunikationsprobleme auftreten. Die meisten Mitarbeiter wollen sich auf irgendeine Art äußern können. Wenn sie wissen, dass das Management zuhört, werden sie das auch tun.

12. Führen

Das Diktum „Man wird als Führer geboren, nicht dazu gemacht“ galt Jahrhunderte hindurch. Darauf basierten feudalistische und monarchistische Regierungsformen.

Selbst in Amerika wurde von angeborenen Führungsqualitäten gesprochen, wenn sich jemand aus bescheidenen Verhältnissen bis zur Spitze hocharbeitete.

Fast in jedem Unternehmen gibt es Topmanager, die als einfache Angestellte angefangen haben. Sind sie geborene Führungspersönlichkeiten? Die Erfahrung hat gezeigt, dass dies nicht der Fall sein muss.

Es gibt viele Gründe, weshalb bestimmte Menschen hohe Positionen erreichen: Erfahrung, Beziehungen, persönliche Tüchtigkeit oder Wissen. Häufig fehlen Führungsqualitäten und Erfahrung, die für die Position notwendig sind. Das Führen-Können muss erst erlernt werden.

Während des Zweiten Weltkriegs stand die amerikanische Rüstungsindustrie vor dem Problem, in kurzer Zeit Führungskräfte heranzubilden. Erfahrene Facharbeiter, zu Gruppenleitern befördert, mussten lernen, ihre Mitarbeiter zu leiten, zu kontrollieren, zu motivieren und auszubilden.

Das hierfür entwickelte Programm hatte auch nach dem Krieg noch große Bedeutung. Es bewies, dass Führungsqualitäten lernbar und nicht angeboren sind.

Häufig hört man abfällige Kommentare wie „Was Führen heißt, sagt einem doch der gesunde Menschenverstand!“ Aber was macht den gesunden Menschenverstand aus? Er gründet sich vor allem auf Erfahrungen. Die Erfahrungen eines Einzelnen jedoch reichen nicht aus für umfassende Antworten. Führung beinhaltet mehr. Man muss über den gesunden Menschenverstand hinaus eine Analyse menschlicher Verhaltensweisen vornehmen, um die Motive eines Menschen zu verstehen und diese Erkenntnis sinnvoll einzusetzen.

Bei Finanz- oder Fertigungsproblemen würde sich eine Führungskraft auch nicht nur auf ihren gesunden Menschenverstand verlassen, sondern Experten befragen. Warum sollte sie sich bei Personalproblemen allein auf die eigene, begrenzte Erfahrung stützen?

Man kann Führung einfach als Beziehung zwischen einem Individuum und einer Gruppe sehen. Mit solchen Beziehungen wird man in jedem Lebensalter konfrontiert.

Der gemeinsame Nenner verschiedener Führungssituationen ist Autorität, die man sich entweder erwerben muss oder die mit einer Position verbunden ist. Manchmal resultiert sie aus beiden Faktoren.

Vorgesetzte verfügen über die notwendige Autorität, um ihre Ziele verwirklichen zu können. Aber dadurch sind sie eigentlich noch keine Führungskräfte. Im Gegenteil, die meisten Manager führen eigentlich nicht. Sie erfüllen ganz einfach ihre Pflicht und setzen dabei ihre Autorität nach Gutdünken ein. Managementfähigkeiten gewährleisten, dass angestrebte Resultate erzielt werden. Führungsfähigkeiten sorgen dafür, dass menschliches Potenzial entwickelt wird. Die Kombination beider Fähigkeiten ist entscheidend für eine hervorragende Gemeinschaftsleistung.

Was erwarten Mitarbeiter von ihren Vorgesetzten? Zunächst einmal, dass sie auf ihrem Gebiet kompetent sind. Das bedeutet jedoch nicht, dass eine Führungskraft mit jedem einzelnen Aspekt der Arbeit vertraut sein muss. Sie muss aber ihre Mitarbeiter leiten, beraten und unterstützen. Vor allem erwarten die Mitarbeiter Gerechtigkeit und Fairness. Da es letztlich an den Mitarbeitern liegt, ob ein Führungskonzept greift, müssen Führungskräfte wissen, was von ihnen erwartet wird.

Kooperation und gute Arbeitsmoral sind Folgeerscheinungen guter Führung. Ohne die Kooperation ihrer Mitarbeiter kann eine Führungskraft keine Ziele erreichen. Lässt die Arbeitsmoral zu wünschen übrig, kommt es zu Auseinandersetzungen, unentschuldigtem Fernbleiben oder gar offener Sabotage.

Gute Arbeitsmoral und angenehmes Betriebsklima hängen von verschiedenen Faktoren ab. Ausschlaggebend ist das Bewusstsein, einer sinnvollen Arbeit nachzugehen und die Identifikation mit dem Unternehmen, seinen Zielen und seiner Führung.

Ein Manager, der sich nur auf seine Macht verlässt, wird wenig erreichen. Er muss sich darum bemühen, das Vertrauen seiner Mitarbeiter zu gewinnen, ihr Potenzial und Wissen optimal einzusetzen und dies auch anzuerkennen. Solche Führung ist erlernbar. Sie setzt eine gründliche Kenntnis der menschlichen Natur voraus wie auch der bewährten Methoden, um Mitarbeiter zum Einsatz ihrer Kräfte zu bringen und dabei Befriedigung zu erfahren.

Führungsstile

Unterschiedliche Charaktere zeigen verschiedenes Führungsverhalten. Häufig entscheiden sie sich für ein bestimmtes Muster, das sie von ihren früheren Vorgesetzten übernommen haben oder von ihren jetzigen Chefs kennen. Manchmal findet man im ganzen Unternehmen dasselbe Muster. Häufiger findet man jedoch verschiedene Führungsstile vor, die den Managern, Mitarbeitern und der Situation entsprechen. Um sich aber für einen Stil entscheiden zu können, muss ein Manager die Möglichkeiten kennen, ihre Vor- und Nachteile und ihre Anwendbarkeit in bestimmten Situationen.

Robert Tannenbaum und Warren H. Schmidt haben in der Zeitschrift *Harvard Business Review* verschiedene Führungsstile zusammengestellt.

- *Der Vorgesetzte entscheidet und ordnet an:* Der Manager untersucht zunächst das Problem. Bewusst oder unbewusst bedient er sich der bereits beschriebenen Techniken der Entscheidungsfindung. Er fasst Beschlüsse, die er seinen Mitarbeitern mitteilt. Deren Meinung wird von ihm berücksichtigt oder auch nicht. Ihre Mitarbeit erreicht er meist durch seine Autorität.

- *Der Vorgesetzte versucht, seine Mitarbeiter von seiner Entscheidung zu überzeugen:* Der Manager trifft die Entscheidung allein. Aber er setzt seine Mitarbeiter nicht nur davon in Kenntnis, sondern versucht sie zu überzeugen. Ihm ist bewusst, dass willkürliche Entscheidungen häufig auf Widerstand stoßen. Deshalb erklärt er seinen Mitarbeitern die Vorteile seiner Entscheidung und versucht, sie ihnen zu „verkaufen".

- *Der Vorgesetzte macht Vorschläge und gestattet Fragen:* Der Manager trifft die Entscheidung selbst, spricht sie aber mit seinen Mitarbeitern durch, damit sie sie nachvollziehen können. Er gibt ihnen Gelegenheit, ihre Meinung zu äußern. Für den Manager sind Verständnis und Akzeptanz, aber auch Unverständnis und Ablehnung ein wichtiges Feedback. So lassen sich eventuelle Probleme abschätzen.

- *Der Vorgesetzte stellt seine beabsichtigte, aber noch nicht endgültige Entscheidung vor:* Damit ist der erste Schritt zur partnerschaftlichen Entscheidungsfindung getan. Die Mitarbeiter haben einen gewissen Einfluss auf das Ergebnis. Der Manager hat sich mit dem Problem auseinander gesetzt, verschiedene Lösungen geprüft und ist zu einem vorläufigen Schluss gekommen. Vor seiner endgültigen Entscheidung unterbreitet er die Angelegenheit seinen Mitarbeitern, damit sie sich dazu äußern und Vorschläge machen. Der Manager hört sie sich an, um dann allein endgültig zu entscheiden. Die Meinung der Gruppe kann, muss aber nicht berücksichtigt werden.

- *Der Vorgesetzte umreißt das Problem, nimmt Vorschläge entgegen und trifft eine Entscheidung:* Im Vorangegangenen stand die Entscheidung des Managers im Grunde fest, bevor er mit der Gruppe sprach. Bei diesem Ansatz haben die Mitarbeiter zum ersten Mal die Gelegenheit, selbst Lösungsvorschläge einzubringen. Der Manager umreißt das Problem und bittet um Vorschläge. Dadurch sollen Wissen und Erfahrung der Mitarbeiter genutzt werden. Sie können mehr Alternativen entwickeln als der Manager allein.

- *Der Vorgesetzte legt die Grenzen des Entscheidungsspielraums fest und fordert die Gruppe zur Entscheidung auf:* Der Manager überlässt die Entscheidungsfindung der Gruppe, zu der er selbst gehört. Vorher zeigt er das Problem auf und legt die Grenzen fest, innerhalb derer die Entscheidung getroffen werden muss. Die Gruppe entwickelt Alternativen und entscheidet sich dann. Der Manager fungiert als Mitglied der Gruppe.

- *Der Vorgesetzte legt lediglich den Entscheidungsspielraum fest:* Dabei handelt es sich um ein extrem demokratisches Führungsverhalten. Es wird weniger in Betriebssituationen als in Forschungsteams praktiziert, in denen Führungskräfte als Gleiche unter Gleichen auftreten. Bei diesem Führungsmodell hat der Manager nicht mehr Einfluss als die übrigen Mitglieder der Gruppe. Die Grenzen des Entscheidungsspielraums sind die Richtlinien der Organisation.

Testfrage: Wie treffen Sie Ihre Entscheidungen? Treffen Sie sie selbst und verkünden dann, lassen Sie sich zuerst Vorschläge machen oder überlassen Sie es in den meisten Fällen Ihren Untergebenen, die Entscheidungen selbst zu fällen?

Antwort: Es gibt verschiedene Arten von Führungsstilen. Vorausgesetzt, Sie treffen die richtigen Vorkehrungen, sind sie alle in Ordnung.

Beim partnerschaftlichen Führungsstil muss der Manager die getroffene Entscheidung seinem Vorgesetzten gegenüber verantworten, auch wenn die Gruppe den Entschluss gemeinsam gefasst hat. Manager, die die Partizipation weiter ausdehnen, müssen auch zu Risiken bereit sein, die die Delegation der Entscheidungsgewalt an Mitarbeiter mit sich bringt.

Als die Corning Glaswerke ein partnerschaftliches Führungsprogramm einführten, waren ältere Vorgesetzte und Führungskräfte sehr skeptisch. Bei einem Gießformproblem wurde es erstmalig praktiziert. Statt Kontrolleure, Ingenieure und andere Experten einzusetzen, wurden fünf Maschinisten, die mit diesen Gussformen arbeiteten, mit der Lösung des Problems beauftragt. Schon ein paar Stunden später hatten sie eine gefunden. Sie war nicht nur denkbar einfach und schnell umzusetzen, sie sparte zudem noch eine Menge Kosten ein.

Hier lag eine solche Vorgehensweise besonders nahe, denn schließlich waren es ja genau diese Arbeiter, die vor Ort mit den Problemen zu kämpfen und sich insgeheim schon lange mit einer Problemlösung befasst hatten. So war nicht nur das Problem gelöst worden, auch die mit der Durchführung Beauftragten waren persönlich in die Verantwortung genommen und konnten von der Verbesserung profitieren.

Vorgesetzte, die daran gewöhnt sind, Entscheidungen allein zu treffen, arrangieren sich nur schwer mit ihren Mitarbeitern.

Die S. C. Johnson Company aus Wisconsin hält deshalb drei- bis viermal jährlich Arbeitsseminare ab, um den mittleren Führungskräften die Unternehmensziele und -strategien nahe zu bringen. Die Florida Power & Light Co. führt Trainingsseminare für Vorgesetzte und Führungskräfte durch, damit sie lernen, ihre Mitarbeiter an der Entscheidungsfindung zu beteiligen.

Vorgesetzte und Mitarbeiter müssen regelmäßig miteinander kommunizieren. Die Mitarbeiter wissen dann, was von ihnen erwartet wird und haben die Chance, eigene Vorschläge einzubringen. Selbst wenn ihre Vorschläge nicht angenommen werden, bewirkt allein die Tatsache, dass sie sich überhaupt zum Thema äußern können, ein verstärktes Engagement.

Testfrage: Wird man zur Führungspersönlichkeit geboren – und nicht dazu gemacht?

Antwort: Sie können sich zur Führungskraft entwickeln und müssen nicht notwendigerweise dazu geboren sein.

McGregors Theorie X und Y

Eine Auflistung von Management-Modellen wäre nicht vollständig ohne Douglas McGregors berühmte verhaltenswissenschaftliche Theorie aus *Der Mensch im Unternehmen.*

McGregor weist darauf hin, dass die meisten Management-Theorien von der irrigen Annahme ausgehen, der Mensch habe eine angeborene Abneigung gegen Arbeit, und die Führungskraft müsse ihn durch Belohnung oder Bestrafung dazu bringen, ihm übertragene Aufgaben zu erledigen. Diese Management-Philosophie bezeichnete er als Theorie X. Sie besagt:

- Die Unternehmensleitung ist verantwortlich für die Bereitstellung von Geld, Material, Maschinen, Personal, damit die Unternehmensziele erreicht werden.
- Die Aktivitäten der Mitarbeiter müssen gesteuert werden, diese müssen motiviert und kontrolliert werden.
- Ohne Intervention der Betriebsführung würden sich die Mitarbeiter höchstwahrscheinlich querstellen und nicht zusammenarbeiten. Deshalb müssen sie überredet, belohnt, bestraft und kontrolliert werden. Dies ist Aufgabe des Managements.
- Menschen sind von Natur aus träge, sie arbeiten so wenig wie möglich.
- Die Arbeitnehmer haben keinen Ehrgeiz, wollen keine Verantwortung tragen und überlassen das Denken ihren Chefs.
- Sie kümmern sich nur um ihre eigenen Bedürfnisse, nicht um die des Unternehmens.
- Arbeitnehmer wehren sich gegen Veränderungen.
- Sie sind leichtgläubig, verführbar, mäßig intelligent und deshalb geborene Opfer für Scharlatane und Demagogen.

Dieses Menschenbild ist wenig schmeichelhaft, aber in der Praxis bildet es die Grundlage für eine der gängigsten Management-Theorien. Theorie X basiert auf Belohnung und Bestrafung – Zuckerbrot und Peitsche – als Hauptmotivatoren. Wenn Mitarbeiter Erfolg verbuchen können, werden sie belohnt durch Gehaltserhöhung, Prämie, Beförderung oder einen Titel. Andernfalls werden sie bestraft – versetzt, bei einer Beförderung übergangen oder entlassen.

McGregor widerspricht dieser Ansicht, da sie nach seiner Meinung von falschen Annahmen ausgeht. Menschliche Verhaltensweisen entsprechen vielmehr der folgenden Theorie Y:

- Die Unternehmensleitung stellt Geld, Material, Maschinen und Personal zur Verfügung, damit die Ziele der Organisation verwirklicht werden können.
- Der Mensch hat keine angeborene Abneigung gegen Arbeit und Unternehmen. Dazu haben ihn höchstens negative Erfahrungen in der Arbeitswelt veranlasst.
- Jeder Mensch kann motiviert und trainiert werden. Er kann Verantwortung übernehmen. Er ist fähig und willens, sich für die Ziele des Unternehmens einzusetzen. Das Management kann diese Eigenschaften nicht schaffen, aber es kann seinen Mitarbeitern die Gelegenheit geben, ihr Potenzial zu erkennen und zu entwickeln.
- Wichtigste Aufgabe des Managements ist die Entwicklung organisatorischer Voraussetzungen, so dass die Mitarbeiter auch ihre eigenen Ziele erreichen, wenn sie sich für die des Unternehmens einsetzen.

McGregor ist der Überzeugung, dass Menschen arbeiten, weil sie arbeiten wollen. Er sagt, dass sie viel effizienter arbeiten, wenn man sie an der Festlegung der Ziele beteiligt. Seiner Meinung nach erzielt die Unternehmensführung die besten Resultate, wenn die Mitarbeiter ihre Methoden selbst entwickeln können.

Theorie Z

William Ouchi hat McGregors Theorie Y weitergeführt. Nach gründlicher Analyse des japanischen Management-Modells veröffentlichte er seine Theorie Z (*Theory Z*, Reading, 1981). Ouchi beschreibt spezifisch japanische Management-Methoden, die Japans Unternehmen so erfolgreich werden ließen. Ausschlaggebende Faktoren sind Vertrauen, Einfühlungsvermögen, Gemeinschaftssinn.

- *Vertrauen:* Zwischen Firma und Belegschaft besteht in Japan ein ausgesprochenes Vertrauensverhältnis. Mitarbeiter wissen, dass sie die größeren Zusammenhänge berücksichtigen müssen, nicht nur ihren eigenen Arbeitsbereich. Ohne den Zwang, sofort Erfolge verbuchen zu müssen, können sie Entscheidungen treffen, die sich langfristig für das Unternehmen bezahlt machen.
- *Einfühlungsvermögen:* Zwischenmenschliche Beziehungen sind äußerst komplex. Eine gute Führungskraft kennt ihre Mitarbeiter und weiß, wer mit wem gut zusammenarbeitet. Sie kann Teams zusammenstellen, die optimal arbeiten. Solche Beziehungen lassen sich nicht auf rein formaler Basis herstellen.

  Der Erfolg der Qualitätszirkel (in Japan) ist ein gutes Beispiel hierfür. Mitarbeiter aus verschiedenen Bereichen kommen zusammen und nutzen die Stärken jedes Einzelnen zur Entwicklung sinnvoller und produktiver Ideen. Auch in Deutschland haben fortschrittliche Unternehmen inzwischen diese Qualitätszirkel eingeführt.
- *Gemeinschaftssinn:* Im Gegensatz zu Amerikanern unterscheiden Japaner kaum zwischen Berufs- und Privatleben. Dadurch entwickelt sich ein starkes Zusammengehörigkeitsgefühl, die Basis für gute Zusammenarbeit und Mitverantwortung. Dabei werden sogar persönliche Vorteile dem Firmenwohl geopfert.

Management by Objectives (MbO)

Ein beliebtes Führungskonzept, das aus Theorie Y und dem von Verhaltensforschern empfohlenen partnerschaftlichen Führungsstil resultiert, ist Management by Objectives (Führung durch Zielvereinbarung). Manager und Mitarbeiter legen gemeinsam Ziele für einen bestimmten Zeitraum fest.

Gleichzeitig entwickeln sie Leistungsnormen für die Beiträge der einzelnen Mitarbeiter. Diese werden schriftlich fixiert.

Danach entscheiden die Mitarbeiter selbstständig, wie sie diese Ziele erreichen. Niemand schreibt ihnen vor, *wie* etwas gemacht werden muss. Als Vorgabe besteht nur, *dass* ein bestimmtes Ziel erreicht werden muss.

In regelmäßigen Abständen treffen sich Führungskräfte und Mitarbeiter, um ihre Fortschritte anhand der Leistungsnormen zu beurteilen.

Management by Objectives ist ein echtes partnerschaftliches Führungsmodell. Die Manager legen nicht in eigener Regie die Ziele fest, sondern die Mitarbeiter werden mit einbezogen. Ihnen wird zwar nahe gelegt, sich realisierbare Ziele zu setzen, die eine Herausforderung darstellen, die Planung müssen sie jedoch allein durchführen. Das ist keine leichte Aufgabe. Sie schließt sämtliche Aspekte des Managements ein: Erstellung von Budgets, Bereitstellung von Ressourcen und vieles andere. Dieses Konzept ist optimal, wenn engagierte Führungskräfte und ebenso engagierte Mitarbeiter in einer motivierenden Atmosphäre zusammenarbeiten.

Der österreichische Möbelhersteller Manfred Bene integriert Kunden und Lieferanten in den Produktionsprozess und glaubt von seinen Mitarbeitern, dass sie gerne Verantwortung übernehmen. Mit vorausschauendem Denken möchte Bene zusammen mit Kunden, Lieferanten und Arbeitnehmern die Probleme lösen, bevor sie entstehen. Zu dieser Einschätzung passt es, dass er die Mitarbeiter auch mit Zielen führt. So gliederte er seine Belegschaft in Arbeitsteams, denen jeweils 10 bis 25 Mitglieder angehören. Diese Teams arbeiten eigenverantwortlich und haben zum Beispiel in der Fertigung die Aufgabe, die Verfügbarkeit der Möbelbauteile zu gewährleisten. Arbeitsverteilung und Zeiteinteilung ist die Sache des Teams. Auch Abstimmungen mit anderen Abteilungen müssen die Teams selbst leisten.

Da wundert es nicht, dass jeder Mitarbeiter den ganzen Betrieb kennt, die Zusammenhänge versteht, sich nicht als Rädchen in einem riesigen Uhrwerk empfindet und entsprechend verantwortungsbewusst denkt und handelt. Und noch weniger rätselhaft ist es in diesem Zusammenhang, dass der Büromöbelbauer Bene seinen Umsatz innerhalb von drei Jahren verdoppeln konnte.

Allerdings ist auch dieses Führungsmodell kein Allheilmittel. Auch beim MbO kann es zu Problemen kommen, die das ganze Konzept in Frage stellen können:

- *Unausgewogene Planung:* Wenn der Schwerpunkt nur auf einem Bereich liegt (beispielsweise beim Absatzvolumen), können andere Bereiche darunter leiden. Da jeder Bereich eigene Ziele festlegt, kann dies zu einem Interessenkonflikt führen.
- *Nicht ausreichend geschulte Mitarbeiter:* Dem Management untergeordnete Führungskräfte, die mit der Planung beauftragt werden, müssen in allen Management-Bereichen gut Bescheid wissen.
- *Schlecht entwickelte Kontrollsysteme:* Der Erfolg eines Managementprogramms hängt von den Kontrollen ab. Nur wenn Leistungen gemessen und Abweichungen korrigiert werden, ehe auftretende Probleme überhand nehmen, ist MbO eine wirksame Methode.
- *Überbetonung quantitativer Faktoren:* Absatz- und Produktionsvolumen, Kosten, Gewinne lassen sich einfach messen; häufig sind es aber immaterielle Werte, die über Erfolg oder Misserfolg entscheiden, so zum Beispiel Arbeitsmoral, Firmen-Image, Management-Entwicklung … Da diese nur schwer messbar sind, werden sie häufig übersehen oder vernachlässigt.

Führungstechniken

Manager suchen sich den Führungsstil aus, der ihren Anschauungen und ihrer Persönlichkeit entspricht. Sie sollten jedoch auch die Persönlichkeitsstruktur ihrer Mitarbeiter berücksichtigen. Obwohl Verallgemeinerungen gefährlich sind, lassen sich Mitarbeiter doch klassifizieren. Als gute Führungskraft sollten Sie wissen, was die Mitarbeiter von Ihnen erwarten.

Das Bedürfnis, als Individuum anerkannt zu werden

Jeder Mensch möchte wegen seiner persönlichen Eigenschaften geschätzt werden. Wenn sich unter Geschäftspartnern Wertschätzung entwickelt, ist es für beide Seiten ein Gewinn. Eine gute Führungskraft versucht, möglichst viel über ihre Mitarbeiter zu erfahren, ihre Interessen, Vorlieben und Abneigungen. Das Interesse für Menschen rangierte für Dale Carnegie an erster Stelle. Wenn ein Manager seinen Mitarbeitern gegenüber Interesse zeigt, an ihrem persönlichen Schicksal Anteil nimmt, dann macht ihn das zu einer guten Führungskraft.

Befriedigung durch eigene Leistung

Die meisten Menschen haben das Bedürfnis, zu handeln und ihre Umgebung zu gestalten. Wird dieses Bedürfnis befriedigt, haben sie das Gefühl, etwas geleistet zu haben. Wenn eine Führungskraft diesen Stolz auf Leistung vermitteln kann, werden Produktivität und Arbeitsqualität ihrer Mitarbeiter zunehmen. Andernfalls wird die Arbeit erledigt, so gut es eben geht, ohne dass der Mitarbeiter sich dafür verantwortlich fühlt.

Zugehörigkeitsgefühl

Ein Mensch ist zufriedener und entsprechend leistungsbereiter, wenn er weiß, dass er zu einem erfahrenen und leistungsstarken Team gehört. Verhaltenswissenschaftliche Untersuchungen haben ergeben: Wer sich mit seiner Gruppe identifiziert, bedeutet einen Gewinn für sie. Er leistet mehr und ist zufriedener. Ein Beispiel hierfür ist der Teamgeist einer Mannschaft im Sport oder auch einer erfolgreichen Verkaufsmannschaft.

Sinnfindung

Alle Mitarbeiter sollten die Firmenziele kennen. Es reicht nicht aus, nur die Ziele des eigenen Bereiches zu verstehen. Ein Manager sollte seine Mitarbeiter durch Aushänge, Broschüren, persönliche Zusammenkünfte und vor allem durch direkte Kommunikation über Ziele und Zwischenergebnisse in Kenntnis setzen.

Fairness

Oft vergleichen wir die Behandlung, die uns zuteil wird, mit der von anderen. Wer immer pünktlich ist, sieht es nicht gern, wenn andere ohne Beanstandung ständig zu spät kommen. Menschen reagieren emotional, wenn ihre eigenen Interessen auf dem Spiel stehen. Jeder erwartet, dass die Spielregeln eingehalten werden. Nichts ist demoralisierender als Vetternwirtschaft und Gemauschel.

Die Möglichkeit, sich äußern zu können

Es ist für einen Vorgesetzten sehr aufschlussreich, sich die Beschwerden und Klagen seiner Mitarbeiter anzuhören. Auch wenn sie unbegründet sind, sollte allein die Tatsache, dass Mitarbeiter sich entsprechend äußern, die Manager aufhorchen lassen.

Testfrage: Soll man seine Mitarbeiter antreiben oder anleiten?

Antwort: Man sollte seine Mitarbeiter leiten. Dies ist weit wirkungsvoller, als sie anzutreiben.

Zu nachsichtige und zu strenge Vorgesetzte

Es gibt zwei grundlegende Probleme im Führungsverhalten: zu viel Rücksicht und zu viel Rücksichtslosigkeit seitens der Manager.

Der nachsichtige Manager versucht, es jedem recht zu machen. Sein Vertrauen ist groß. Er geht grundsätzlich davon aus, dass seine Mitarbeiter das Richtige tun. Er übersieht Fehler und ignoriert Schwächen. Wenn eine Rüge fällig ist, wartet er zu lange. Oder er formuliert sie so vorsichtig, dass sich niemand betroffen fühlt. Lob spendet er so freizügig, dass es bedeutungslos wird.

Das Ergebnis? Die Belegschaft arbeitet immer schlampiger. Disziplin und Zusammengehörigkeitsgefühl gehen verloren.

Oft resultiert solches Verhalten aus einer tiefverwurzelten Unsicherheit. Unsichere Menschen brauchen häufiger Bestätigung, um ihr Selbstbewusstsein aufzubauen. Dem kann abgeholfen werden, wenn man das Selbstvertrauen des Managers stärkt und seine Führungsfähigkeiten entwickelt.

Wenn solche Manager erkennen, wozu mangelhafte Kontrolle führt, machen sie manchmal eine radikale Kehrtwendung und versuchen, hart durchzugreifen. Weil dies aber nicht ihrem Temperament entspricht, reißt bald wieder der alte Schlendrian ein. Ein solches Wechselbad ist für die Belegschaft noch irritierender.

Häufiger ist das andere Extrem, der zu strikte Vorgesetzte. Wer zum erstenmal Verantwortung übernimmt, glaubt, er müsse seine Mitarbeiter hart anpacken, um seine Autorität herauszukehren. Die Mitarbeiter lassen sich eine solche Behandlung nicht lange gefallen, Fluktuation und Krankmeldungen häufen sich, die Arbeitsmoral sinkt.

Harte, kompromisslose Manager sind auch oft unsicher und versuchen, dies durch ihr Auftreten zu verbergen. Auch in diesem Fall müssen Selbstvertrauen und Stabilität entwickelt werden.

Gute Führungskräfte sind weder Kumpel noch Tyrannen. Sie werden von ihren Mitarbeitern weder ignoriert noch gefürchtet. Ein effizienter Vorgesetzter ist selbstsicher, er besitzt die Achtung und das Vertrauen seiner Mitarbeiter.

Wie Sie sehen, gibt es zahlreiche Führungsstile und Führungstechniken. Dabei kann die obige Aufzählung gar nicht vollständig sein, denn fast jeden Tag werden neue Erkenntnisse aus anderen Wissenschaftsbereichen in die Managementlehre eingebracht. Oft sind es auch einfach nur Verknüpfungen verschiedener Methoden.

Ein einfacher Vergleich

Der ineffektive Vorgesetzte …	**Der effektive Vorgesetzte …**
treibt seine Mitarbeiter an	führt seine Mitarbeiter
flößt Furcht ein	kann begeistern
sagt: „Tun Sie …!“	sagt: „Dann wollen wir es gemeinsam tun!“
macht aus jeder Arbeit eine Plackerei	macht aus jeder Arbeit eine interessante Aufgabe
beruft sich auf seine Autorität	verlässt sich auf die Kooperation seiner Mitarbeiter
sagt: „Ich, ich, ich!“	sagt: „Wir!“

Kein Zehnkämpfer ist in allen Disziplinen gleich gut, und wenn er zum Beispiel den Stabhochsprung nicht beherrscht, dann wird er zu einer anderen Disziplin wechseln, um bessere Erfolge zu erzielen. Was das mit Führungstechniken zu tun hat? Wir sehen da gewisse Parallelen: Nicht jeder Manager beherrscht alle Führungsstile. Einer kann, aus seiner Persönlichkeitsstruktur heraus, einfach den Stil nicht pflegen, bei dem er zusammen mit den Mitarbeitern die Entscheidungen trifft. Er glaubt fälschlich nicht zu führen, wenn er nicht allein die Entscheidungen trifft. Andererseits dreht sich manchem Manager der jüngeren Generation schon bei dem Gedanken der Magen um, er sollte als Autokrat eine Abteilung führen müssen.

Mit Kanonen schießt man nicht auf Spatzen, und mit Schrot geht kein Waidmann auf Wildschweinjagd. Ähnlich ist es bei den Führungsstilen. Es sind nicht nur persönliche, ja charakterliche Eigenheiten, die den Führungsstil eines Vorgesetzten beeinflussen, sondern es sind oft auch Sachzwänge, die den einen oder den anderen Stil als den geeigneteren erscheinen lassen. Die Vorteile der Führungsstile, die die Talente der Mitarbeiter in die Führungsarbeit einbeziehen, sind bekannt. Doch in einigen Situationen gibt es einfach nur die Möglichkeit, allein und schnell zu entscheiden. Sollte sich diese Entscheidung später als ungünstig erwiesen haben, kann man sie unter Einbeziehung der Mitarbeiter revidieren, ohne Angst haben zu müssen, sein Gesicht zu verlieren.

13. Motivieren

Eine Führungskraft muss sich bemühen, verfügbare Ressourcen optimal einzusetzen. Da die Mitarbeiter die wichtigste Ressource des Managements sind, ist deren Motivation der Schlüssel zum Erfolg.

Seit dem Beginn des industriellen Zeitalters ist Geld das hauptsächlichste Motivationsinstrument in Betrieben. Durch Zahlung von Löhnen und Gehältern will ein Unternehmen sicherstellen, dass die Mitarbeiter sich voll einsetzen. Um die Leistungen zu erhöhen, werden Zulagen und Beförderungen in Aussicht gestellt oder Prämien gezahlt. Leistet ein Arbeiter weniger als erwartet, werden seine Zulagen gekürzt, wird er bei Beförderungen oder Lohnerhöhungen übergangen. Schlimmstenfalls wird ihm gekündigt.

Wer im Geld den wichtigsten Motivationsfaktor sieht, geht davon aus, dass Menschen nur deswegen arbeiten. Diese Auffassung hat Jahrhunderte hindurch Gültigkeit besessen. Auch heute noch ist Geld ein Hauptmotivator. Eine direkte Form der Entlohnung sind Akkordlöhne und Provisionen. Daneben gibt es andere monetäre Leistungsanreize, je nach Arbeitssituation.

Wenn Geld wirklich die entscheidende Rolle spielt, müssten diese Strategien sehr erfolgreich sein. Erfahrung und Untersuchungen von Verhaltensforschern haben gezeigt, dass das nicht stimmt.

Produktionsleiter stellen immer wieder fest, dass Lohnerhöhungen allein die Leistung nicht steigern. Verkaufsleiter berichten, dass ihre Verkäufer die Gelegenheit, mehr Geld zu verdienen, nicht nutzen.

Ein Arbeiter kann Leistung verweigern, um anderen gegenüber nicht als unloyal zu gelten. Gruppen setzen eigene Höchstwerte für Quoten fest. Wer sie überschreitet, wird gemieden oder durch Nichtbeachtung bestraft. Man erfüllt sein Soll, unternimmt darüber hinaus aber keine Anstrengungen. Der Gruppendruck ist oft stärker als der finanzielle Anreiz. In anderen Arbeitssituationen verläuft es oft ähnlich: Der arbeitswütige Kollege wird beiseite genommen und zur Räson gebracht.

Auch aus anderen Gründen bewirken finanzielle Anreize keine höhere Arbeitsleistung. Wer wirtschaftlich abgesichert ist, entwickelt andere Bedürfnisse, die für ihn wichtiger sind als Geld.

In einem amerikanischen Unternehmen konnte die Gewerkschaft eine Lohnerhöhung von 20 Prozent für ihre Mitglieder durchsetzen. Plötzlich gab es montags und freitags ungewöhnlich viele Ausfälle. Der Personalleiter bekam im wesentlichen mehr oder weniger offen diese Antwort: „Ich verdiene jetzt in vier Tagen soviel wie früher in fünf. Wenn ich am Freitag keine Lust mehr habe, dann bleibe ich eben daheim. Das macht mich auch nicht ärmer."

Die meisten Verkaufsorganisationen bieten finanzielle Anreize – Provisionen oder Prämien –, um ihre Verkäufer zu mehr Abschlüssen zu motivieren. Häufig sind die Verkäufer in der beneidenswerten Position, selbst bestimmen zu können, wie viel sie verdienen wollen. Sie brauchen keine Geschäftsberichte abzuwarten und auch nicht um Gehaltserhöhung zu bitten. Sie müssten nur etwas mehr Zeit investieren oder geschickter arbeiten, um genug zu verdienen. Wenn sie dies nicht ausnutzen, dann nur, weil Geld für sie nicht alles bedeutet. Mehr Geld hieße, weniger Zeit für ihre Familie, Hobbies oder Freizeit. Gerade diese Überlegung gewinnt heute immer mehr an Bedeutung und das nicht nur bei Arbeitern, sondern auch beim Führungsnachwuchs. Gerade bei der kommenden Managergeneration gelten immaterielle Werte weitaus mehr als Geld (vergleiche L. v. Rosenstiel u. a.: *Was morgen alles anders wird*). Wir haben alle unsere persönliche Wertskala; Geld rangiert nicht immer an erster Stelle.

Manche Unternehmen sind von finanziellen Leistungen als Motivationsanreizen ganz abgerückt. „Jeder Bonus wird bei Nichtzahlung zum Malus", sagt der Essener Autor Dr. Reinhard Sprenger und trifft damit einen ganz empfindlichen Punkt. Wenn man sich bemüht, die Mitarbeiter nicht durch Handlungen und Äußerungen zu demotivieren, dann hätte man eigentlich schon genug getan. Denn schließlich ist es am Arbeitsplatz auch nicht anders als auf dem Tennisplatz: „Du musst dieses Spiel lieben, um hier gewinnen zu können", sagte Boris Becker nach seinem Sieg bei den US-Open in Flushing Meadows, was auf die Ebene des betrieblichen Alltags übertragen nichts anderes bedeutet als „Du musst deine Arbeit lieben, wenn du überdurchschnittliche Leistungen erbringen willst." Auch Bertelsmann-Vorstandsmitglied Siegfried

Luther sieht das so: „Der große Motivator ist der Spaß an der Arbeit!“

Bei Coca-Cola kam man zu ähnlichen Einsichten. Bernd Breve, der Leiter des Personalwesens, ist der Überzeugung, dass Prämien eine dümpelnde Mannschaft nur kurzfristig in Schwung bringen, langfristig vermittle man eher das Gefühl, betrogen und manipuliert zu werden.

Das soll nicht heißen, dass Geld als Anreiz ganz ausfällt, aber es muss in Verbindung mit anderen Dingen eingesetzt werden. Geld ist nicht nur ein Zahlungsmittel, es symbolisiert auch Erfolg, Leistung, Macht und Sicherheit – Grundmotive, die unser Verhalten bestimmen.

Viele Menschen jedoch bringen die größten Opfer, gehen jedes Risiko ein, arbeiten rund um die Uhr und mobilisieren ihre ganze Kreativität und Intelligenz, um möglichst viel zu verdienen und den Wohlstand, die Früchte der harten Arbeit, auch zeigen zu können.

Friedrich Herzberg hat 1966 eine Untersuchung durchgeführt, um zu ergründen, was uns motiviert. Er interviewte Buchhalter und Ingenieure verschiedener Firmen und fand, dass wichtige Motivatoren ganz andere Funktionen erfüllen. Faktoren, die Unzufriedenheit verhindern, aber noch keine Zufriedenheit bewirken, nannte er *Hygiene-Faktoren*. Dazu zählen Lohn, Arbeitsbedingungen und zwischenmenschliche Beziehungen. Wenn diese Faktoren nicht besonders anspornen, welche dann?

Als *Motivatoren* bezeichnet Herzberg Faktoren, die Zufriedenheit bewirken und die Leistung steigern. Fehlen sie, so bedeutet das nicht automatisch Unzufriedenheit. Hierzu zählen, Leistung zu erbringen und dafür Anerkennung zu finden, eine sinnvolle Aufgabe, Verantwortung und Aufstiegsmöglichkeiten.

Die meiste Kritik provozierte seine Klassifizierung der Entlohnung. Herzberg wurde vorgeworfen, seine Untersuchung sei nicht repräsentativ, weil er nur Buchhalter und Ingenieure interviewt habe. Arbeiter seien wahrscheinlich mehr an Geld als an allem anderen interessiert. Doch weitere Untersuchungen bestätigten, dass die durch Arbeit vermittelte Zufriedenheit und vor allem Arbeitsinhalte tatsächlich wichtige Motivatoren waren. Geld zählte nur zu den Hygiene-Faktoren. Hatten die Mitarbeiter aber das Gefühl, nicht nach ihrer Leistung bezahlt zu werden, verloren sie jedes Interesse an der Arbeit. Waren sie mit der Bezahlung zufrieden, war Geld nicht länger ausschlaggebend. Dann zählten die Faktoren, die Herzberg als Motivatoren bezeichnete.

Von Herzbergs Untersuchung ausgehend, wurde an Job Enrichment und Job Enlargement (qualitativer und quantitativer Arbeitsfeldvergrößerung) gearbeitet. Diese neuen Ansätze haben dazu beigetragen, dass in Produktion und Verwaltung monotone Tätigkeiten sinnvoller gestaltet wurden. Die Ausführenden zeigten sich zufriedener mit ihrer Arbeit und aufgeschlossener für die Arbeitsinhalte.

Einst mit der Arbeit verbundene Motivatoren sind inzwischen obligatorisch und zu Hygiene-Faktoren geworden, so zum Beispiel Direktversicherungen, Betriebsrenten und andere freiwillige Sozialleistungen. Sie motivieren heutzutage kaum noch. Der Dienstwagen hatte eine ähnliche Funktion, aber wie alle Vergünstigungen dieser Art gilt auch er für bestimmte Positionen heute als selbstverständlich und bietet keinen Anreiz mehr.

In vielen Unternehmen werden die Büros immer eleganter. Dadurch soll der Mitarbeiter in seiner Position bestätigt und motiviert werden. Das Büro wird zum goldenen Käfig, den er nicht mehr verlassen will.

Untersuchungen ergaben, dass äußerliche Faktoren nur begrenzt motivieren. Manche Menschen hält die Angst, nicht befördert oder entlassen zu werden, bei der Stange, auf andere wirkt eine solche Perspektive eher lähmend.

Viele Manager versuchen mit Worten, regelmäßigen Konferenzen oder entsprechenden Programmen Schwung und Inspiration zu vermitteln. Filme, Videos, die neueste Fachlektüre und Slogans – häufig werden auch Gastredner zu diesen Veranstaltungen eingeladen – dienen dem einen Zweck, die Mitarbeiter zu motivieren.

Damit lässt sich zwar einiges erreichen, aber nur innerhalb bestimmter Grenzen. Manche Angestellten finden Konferenzen inspirierend, andere langweilen sich. Wie bei allen externen Beeinflussungsstrategien ist die Wirkung nur kurz. Die Teilnehmer verlassen solche Meetings mit den besten Vorsätzen, vergessen sie aber nach wenigen Stunden oder Tagen. Deshalb müssen diese Programme ständig wiederholt werden. Aber selbst das garantiert noch keinen Erfolg. Je häufiger man die Mitarbeiter damit konfrontiert, desto mehr nimmt die Wirkung ab, denn der menschliche Geist braucht immer wieder neue Anregungen.

Ganz auf die emotionale Ebene der Motivation zur Verbesserung des Teamgeistes hoben die Manager der Mölnlycke GmbH ab, als sie zur Einführung eines neuen Produkts, Abdecktücher für OP-Säle, die Verkaufsmannschaft in ein Bingener Hotel einluden. Statt aus dieser Veranstaltung eine langweilige Angelegenheit zu machen, Zahlenkolonnen von einem Blatt ablesen zu lassen, mit Overhead-Projektoren eher verwirrende statt motivierende Grafiken zu projizieren und am Ende dann bündelweise Kugelschreiber oder Regenschirme zu verteilen, verlegte man sich auf die Parallelen zum Sport: Das Treffen wurde komplett auf Football abgestimmt. Die Idee, allen Teilnehmern passende Helme zu schenken, scheiterte nur am Budget. Aber ansonsten passte alles in den vorgegebenen Rahmen: der Auftritt der Düsseldorf Panther, die Wortwahl der Vortragenden, die sich der Ausdrucksweise des American Football bediente. Kein Wunder, dass da Begeisterung aufkam, als Christian Knocks, Leiter des Bereichs Akutkrankenhaus der Mölnlycke GmbH, sich zuletzt seiner Krawatte und seines Jackets entledigte und sich seiner Vertriebsmannschaft im Football-Dress präsentierte. Und eine Mannschaft waren sie nun wirklich, die Verkäufer des Krankenhausausrüsters.

Innere Prozesse müssen also in Gang gebracht werden. Ziel des Managements muss es sein, Mitarbeitern zu helfen, sich mit ihrer Aufgabe und dem Unternehmen zu identifizieren.

Der Psychologe Abraham Maslow analysierte die Beweggründe und entwickelte eine Hierarchie von Bedürfnissen. Danach ist der Mensch ein Wesen voller Bedürfnisse. Sobald ein Bedürfnis befriedigt ist, taucht ein neues auf.

Menschliche Bedürfnisse lassen sich unterschiedlichen Kategorien zuordnen. Unten rangieren die physiologischen – der Wunsch zu überleben. Wenn jemand ums Überleben kämpft, treten alle anderen Bedürfnisse zurück. Wer hungert, denkt nur daran, seinen Hunger zu stillen. Hunger ist jedoch kein Bedürfnis mehr, wenn man regelmäßig satt wird. Dasselbe gilt auch für alle anderen physiologischen Bedürfnisse – Schlaf, Wärme, Kleidung …

Sind die physiologischen Bedürfnisse befriedigt und ist das Existenzminimum gesichert, wird die nächsthöhere Ebene von Bedürfnissen – die der Sicherheit – akut. Der Mensch möchte sich vor Gefahren schützen, Sicherheit empfinden. Innerhalb eines Betriebs können willkürliche Entscheidungen des Managements Unsicherheit und Verwirrung erzeugen. Unfaire Behandlung, Vetternwirtschaft oder Diskriminierung haben ähnliche Wirkung.

Jedem Mitarbeiter muss erst einmal ein Gefühl von Sicherheit vermittelt werden, ehe andere Motivationsbereiche relevant werden.

Auf der dritten Ebene der Maslowschen Pyramide sind die sozialen Bedürfnisse des Menschen angesiedelt. Sind die physiologischen und die Sicherheitsbedürfnisse befriedigt, rücken soziale Bedürfnisse in den Mittelpunkt: Zugehörigkeit zu einer Gruppe, Akzeptanz anderer sowie Freundschaft und Liebe.

Eine der frühen sozialpsychologischen Untersuchungen, das Hawthorne-Experiment aus den dreißiger Jahren, zeigte, wie wichtig die Zugehörigkeit und Akzeptanz durch die Arbeitsgruppe für Arbeitsmoral und Leistung sind. Auch spätere Untersuchungen bestätigten, dass eine eng zusammenhängende Gruppe effizienter ist als dieselbe Anzahl von Einzelkämpfern.

Dies wird von der Unternehmensspitze häufig übersehen, ignoriert oder gar unterdrückt. Vielleicht hat Angst vor internen Problemen der Bildung von informellen Gruppen und Cliquen diesen Widerstand bewirkt. Es ist jedoch natürlich, dass Menschen Gruppen bilden. Das Management sollte versuchen, mit ihnen zusammenzuarbeiten. Unbefriedigte soziale Bedürfnisse erzeugen Frustrationen. Arbeiter werden defensiv und unkooperativ. Was die Unternehmensleitung befürchtet hat, wird als Ergebnis ihrer Verhaltensweise eintreten.

Egoistische Bedürfnisse sind äußerst wichtige Motivatoren, aber erst dann, wenn die sozialen Bedürfnisse befriedigt sind.

Es gibt zwei Arten von egoistischen Bedürfnissen; die einen haben mit Selbstachtung zu tun, so der Wunsch nach Selbstvertrauen, Unabhängigkeit, Erfolg, Kompetenz, Wissen, die anderen mit Prestige, Status, Anerkennung, Wertschätzung durch die Umgebung. Führungskräfte haben eher Gelegenheit, ihre Geltungsbedürfnisse bei der Arbeit zu befriedigen. Den Angestellten der unteren Ebenen wird diese Möglichkeit seltener geboten. Die Arbeit eines Fabrikarbeiters ist meist reichlich unbefriedigend.

Maslows höchste Bedürfnisebene ist Selbstverwirklichung, das Verlangen des Menschen, schöpferische Kräfte zu entfalten. Für viele heißt das, etwas Wertvolles zu leisten – im Beruf oder einem anderen Lebensbereich.

Wenn ein Unternehmen seinen Mitarbeitern Möglichkeiten zur Selbstverwirklichung bietet, ist das bestimmt der denkbar effektivste Motivator. Das Betriebsklima wird durch die Beziehungen des Topmanagements zu den Mitarbeitern bestimmt. Wenn die Unternehmensspitze den verhaltenswissenschaftlichen Erkenntnissen glaubt und ihre Mitarbeiter motivieren möchte, wird dies auch im mittleren und unteren Management durchsickern.

Verfolgen wir, wie diese Theorien in der Betriebspraxis umgesetzt werden:

Dezentralisierung: Auf Seite 147 ff. werden die Anwendungsbereiche des Dezentralisierens und Delegierens gezeigt. Sie ermöglichen es Mitarbeitern, innerhalb gewisser Grenzen selbstständig zu handeln. Dadurch können sie ihre egoistischen Bedürfnisse befriedigen.

Job Enlargement (Arbeitsinhaltsvergrößerung): Dieses Konzept wurde entwickelt, um Routinearbeiten abwechslungsreicher und befriedigender zu gestalten. Der Arbeiter beschränkt sich nicht nur auf den Arbeitsvorgang. Er inspiziert das Ergebnis, nimmt kleinere Korrekturen vor und wählt seine eigenen Methoden.

Es gibt zwei Arten von Job Enlargement: Die vertikale (auch Job Enrichment genannt) bedeutet höhere Qualifikation und Weiterentwicklung. Mitarbeiter bestimmen, wenn möglich, selbst ihr Arbeitstempo und die Abfolge. Sie übernehmen mehr Verantwortung und modifizieren unter Umständen die Arbeitsmethoden. Bei der horizontalen (qualitativen) Arbeitsinhaltsvergrößerung werden mehrere Aufgaben gebündelt: Ein Fließbandarbeiter, der bisher nur Muttern auf

Schrauben gedreht hat, montiert jetzt mehrere Teile. Das bedeutet einen größeren Arbeitszyklus und weniger Monotonie.

Arbeitszeit: Manche Unternehmen entwickeln flexible Arbeitszeiten; die Mitarbeiter können entscheiden, wann sie kommen und gehen, sie müssen nur eine bestimmte Stundenzahl pro Woche einhalten. Eine andere Möglichkeit ist, die Anwesenheit nur zur Hauptgeschäftszeit zu verlangen; Beginn und Ende seiner Arbeitszeit kann der Angestellte selbst bestimmen.

Partizipative Managementsysteme: Im Umgang mit mittleren Führungskräften, Aufsichts-, Verwaltungspersonal und Fachleuten konnten viele Unternehmen große Erfolge verbuchen, indem sie mit einem partnerschaftlichen Managementsystem effiziente, motivierte Teams zusammenstellten. Wer mit der Durchführung einer bestimmten Entscheidung beauftragt wird, nimmt am Entscheidungsprozess teil. Wenn die Mitarbeiter bei Entscheidungen über ihre Arbeit mitreden wollen, ist dieses System ein wichtiges Instrument.

Eine Art von partizipativem Management im Produktionsbereich ist der Scanlon-Plan. Dieses Konzept besteht aus zwei Teilen, einer Prämie und einem System für Verbesserungsvorschläge.

Bei der Prämie handelt es sich um einen Prozentsatz der Produktivitätsgewinne, den die Arbeiter erzielen. Eine Produktivitätssteigerung von 1 Prozent könnte eine Lohn- oder Gehaltserhöhung für alle Beteiligten bedeuten.

Das System für Verbesserungsvorschläge sieht in jeder Abteilung die Einführung eines Ausschusses vor, dem der Abteilungsleiter und ein Vertreter des Betriebsrats angehören. Er trifft sich regelmäßig, um nach den Vorschlägen der Mitarbeiter Pläne zur Produktivitätssteigerung zu entwickeln. Dabei bekommt die Prämie nicht der Mitarbeiter, von dem der Vorschlag stammt. Vielmehr profitiert die ganze Gruppe davon.

Der Betriebsrat ist aktiv beteiligt, die Mitarbeiter erarbeiten gemeinsame Vorschläge, statt ihre Ideen für sich zu behalten.

Diese Ideen führen zu beachtlichen Produktivitätssteigerungen. Vorschläge werden zahlreicher und besser, Gewinne wie auch Gehälter und Löhne steigen. Daraus folgen bessere Beziehungen zwischen Betriebsführung und Belegschaft sowie eine engere Zusammenarbeit zwischen den Arbeitsgruppen und deren Vorgesetzten.

Qualitätszirkel: Wie eindrucksvoll die Arbeit von Qualitätszirkeln sein kann, stellen wir am Beispiel der Produkte der japanischen Wirtschaft fest. „Made in Germany" stand und steht immer noch für Qualität, Solidität, Zuverlässigkeit. All das sind Eigenschaften, die dem „Made in Japan" noch bis in die siebziger Jahre fehlten. Von japanischen Produkten erwartete man, dass sie Billigware von schlechter Qualität waren.

Das drückte sich auch in der Skepsis aus, die deutsche Konsumenten zum Beispiel japanischen Fotoapparaten und Autos gegenüber zum Ausdruck brachten. Weshalb sollte man Japanisches kaufen, wenn man doch weiterhin deutsche Qualitätsarbeit erwerben konnte.

Inzwischen jedoch hat sich das Bild sehr verändert. Japanische Fotoapparate, Audio- und Videotechnik zählen zu den weltweit führenden Produkten auf dem Markt und auch die Kraftfahrzeuge, insbesondere die Motorräder, werden überall auf der Welt geschätzt.

Was führte zu dieser Veränderung? Die Qualität! Qualität überzeugt. Die große Frage, die hinter dieser Entwicklung stand, war: Wie schafften es die Japaner, den westlichen Vorsprung in so kurzer Zeit aufzuholen und in vielen Bereichen zu einem japanischen Vorsprung zu machen?

Natürlich abhängig von der japanischen Unternehmenskultur, in der der japanische Arbeitnehmer arbeitslebenslanges Mitglied der Unternehmensfamilie ist, gelang es den japanischen Managern, die Qualitätssicherung zur Sache der Mitarbeiter zu machen. Die ersten „Quality Control Circles" – Qualitätszirkel – entstanden.

Nach den Erfolgen, die dieses Modell der japanischen Wirtschaft gebracht hatte, wurden sie im Westen, auch in Deutschland, eingebracht. Profitieren auch Sie von diesem System.

Qualitätszirkel streben nach Qualitätsverbesserung auf allen Ebenen des Unternehmens: Sie bemühen sich um die Verbesserung der Produktqualität, der Qualität des Arbeitsprozesses und der Qualität der Arbeitsbedingungen. Das Besondere an diesen Zirkeln ist, dass sie

- auf Freiwilligkeit der Teilnahme der einzelnen Mitglieder beruhen
- regelmäßig stattfinden
- alle Probleme aus dem Arbeitsbereich zu ihren Problemen machen
- die Probleme gemeinschaftlich analysieren
- die Probleme gemeinschaftlich lösen

Die Qualitätszirkel bestehen meist aus etwa fünf bis neun Mitarbeitern und einem Moderator (in der Regel ist das auch der Vorgesetzte). Die Teilnehmer kommen aus einer Hierarchieebene und zumeist auch aus einem Arbeitsbereich. Das gewährleistet, dass solche Probleme angesprochen und einer Lösung zugeführt werden, die von den Teilnehmern tagtäglich erfahren werden und zu denen sie auch kompetent Stellung nehmen können.

Diesen Zirkeln ist von außen her keine Fragestellung vorgegeben, das Team sucht selbst solche Themen aus, die ihm auf den Nägeln brennen und den Arbeitsprozess erschweren.

Ist das Problem einmal erkannt, wird es gründlich analysiert. Zur Lösung können, falls erforderlich, auch externe Experten herangezogen werden. Danach wird die gesamte Fragestellung mit der gefundenen Lösung dem Management präsentiert. Bisher oblag dies dem Moderator; besser allerdings ist es, wenn an der Präsentation die gesamte Gruppe beteiligt ist, da es auf die Gruppe demotivierend wirken könnte, wenn doch wieder nur der Vorgesetzte die „Lorbeeren“ kassiert.

Bei der Arbeit von Qualitätszirkeln kommt dem Moderator eine besondere Bedeutung zu. Er ist es, der

- die zunächst ungeordneten Gruppenarbeitsprozesse systematisiert
- die Zusammenarbeit der Gruppe fördert und für ein innovationsoffenes Klima sorgt
- die Repräsentation nach außen übernimmt
- die Verbindung zu anderen Zirkeln unterhält
- die Gruppe mit Informationen versorgt

Bei der Arbeit innerhalb der Gruppe finden alle möglichen Kreativitätstechniken Anwendung, auf einige wird in diesem Buch an anderer Stelle hingewiesen.

Qualitätszirkel können nicht problemlos in den Unternehmensablauf eingefügt werden. Hierzu ist bei vielen Unternehmen auch eine Veränderung der Unternehmenskultur erforderlich. Bei den Mitarbeitern darf es im Verständnis keine Diskrepanz zwischen Arbeitsalltag und Qualitätszirkel geben. „Management by Anordnung von oben“ hier und mitarbeiterorientiertes Handeln da führt nur zur Verwirrung, bei den Vorgesetzten ebenso wie bei den Mitarbeitern. Eine Hinwendung zur Selbstregulation ist erforderlich, Ausführung und Kontrolle dürfen personell nicht getrennt werden. Nur so wird Verantwortung für das eigene Tun und Identifikation mit den Unternehmenszielen erreicht. Gute Qualität der Produkte und Zufriedenheit bei den Mitarbeitern sind der Lohn.

Gestaltungsprogramme (Quality of Work Life Programs) sind den Qualitätszirkeln vergleichbar. Statt die Qualität eines Produkts zu verbessern, ist ihr Ziel die Beseitigung von Störfaktoren wie Lärmbelästigung, psychologischen Barrieren und ähnlichem. Diese Kooperation zwischen Führungskräften und Mitarbeitern setzt von Seiten des Managements und der Belegschaft hohe Arbeitsmoral und ein gut funktionierendes Kommunikationssystem voraus.

Mitarbeitermotivation

Bislang beschränkten wir uns auf allgemeine Methoden der Mitarbeiterführung. Wir möchten nun ins Detail gehen und Richtlinien aufstellen, wie Manager ihre Mitarbeiter zu Höchstleistungen motivieren können:

- Zielsetzungen sollten klar, präzise und realistisch sein. Prüfen Sie, ob sie erreichbar sind und Ihre Mitarbeiter sie verstanden und akzeptiert haben.
- Wenn Sie mit Ihren Mitarbeitern Ziele diskutieren, sollten Sie sie zu Vorschlägen ermutigen. Besprechen Sie auch anstehende Probleme. Beziehen Sie Ihre Mitarbeiter ein und beteiligen Sie sie auch an der Entwicklung neuer Ideen.
- Bringen Sie Ihren Mitarbeitern Vertrauen entgegen. Jeder Mensch möchte als vertrauenswürdig gelten und sich sicher fühlen.
- Lassen Sie Ihren Mitarbeitern die erforderliche Unterstützung zukommen.

Wie sehr ein motiviertes Team von Mitarbeitern auch in äußerst kritischen Situationen für ein Unternehmen eintreten kann, soll das Beispiel eines süddeutschen Unternehmens zeigen.

Dieses mittelständische Unternehmen war von einem Konzern aufgekauft worden. Die Finanzlage war äußerst prekär, die Motivation der Mitarbeiter entsprechend schwach, der Firmenstandort für seine High-Tech-Produkte ungünstig.

Durch den Einfluss der Mutterfirma wurde ein neuer Geschäftsführer eingestellt, der aus der Branche stammte und viel Erfahrung mitbrachte. Dieser Geschäftsführer hatte bisher immer teamorientiert geführt und sah sich jetzt einer sehr schwierigen Situation gegenüber. Als Absolvent des Dale Carnegie-Trainings war ihm klar, dass er für die Lösung dieser Probleme unbedingt die volle Unterstützung der Mitarbeiter benötigte.

Die Schwachpunkte des Unternehmens wurden gemeinsam analysiert. Einer der kritischsten Punkte war der Firmenstandort, eine kleinere Stadt im Badischen, weit entfernt vom nächsten Wirtschaftszentrum und dem nächsten Flughafen. Dieses Problem war allen Mitarbeitern bewusst. Man beschloss, einen günstigeren Standort zu suchen. Ein Team von Mitarbeitern aus mehreren Bereichen und Positionen erarbeitete ein Anforderungsprofil und unterbreitete mehrere Vorschläge.

Viele Partnerfirmen und wichtige Kunden hatten ihren Sitz in München. Deshalb war man fast einstimmig für einen Umzug in die bayerische Metropole.

Weil die Mitarbeiter die Problemsituation erkannt und bei der Entscheidung mitgewirkt hatten, konnte der Umzug bis auf zwei familiär gebundene Mitarbeiterinnen mit der gesamten Belegschaft durchgeführt werden.

Durch die Standortverlegung hatte das Unternehmen nicht nur keine weiteren Umsatzeinbrüche mehr, sondern bei den Mitarbeitern wurde ein regelrechter Motivationsschub erkennbar.

Selbst schwierige Unternehmensentscheidungen können erfolgreich durchgeführt werden, wenn sie von einem motivierten Team getragen werden.

Dale Carnegies Prinzipien für den Umgang mit Menschen

Diese Prinzipien zählen zu den wichtigsten, die Dale Carnegie entwickelte. Er stellte sie zuerst in seinem Buch *Wie man Freunde gewinnt* vor:

Grundregeln

- Kritisieren, verurteilen, klagen Sie nicht! – Negative Kritik zeigt meist an, dass ein Manager unter Druck steht. Ein erfahrener Manager braucht kaum zu einer solchen Methode Zuflucht zu nehmen.
- Geben Sie ehrliche und aufrichtige Anerkennung! – Solches Lob wird mit einer leistungsbezogenen Begründung untermauert. Sonst kann es als Schmeichelei empfunden werden.
- Erwecken Sie lebhafte Wünsche! – Verbinden Sie jede Idee, die Sie „verkaufen" wollen, mit einem Nutzen für Ihren Mitarbeiter. Das gilt für Manager genauso wie für Verkäufer.

Positive Beziehungen schaffen

- Nehmen Sie aufrichtiges Interesse an anderen! – Wie erfolgreich Sie auch erscheinen mögen, es sind doch die Mitarbeiter, die Ihnen helfen. Diese als Menschen kennen zu lernen und zu verstehen, schafft nicht nur gute Beziehungen, es ist auch gut für das Unternehmen.
- Lächeln Sie! – Ob Sie freundlich oder unfreundlich auftreten, hängt nicht von den Umständen ab, sondern von Ihnen selbst. Es ist Ihre Entscheidung. Fragen Sie sich: Mit welcher Art von Vorgesetzten würde ich gern arbeiten? Vergessen Sie nicht, dass andere ähnlich denken.

- Bedenken Sie: Für jeden Menschen ist sein Name äußerst wichtig! – Berühmte und erfolgreiche Manager haben sich viel Mühe gemacht, um die Namen ihrer Mitarbeiter zu kennen. Ein gutes Namensgedächtnis kostet Mühe, aber es lohnt sich!
- Seien Sie ein guter Zuhörer! Lassen Sie den anderen von sich erzählen! – Manager brauchen Informationen, um Entscheidungen zu treffen. Gibt es eine bessere Möglichkeit, als Ihren Mitarbeitern eine Gelegenheit zur Darstellung der wirklichen Geschehnisse zu geben?
- Sprechen Sie vor allem auch von Dingen, die den anderen interessieren! – Die meiste Zeit denken wir über uns selbst nach. Wenn das stimmt – warum sollten wir nicht darüber reden, was unsere Zuhörer ohnehin bedenken?
- Bestärken Sie den anderen in aufrichtiger Weise in seinem Selbstbewusstsein! – „Überzeugen Sie mich, dass meine Arbeit wichtig für mich ist, dann will ich mich voll dafür einsetzen." Das ist wahrscheinlich der Grund, warum Sie selbst Erfolg hatten, und wahrscheinlich auch der Grund dafür, dass Ihre Mitarbeiter erfolgreich sein werden.

Menschen motivieren

- Der beste Weg, einen Streit zu gewinnen: Vermeiden Sie ihn! – Ein Streit besteht aus 90 Prozent Gefühl und 10 Prozent Unsinn. Erfahrene Manager vermeiden einen Streit, weil er schlimmer als nutzlos ist.
- Achten Sie die Ansicht des anderen. Sagen Sie niemandem rundheraus, dass er Unrecht habe! – Eine derartige Konfrontation wird als Beleidigung empfunden. Sie verursacht Bitterkeit und beeinträchtigt die Kommunikation. Zeigen Sie Respekt für den anderen und seine Meinung. Fragen Sie, warum er diesen Standpunkt vertritt.

- Wenn Sie Unrecht haben, geben Sie es schnell und nachdrücklich zu! – Selbstsichere Führungskräfte können eine solche Aussage ohne Gesichtsverlust machen. Sie geben damit ein gutes Beispiel für Ihre Mitarbeiter.
- Versuchen Sie es zunächst mit Freundlichkeit! – Wenn wir unseren Gesprächspartnern gegenüber nicht freundlich sind, ist es fast unmöglich, andere für unseren Standpunkt zu gewinnen.
- Geben Sie dem anderen Gelegenheit „Ja!“ zu sagen! – Es ist wichtig, dass wir mit Gemeinsamkeiten anfangen. Dann werden neue oder andere Ideen eher akzeptiert.
- Lassen Sie Ihren Gesprächspartner ausreden! – Er wird dann nicht nur Informationen übermitteln, sondern sich vielleicht auch selbst in die gewünschte Richtung „hineinreden“.
- Lassen Sie den anderen glauben, es sei seine Idee! – Entscheidend ist, *was* Recht ist, nicht *wer* Recht hat. Dadurch können Sie das Selbstvertrauen des Mitarbeiters aufbauen und ihn dazu veranlassen, andere und vielleicht sogar gewinnbringende Ideen beizusteuern.
- Versuchen Sie aufrichtig, die Dinge vom Standpunkt des anderen zu sehen! – Standpunkte rühren aus der jeweiligen Sicht der Dinge her. Vielleicht ist die Sicht des Mitarbeiters klarer als Ihre eigene.
- Stellen Sie sich auf die Ideen und Wünsche anderer ein! – Dadurch wird die Kommunikation mit Sicherheit gefördert.
- Appellieren Sie an edle Motive! – Die Erfahrung zeigt, dass die meisten Menschen sich für Ideale und hohe Ziele begeistert einsetzen.
- Gestalten Sie Ihre Ideen lebendig! – Eine ungewöhnliche Idee sollte in einer ungewöhnlichen Verpackung

präsentiert werden. Wenn Sie Ihre Vorstellungen in unerwarteter Weise demonstrieren, verleihen Sie ihnen zusätzliches Gewicht.

- Fordern Sie zum Wettbewerb heraus! – Die meisten Menschen sprechen auf positiven Wettbewerb gut an. Eine wirksame Herausforderung schafft häufig unerwartete Resultate.

Positiv kritisieren

Diese Grundsätze sind besonders dann empfehlenswert, wenn Ihr Gesprächspartner entweder eine negative Haltung zeigt oder überzeugt ist, dass seine Meinung richtiger ist als Ihre.

- Beginnen Sie mit Lob und aufrichtiger Anerkennung! – Fangen Sie ein Gespräch selbst über ein schwieriges Thema mit etwas an, wofür der Partner Anerkennung verdient hat. Dann ist eine Veränderung zum Besseren eher möglich.
- Machen Sie andere nur indirekt auf ihre Fehler aufmerksam! – Menschen können dann eine Korrektur leichter annehmen, wenn sie nicht im Brennpunkt der Kritik stehen. Mitarbeiter reagieren oft dankbar, wenn der Vorgesetzte ihre Gefühle schont.
- Sprechen Sie zunächst von Ihren eigenen Fehlern, bevor Sie andere kritisieren! – Ein selbstsicherer Manager kann zugeben, dass er ähnliche Fehler gemacht hat. Diese Mitteilung kann die Beziehung so festigen, dass der Mitarbeiter die Korrektur in konstruktiver Weise annimmt.
- Machen Sie Vorschläge, statt Befehle zu erteilen! – Dies ist ein nützliches Prinzip, um Mitarbeiter zu kreativem Denken anzuregen.
- Lassen Sie den anderen sein Gesicht wahren! – Wenn ein Tier in die Enge getrieben wird, wird es sich wehren.

Das tun auch wir. Geben Sie dem Mitarbeiter Gelegenheit, seine Selbstachtung zu bewahren.

- Loben Sie jede Verbesserung, auch die geringste! – Wenn jemand eine neue Aufgabe übernommen hat, braucht er möglichst schnell die Kontaktaufnahme mit dem Vorgesetzten und das Gefühl des Fortschritts.
- Lassen Sie den anderen fühlen, dass Sie ihn für anständig halten! – Der Mitarbeiter wird sich entsprechend Ihrer Erwartung verhalten: Wenn er spürt, dass Sie ihm vertrauen und ihn respektieren, wird er sich anstrengen, um Ihr Vertrauen und Ihren Respekt zu rechtfertigen.
- Ermutigen Sie den anderen. Lassen Sie den Fehler, den Sie bei ihm verbessern möchten, gering erscheinen! – Ob ein Mitarbeiter seine Haltung oder Handlungsweise ändert, hängt häufig davon ab, wie hoch er die Schwierigkeit einschätzt. Dabei können Sie wertvolle Hilfestellung geben.
- Es muss dem anderen eine Freude sein, Ihre Wünsche zu erfüllen! – Das geschieht dann, wenn Ihr Mitarbeiter in irgendeiner Weise am Ergebnis der vorgeschlagenen Handlung beteiligt ist.

14. Leistungsbewertung und Weiterbildung

Jeder Mensch möchte wissen, wie er eingeschätzt wird, was die anderen von ihm halten. Zu den Pflichten eines Managers gehört es, seine Mitarbeiter über ihre Fortschritte zu informieren. Die Haltung des Chefs ist oft genug: „Wenn ich nichts sage, machen Sie Ihre Sache gut.“ Das reicht nicht. Moderne Führungskräfte integrieren Personalbeurteilungsmethoden in ihre betriebliche Organisation und sprechen mit ihren Mitarbeitern über deren Leistung. Drei wichtige Gründe für ein Personalbeurteilungsprogramm:

- Es ermöglicht es, Leistungsverhalten regelmäßig zu überprüfen. Gespräche über Leistungsdefizite helfen den Mitarbeitern, entsprechende Maßnahmen zu ergreifen, die zur Steigerung ihrer Leistung führen. Wenn Bereiche mit besonders guten Ergebnissen angesprochen werden, kann dies zusätzlich motivieren. Beratende und fördernde Gespräche würdigen bisherige Leistungen eines Mitarbeiters und helfen ihm, Verbesserungen einzuplanen.
- Ein Beurteilungsbogen liefert nützliche Hinweise auf mögliche Beförderungen. Die Beurteilung wird dadurch objektiver und umfassender.
- Der Beurteilungsbogen bildet eine Grundlage für Lohn- und Gehaltsgespräche, Prämien und Zulagen. Viele Unternehmen haben jedoch festgestellt, dass eine Erörterung der Lohn- und Gehaltserwartungen nicht Sinn und Zweck eines Beurteilungsgesprächs sein sollte. Die eigentlichen Themen sind Leistungssteigerung und Zielfestlegung. Deshalb werden Leistung und Entlohnung getrennt erörtert. Beim ersten Treffen wird über die Aktivitäten des vergangenen Jahres gesprochen und darüber, wie der Mitarbeiter seine Leistung steigern kann. Das zweite Treffen kann ein paar Monate später erfolgen. Dann lässt sich auch eine inzwischen erfolgte Leistungssteigerung bei der Gehaltserhöhung oder Gewährung einer Prämie berücksichtigen.

Testfrage: Gehören Sie auch zu dieser Gruppe von Führungskräften, die zu ihren Mitarbeitern sagen, „Wenn ich Sie nicht kritisiere, dann heißt das für Sie, dass Sie alles richtig machen“?

Antwort: Wenn Sie das sagen, dann genügt das nicht. Moderne Führungskräfte im Management bauen in ihr Unternehmen eine Methode zur Leistungsmessung und zur Beratung der Angestellten hinsichtlich ihrer Leistung ein.

Bewertungsmethoden

Bei der Festlegung eines Bewertungssystems sollen vier Fragen berücksichtigt werden:

Wer beurteilt?

Meist wird ein Mitarbeiter von seinem unmittelbaren Vorgesetzten beurteilt. Man geht davon aus, dass dieser direkten Kontakt zum Mitarbeiter hat und am besten in der Lage ist, seine Leistungen bewerten zu können. Eine andere Methode ist ein Leistungsbewertungs-Ausschuss von Führungskräften, die den Aufgabenbereich des zu Beurteilenden genau kennen. So werden mögliche Vorurteile ausgeglichen, die Bewertung wird objektiver.

Manche Firmen lassen die Beurteilung durch Mitarbeitergruppen auf gleicher Ebene durchführen. Diese Methode, mit großem Erfolg in Offizierskreisen angewandt, ist für die betriebliche Praxis nur von begrenztem Wert, da die Bewertungsgruppe sich aus Freunden und Rivalen zusammensetzt. Eine objektive Bewertung wird so erschwert.

Eine weitere Methode ist die Beurteilung durch externe Fachleute, wie etwa Wirtschaftspsychologen. Mitarbeiter können sich auch selbst beurteilen. Manche Firmen kombinieren verschiedene Methoden.

Welche Kriterien werden angewandt?

Bei einer Beurteilung liegt, je nach Zielsetzung, der Schwerpunkt entweder auf dem Leistungsbereich oder, falls es sich um die Eignung für Führungsaufgaben handelt, auch auf der Einschätzung der Persönlichkeit. Dies ist eingangs bei der Festlegung der Beurteilungskriterien zu berücksichtigen.

Wer wird bewertet?

Die meisten Unternehmen beurteilen alle Arbeitnehmer, von der untersten bis zur höchsten Ebene. Natürlich gelten bei Arbeitern andere Kriterien als bei Führungskräften.

Welche Verfahren werden angewandt?

Die laufende Beobachtung des Mitarbeiters durch seinen Vorgesetzten fließt selbstverständlich in die Beurteilung ein, um nicht nur eine punktuelle Einschätzung des Mitarbeiters zu vermitteln, die Unwägbarkeiten des Mitarbeiters oder des beurteilenden Vorgesetzten enthalten könnte. Die Beurteilungskriterien sind:

- *Leistungsfähigkeit:* Hierzu zählt fachliches Können und Wissen, die Belastbarkeit auch in schwierigen Situationen und die Fähigkeit, die eigene Arbeit planen und organisieren zu können.
- *Leistungsbereitschaft:* In diesem Bereich richtet sich das Augenmerk darauf, wie viel Einsatz und Initiative der Mitarbeiter in den Arbeitsalltag einbringt. Die Selbstständigkeit und Entscheidungsbereitschaft sind ebenso wie Lernbereitschaft und Verantwortungsfreude Merkmale, die diesem Bereich zuzuordnen sind. Nicht übersehen werden darf hier auch die Sorgfalt und die Zuverlässigkeit, mit der der Mitarbeiter seine Aufgaben erledigt.
- *Sozialverhalten:* Oft ist es von besonderer Bedeutung, wie der Mitarbeiter mit seinen Arbeitskollegen auskommt. Ist er kooperativ, hilfsbereit oder schottet er sich ab und lässt andere an seinem Wissen nicht teilhaben? Wie tritt der zu beurteilende Mitarbeiter seinen Kollegen und Kolleginnen, den Vorgesetzten und den Kunden gegenüber auf? Ist er höflich, korrekt, hilfsbereit …?

- *Führungsverhalten:* Dieser Aspekt kommt natürlich in erster Linie dann zum Tragen, wenn der Mitarbeiter selbst Führungsverantwortung trägt. Hier ist festzuhalten, wie er Arbeiten delegiert, wie er seine Mitarbeiter fördert und zu ihrer Entwicklung beiträgt. Wesentlich zum Führungsverhalten zählt die Integrationsfähigkeit. Schafft er es, unterschiedliche Standpunkte und Interessen auszubalancieren, Konflikte und Probleme rechtzeitig zu erkennen und geeignete Maßnahmen zu ergreifen, um zu tragfähigen Lösungen zu gelangen?

Häufig werden Beurteilungsbögen verwendet, die im Wesentlichen für diesen besonderen Fall ausgearbeitete Checklisten sind. Sie können hier ebenso vorgehen, wie im Abschnitt Checklisten beschrieben. Die vier Beurteilungskriterien werden weiter untergliedert, und zu jedem Unterpunkt beschreiben Sie eine Skala von etwa fünf unterschiedlichen Ausprägungen dieser Eigenschaften. Bei Zusammenarbeit könnte das für die beste Einschätzung etwa so aussehen: „Der Mitarbeiter ist sehr kontaktstark. Er fördert in starkem Maße die vorbildliche und effektive Zusammenarbeit mit seinen Kollegen und Vorgesetzten. Er ist stets freundlich und aufgeschlossen und setzt sich immer hilfsbereit für seine Kollegen ein!"

Je nach Beurteilungsanlass können Sie natürlich den einzelnen Bereichen unterschiedliche Bedeutung zumessen. Solche Beurteilungsbögen sind allerdings auch im einschlägigen Buchhandelssortiment zu haben. Damit sparen Sie sich die Mühe, diese Checklisten selbst erstellen zu müssen. Auch die Fachliteratur zu diesem Bereich ist sehr umfassend.

Effizienter ist eine ergebnisorientierte Bewertung. Statt einen Mitarbeiter aufgrund von Arbeitsquantität, Initiative, Kreativität und ähnlichem zu beurteilen, richtet der Beurteiler sein Augenmerk auf die erreichten Ergebnisse.

Auf dieser Grundlage beruht das Bewertungssystem des *Management by Objectives – MbO* (Führung durch Zielvereinbarung). Ergebnisbezogene Bewertungsskalen können bei messbaren Resultaten benutzt werden. Bei Faktoren wie Absatzvolumen oder Produktionseinheiten ist das einfach. Selbst Bereiche wie Führungsfähigkeiten oder Realisierung persönlicher Ziele lassen sich so beurteilen.

Beim ergebnisorientierten Bewertungssystem brauchen sich die Beurteiler nicht auf abstrakte Größen zu verlassen. Sie können die Erwartungen an einen Mitarbeiter mit der Erfüllung der vorgegebenen Normen vergleichen. Die Maßstäbe werden in einer Periode aufgestellt und in der nächsten angewandt. Gleichzeitig werden neue Ziele für die darauf folgende Periode festgelegt.

In einem MbO-System werden die Ziele gemeinsam mit den Mitarbeitern erarbeitet. In anderen Systemen können sie partnerschaftlich oder einseitig vom Management bestimmt werden.

Ein weiteres häufig angewandtes System ist das Rangordnungsverfahren: Der Beurteiler vergleicht die Mitarbeiter in bezug auf vorgegebene Merkmale und ordnet sie entsprechend in einer „Hitliste" ein. Dies ist bei kleineren Gruppen effizienter. Ganz oben oder ganz unten rangierende Mitarbeiter sind auf der Skala sehr leicht einzuordnen. Schwierig aber wird es, das „Mittelfeld" korrekt einzustufen, da hier die unterschiedlichen Ausprägungen bei den Beurteilungskriterien oft nur sehr gering sind.

Eine andere Möglichkeit ist die kurze schriftliche Bewertung. Häufig bezieht sie sich auf bestimmte Punkte der Bewertungsskala, wie Produktion, Planung und Organisation, Leitung, Entscheidungsfindung und andere Teilbereiche. Diese Beurteilung wird vor allem für Führungskräfte und deren engere Mitarbeiter benutzt.

Probleme bei Bewertungstechniken

Das Hauptproblem bei jeder Bewertung ist die ausschlaggebende Rolle des Beurteilers. Wenn dieser seiner Aufgabe nicht gewachsen ist, wird jedes System bedeutungslos. Probleme, die sich bei der Personalbeurteilung stellen können:

Der Halo-Effekt

Die Gesamtbeurteilung wird von einem dominierenden Kriterium beeinflusst. Ein Mitarbeiter ist zum Beispiel immer pünktlich und nie krank. Seine Vorgesetzten sind davon so beeindruckt, dass die Beurteilung auch in anderen Bereichen extrem gut ausfällt, obwohl das keineswegs den Tatsachen entspricht.

Tendenz zur Mitte

Manche Beurteiler vermeiden extreme Skalenwerte wie „unzureichend“ oder „überdurchschnittlich“. Ihre Tendenz ist, sämtliche Mitarbeiter in der Skalenmitte anzusiedeln.

Überbetonung aktueller Erfahrungen

Vorgesetzte vergessen leicht früheres Leistungsverhalten. Sie beurteilen Mitarbeiter nur aufgrund ihrer augenblicklichen Tätigkeit. Dadurch wird das Bild verfälscht. Kurz vor ihrer Beurteilung zeigen sich die meisten Arbeitnehmer natürlich von ihrer besten Seite.

Persönliche Vorurteile

Häufig ist der „richtige Mann“ derjenige, der dem Beurteiler am ähnlichsten ist. Eine Führungskraft mit Hochschulabschluss beurteilt Akademiker meist besser, auch wenn es dafür eigentlich keine überprüfbare Grundlage gibt. Die Beurteilung sollte auf solche Vorurteile hin geprüft werden.

Differenzierte Methoden der Leistungsbewertung

Befragung vor Ort

Ein speziell hierfür geschulter Mitarbeiter der Personalabteilung befragt die zu beurteilenden Mitarbeiter nach einem vorbereiteten Fragenkatalog. Der Vorteil ist, dass bei mündlichen Interviews häufig mehr Punkte angesprochen werden als bei schriftlichen – oft Dinge, die ein Chef nicht schwarz auf weiß festhalten möchte. So können Personalfachleute bei vielen Interviews dieselben Maßstäbe anwenden; Halo-Effekt, Vorurteile oder andere störende Einflüsse sind dadurch ausgeschaltet. Andererseits ist dies aufwändig und zeitraubend. Wir empfehlen es zur Beurteilung von Spitzenkräften, die befördert oder weitergebildet werden sollen.

Psychotests

Manche Unternehmen bewerten nicht nur die Arbeitsleistung, sondern auch intellektuelle Fähigkeiten, Emotionen und Motivationen durch einen Psychologen. Solche Beurteilungen sind sinnvoll, wenn über Beförderung oder Versetzung entschieden werden soll. Sie geben Aufschluss darüber, wie ein Mitarbeiter unter veränderten Bedingungen arbeitet.

Assessment-Center (Beurteilungsseminare)

Manche Großunternehmen haben ein äußerst komplexes Beurteilungssystem entwickelt: Die Seminarteilnehmer werden mehrere Tage beobachtet, befragt, getestet und beraten.

Die Beobachter setzen sich aus leitenden Führungskräften und Psychologen zusammen. Folgende Faktoren spielen eine Rolle: biographische Fragebögen, Interviews, Verhalten in verschiedenen Situationen, Analysen projektiver und anderer psychologischer Tests, Beurteilungen durch andere Teilnehmer und der persönliche Eindruck der Beobachter – all das wird bei der Schlussauswertung berücksichtigt.

Eingesetzte Techniken sind Fallstudien, Rollen- und Planspiele, Postkorb-Übungen und unstrukturierte Gruppendiskussionen. Nach dem Seminar werden die Ergebnisse der Gesamtbeurteilung mit den Teilnehmern besprochen. Sie haben dabei Gelegenheit, ihre eigenen Karrierevorstellungen zu formulieren.

Beurteilungsverfahren zur Mitarbeiterförderung

Früher diente Leistungsbeurteilung ausschließlich zur Lohnbemessung oder zur Entscheidung darüber, ob das Arbeitsverhältnis fortgesetzt werden sollte. Ergebnisse wurden nicht veröffentlicht. Offiziell wussten die Mitarbeiter nicht, wie ihre Leistung eingeschätzt wurde.

Da inzwischen die meisten Unternehmen die Beurteilung als Mittel benutzen, um den Werdegang eines Mitarbeiters zu planen, spricht man die Ergebnisse mit ihnen durch. Diese Aufgabe übernimmt meist der direkte Vorgesetzte. Häufig weiß er jedoch nicht, wie er diese Information vermitteln soll. Er muss deshalb angeleitet werden, um diese heikle Aufgabe durchzuführen.

Norman Maier, Experte auf diesem Gebiet, schlägt in seinem Buch *The Appraisal Interviews* drei verschiedene Verfahren vor:

Die „Tell and Sell"-Methode

Die Beurteilung soll dem Mitarbeiter möglichst klar und präzise vermittelt werden. Der Vorgesetzte erklärt Stärken und Schwächen und versucht, ihm seinen Förderplan zu „verkaufen".

Wenn diese Methode Erfolg haben soll, muss der Vorgesetzte geschickt sein. Er sollte den Mitarbeiter motivieren, die Empfehlungen anzunehmen. Vielleicht unterdrückt der Mitarbeiter seinen Ärger, der Vorgesetzte sieht darin Einverständnis und handelt entsprechend. Er sollte deshalb die Beweggründe seiner Mitarbeiter kennen und sie in seine Beurteilung einbeziehen.

Die „Tell and Sell“-Methode ist vor allem bei unsicheren, unerfahrenen und autoritätsgläubigen Mitarbeitern angesagt. Manager mit autoritärem Führungsstil kommen am besten damit zurecht. Unter bestimmten Umständen kann diese Methode sehr gut sein. Im Allgemeinen fördert sie aber die Entwicklung von Jasagern oder bleibt überhaupt wirkungslos. Da Kommunikation nach oben selten ist, weiß der Vorgesetzte auch nicht, ob seine Beurteilung akzeptiert wird und welche Probleme sich daraus ergeben.

Die „Tell and Listen“-Methode

Durch diese Methode lassen sich einige der vorgenannten Probleme vermeiden. Dem Mitarbeiter werden seine Stärken und Schwächen erläutert. Anschließend hat dieser Gelegenheit, sich dazu zu äußern.

Wenn diese Methode angewandt werden soll, müssen Vorgesetzte besondere Fähigkeiten entwickeln: Die Beurteilenden müssen aktiv zuhören können, das heißt Reaktion und Einstellung des Mitarbeiters akzeptieren und verstehen. Weiterhin müssen sie warten können, den Gesprächspartner ausreden lassen und dürfen ihm keine Worte in den Mund legen. Schließlich müssen sie sehr sensibel sein, sie müssen verständnisvoll auf das eingehen, was dem Mitarbeiter am Herzen liegt.

Ein solches Interview bewirkt weniger Abwehr, weil die Beurteilten sich ohne Druck offen äußern können. Sie haben das Gefühl, ernst genommen zu werden. Sie setzen sich selbst mit ihren Problemen auseinander. Bestehende Missverständnisse können aus dem Weg geräumt werden. Die Mitarbeiter lernen viel aus einem solchen Interview. Nachteilig kann allerdings sein, dass ein Mitarbeiter die Situation beherrscht und von der Beurteilung nicht profitiert.

Die problemlösende Methode

Der Beurteilende wird zum Helfer. Hier steht nicht die Bewertung im Mittelpunkt des Gesprächs. Vielmehr wird vorausgesetzt, dass für Interviewer und Mitarbeiter ein Fördergespräch viel interessanter und wichtiger ist. Wenn ein Mitarbeiter erkennt, dass der Vorgesetzte ihn nicht nur kritisieren will, sondern an seiner Weiterentwicklung interessiert ist, zeigt er sich eher bereit, über seine Schwierigkeiten zu sprechen. Bei dieser Methode geht es nicht in erster Linie um die positive oder negative Einschätzung eines Mitarbeiters, sondern um seine Förderung.

Der Vorgesetzte hat die Aufgabe, die Interessen des Mitarbeiters zu ermitteln, auf sie einzugehen und ihm bei der Überprüfung seiner Fähigkeiten und Möglichkeiten zu helfen. Er sollte versuchen, die Dinge auch aus der Perspektive seines Mitarbeiters zu sehen. Wenn dessen Ideen unrealistisch scheinen, sollte der Interviewer nachfragen.

Der Chef versucht nicht, die Probleme selbst zu lösen. Er hält sich mit Vorschlägen und Empfehlungen zurück. Diese Methode setzt Zuhören, Akzeptanz und Eingehen auf Gefühle voraus wie die „Tell and Listen"-Methode. Doch sie geht einen Schritt weiter: Die Diskussion wird nicht vom Interviewer bestimmt, sondern vom Mitarbeiter.

Die problemlösende Methode fördert neue Denkansätze, das Interesse des Gesprächspartners wird geweckt. Die Motivation kommt nicht von außen. Der Mitarbeiter entwickelt eigene Konzepte und engagiert sich entsprechend. Er hat wesentlich mehr Kontrolle über seine Handlungen. Wenn er Erfolg hat, wird sich das auch in seiner Arbeitszufriedenheit ausdrücken.

Das Beurteilungsgespräch

Für ein Beurteilungsgespräch, das jeder Beurteilung folgen muss, sollten Sie die folgenden Grundsätze berücksichtigen:

Stellen Sie einen positiven Kontakt her

Wie bei jedem Interview besteht der erste Schritt darin, eine lockere Atmosphäre zu schaffen und die Zielsetzung zu erklären.

Besprechen Sie die Ergebnisse

Erwähnen Sie alle Bereiche, in denen Ihr Mitarbeiter Erfolg hatte. Beweisen Sie ihm anhand von Beispielen, dass Sie seine Stärken kennen. Lassen Sie ihn zu Wort kommen. Hören Sie aufmerksam zu. Besprechen Sie erst dann die Ergebnisse oder Verhaltensweisen, die den Erwartungen nicht gerecht wurden. Konkrete Beispiele sind dabei effektiver als allgemeine Bemerkungen.

Leistungsnormen müssen eindeutig sein und vom Mitarbeiter verstanden werden. Wenn er auf mangelhafte Erfüllung dieser Normen angesprochen wird, darf ihn das nicht überraschen. Fragen Sie nach seinen Verbesserungsvorschlägen und wie Sie ihm dabei helfen können.

Konzentrieren Sie sich auf die Sache, nicht auf die Person

Sagen Sie nie „Das haben Sie schlecht gemacht", sondern „Das Resultat entspricht nicht den Vorgaben".

Sind die Probleme verhaltensspezifisch, gehen Sie darauf ein: „Wir haben im vergangenen Jahr mehrmals über Ihr Zuspätkommen gesprochen. Sie leisten gute Arbeit. Ihre Aufstiegschancen könnten besser sein, wenn Sie pünktlicher wären." Versuchen Sie, ihn zu überzeugen. Fragen Sie ihn, was er ändern will.

Lassen Sie Ihren Mitarbeiter zu allen Punkten Stellung nehmen

Halten Sie keine Monologe. Der Mitarbeiter hat vielleicht Erklärungen und kann sich rechtfertigen. Häufig müssen sich Menschen nur aussprechen können. Danach sind sie bereit, sich der Situation zu stellen und vernünftige Ideen zu entwickeln.

Sprechen Sie über erreichte Ziele und setzen Sie neue

Beglückwünschen Sie Ihren Mitarbeiter zu seinen Leistungen, und fragen Sie ihn, wie er das geschafft hat. Wurden nicht alle Ziele erreicht, fragen Sie nach Gründen. Überlegen Sie, was getan werden muss, um sie in Zukunft zu realisieren.

Das Beurteilungsgespräch ist vor allem zukunftsorientiert. Fragen Sie: „Was wollen Sie in den nächsten zwölf Monaten erreichen?" Lassen Sie Ihren Mitarbeiter über seine Ziele, Verhaltensänderungen und Fortbildungspläne sprechen. Das kann individuelle Ziele einschließen wie zusätzliches Training am Arbeitsplatz oder eine Teilnahme an Fortbildungsveranstaltungen und Seminaren. Sie als Führungskraft müssen ihm mit Rat und Tat zur Seite stehen. Machen Sie ihm aber keine falschen Hoffnungen. Versprechen Sie nichts, was Sie nicht halten können.

Ihr Mitarbeiter sollte seine Ziele schriftlich fixieren und angeben, wie er sie verwirklichen will. Eine Kopie geben Sie ihm, die andere legen Sie zum Personalbeurteilungsbogen. Beim nächsten Beurteilungsgespräch können Sie sich darauf berufen.

Zusammenfassung

Bitten Sie Ihren Mitarbeiter am Ende Ihrer Besprechung, alles kurz zusammenzufassen. Vergewissern Sie sich, dass er Erfolge und Fehler in seinem Arbeits- und Sozialverhalten sowie alle Pläne und Zielfestlegungen für die nächste Phase verstanden hat. Halten Sie dies schriftlich fest.

Der Gesprächsabschluss sollte positiv verlaufen. Ein Beurteilungsgespräch kann für Vorgesetzte und Mitarbeiter äußerst stimulierend sein. Es sollte keine Konfrontation sein, sondern ein Austausch von Erfahrungen und Ideen und den Mitarbeiter motivieren, sich weiterzuentwickeln sowie die Ziele für das kommende Jahr erfolgreich anzugehen. So können Arbeitszufriedenheit und Leistung gesteigert werden.

Mitarbeiter-Training

Dem Bewertungsgespräch sollte ein Entwicklungsprogramm folgen. Es hilft dem Mitarbeiter, festgestellte Schwächen zu überwinden. Das kann ein intensives, vom Vorgesetzten durchgeführtes Training für bestimmte Teilaspekte der Arbeit sein, damit er seine augenblicklichen oder zukünftigen Aufgaben besser bewältigt. Es kann aber auch ein längerfristiges Training außerhalb des Betriebs sein.

Die meisten Unternehmen bieten Fortbildungsprogramme an, um die beruflichen Kenntnisse ihrer Mitarbeiter zu erweitern und ihre Karriere zu fördern. Dazu gehören betriebsinterne Entwicklungs- und Trainee-Programme sowie externe Bildungsveranstaltungen.

Am häufigsten ist das der Fall, wenn neue Mitarbeiter eingearbeitet werden müssen. Die einfachste Form des Trainings ist, den Mitarbeitern die Grundfunktionen ihrer Arbeit beizubringen oder diese zu vertiefen. Dafür kommen Fabrikarbeiter und Büropersonal sowie Führungskräfte aus dem Management-, Verwaltungs- und Verkaufsbereich in Frage. Förderprogramme werden meist intern durchgeführt. Am häufigsten ist das *Training on the job*, bei dem Vorgesetzte ihre neuen Mitarbeiter am Arbeitsplatz einweisen. Dabei gibt es

Qualitätseinbußen, da Neulinge wahrscheinlich Fehler machen. Der Produktionsertrag kann sinken, weil ein neuer Arbeiter langsamer arbeitet. Wird dieses Training jedoch konsequent durchgeführt, sind solche Probleme bald gelöst.

Im Zweiten Weltkrieg wurde ein erfolgreiches Konzept entwickelt, das auch heute noch angewendet wird. Es wurde als *Job Instruction Training (JIT)* bekannt und stellt eine besondere Form des Trainings am Arbeitsplatz dar.

Job Instruction-Trainingsmethoden

Für die erfolgreiche Anwendung dieses Programms sind einige vorbereitende Überlegungen, Maßnahmen und Entscheidungen erforderlich:

- Sie müssen entscheiden, was Ihr neuer Mitarbeiter wissen muss, damit er auf effiziente, wirtschaftliche und sinnvolle Weise seine Arbeit durchführen kann.
- Sie müssen die notwendigen Werkzeuge, die entsprechende Ausstattung und die erforderlichen Materialien bereitstellen.
- Sie müssen alles am Arbeitsplatz so anordnen, dass der Mitarbeiter diese Ordnung aufrechterhalten kann.

Die Einweisung selbst sollte in vier Schritten erfolgen:

Der erste Schritt: Vorbereitung des neuen Mitarbeiters

- Sorgen Sie dafür, dass der Mitarbeiter sich entspannt.
- Ermitteln Sie, welche Grundkenntnisse er mitbringt.
- Machen Sie ihn neugierig auf seine neue Aufgabe.

Der zweite Schritt: Darstellung der Arbeitsvorgänge und Kenntnisse

- Um die notwendigen Kenntnisse und Fertigkeiten zu vermitteln, müssen Sie erklären, demonstrieren, illustrieren und Fragen stellen.
- Geben Sie klare und vollständige Anweisungen, gehen Sie langsam vor, seien Sie geduldig, und erklären Sie immer nur eine Sache auf einmal.
- Fragen Sie nach und wiederholen Sie.
- Prüfen Sie, ob alles verstanden wurde.

Der dritte Schritt: Probelauf

- Testen Sie Ihren Mitarbeiter, indem Sie ihn selbst arbeiten lassen.
- Fragen Sie gezielt nach: Warum? Wie? Wann? Wo?
- Beobachten Sie seine Versuche, berichtigen Sie, wo nötig, und wiederholen Sie, falls erforderlich, Ihre Instruktionen.
- Fahren Sie damit fort, bis Sie wissen, dass Ihr Mitarbeiter alles verstanden hat.

Der vierte Schritt: Nachfassen

- Lassen Sie Ihren Mitarbeiter selbständig arbeiten.
- Prüfen Sie, ob die Richtlinien befolgt werden.
- Kontrollieren Sie nach und nach weniger, bis er mit normaler Aufsicht qualifizierte Arbeit leistet.

Die Lehre ist die klassische Berufsausbildung für das Handwerk, die Industrie und für viele Büroberufe. Dabei werden dem Auszubildenden heute in einer betriebspraktischen Unterweisung und in einer überwiegend theoretischen Unterweisung in der Berufsschule nach einem ländereinheitlichen Lehrplan berufsspezifische Kenntnisse, Fähigkeiten und Fertigkeiten vermittelt. Die Ausbildungsdauer ist einheitlich und kann nur unter besonderen Voraussetzungen verkürzt werden. In einigen Firmen werden die Auszubildenden zusätzlich zum Berufsschulunterricht auch innerbetrieblich theoretisch weitergebildet. Das verbessert naturgemäß die Erfolgsquote bei Abschlussprüfungen. Ungelernten Arbeitskräften bieten die Firmen verschiedene Ausbildungsprogramme an, um den späteren Bedarf an spezialisierten Kräften zu sichern. Zusätzlich zu internen Förderungsprogrammen werden auch Weiterbildungsangebote von Verbänden und Interessengemeinschaften genutzt.

Die betriebsinternen Trainingsprogramme können durch den Einsatz didaktischer Hilfsmittel effektiver werden. Mit Flip-Charts lassen sich zur Diskussion stehende Themen gut illustrieren. Etwas aufwendiger sind Overhead-Projektoren für Diagramme, Zeichnungen, Fotos ... Diapositive und Filme sollten sorgfältig ausgewählt werden und technisch einwandfrei sein. Mit ihrer Hilfe lassen sich ganze Vorträge gestalten. Filme und Videos gibt es praktisch zu jedem Thema. Komplette Programme sind jedoch ziemlich teuer und nicht immer passend. Sie müssen deshalb vorher kritisch geprüft werden. An die Vorführung sollte sich eine Diskussion anschließen. Erst das Feedback macht ein solches Programm sinnvoll.

Manchmal kann eine Videoaufzeichnung von Trainingseinheiten wertvolle Hilfen geben, wenn der Betroffene sich selbst auf dem Bildschirm agieren sieht und so Fehler am besten erkennt. Ratschläge werden dann eher angenommen. Videoaufzeichnungen haben sich bei Aktivitäten wie Verhandlungen mit Kunden oder Bewerbern, bei Kritikgesprächen und ähnlichem besonders bewährt.

Computergestütztes Training gibt es neuerdings in fast allen Bereichen. Die Programme reichen von Schnellkursen im

Rechnen und Lesen bis zu fachspezifischen Themen. Meist ist das Feedback der Benutzer einbezogen. Dadurch können sie prüfen, ob sie den Stoff verstanden haben. Manager und Trainer sollten diesen Software-Markt im Auge behalten und darauf zurückgreifen. Hervorragend für die Mitarbeiterschulung sind die neuerdings entstehenden Autorensysteme. Hier ist der Dialog zwischen Anwender und Programm am effektivsten. Dieses Training eignet sich besonders bei der Einführung neuer Technologien sowie Fertigungsmethoden und dann, wenn ein Training innerhalb von Seminaren zu aufwändig und zu teuer wird.

Eine neuere Variante der Mitarbeiterweiterbildung ist das *Transfertraining*. Bei dieser Methode schulen die Chefs ihre Mitarbeiter am Arbeitsplatz. Zunächst lediglich ein Geheimtipp, hat sich diese Methode zum Renner entwickelt. Dem Vorgesetzten und dem Mitarbeiter wird dabei ermöglicht, regelmäßig und problemorientiert miteinander zu sprechen. Die Mitarbeiter lernen, während sie arbeiten, und zwar in kleinen, genau abgestimmten Portionen, die auf die Interessen des Unternehmens, aber auch auf die des Mitarbeiters abgestimmt sein können.

In einer kurzen Besprechung werden vorbereitete Themen des Berufsalltags diskutiert, ein Konsens wird hergestellt und eine Verabredung getroffen. Der Trick bei der Sache ist, dass komplexe Problembereiche in kleine überschaubare Teilbereiche zerlegt werden. Wurden die Teilstücke nach und nach einer Lösung zugeführt, ist nach einer gewissen Zeit auch das Hauptproblem gelöst. Allerdings kann, im Sinne der Teambildung, auch von den Mitarbeitern jedes beliebige Thema eingebracht werden. Das Team spielt bei dieser Methode eine große Rolle, denn mit der Zeit wird der Vorgesetzte immer unwichtiger. Die Mitarbeiter werden zu einer eigenverantwortlichen und kreativen Gestaltung ihres beruflichen Alltags angehalten.

Durchschlagenden Erfolg hatte diese Methode bei Hapag-Lloyd. Die Mitarbeiter dieses Reiseveranstalters überschlugen sich den Kunden gegenüber nicht gerade vor Höflichkeit und erfüllten grundsätzlich keine Sonderwünsche. Die Kunden hatten, auch bei einfachen Anliegen, lange Wartezeiten am Telefon zu erdulden, und oft erhielten sie auf bestimmte Fragen gar keine Antwort.

Nach einer genauen Problemanalyse wurde festgelegt, dass die Einstellung der Mitarbeiter dem Kunden gegenüber zu verbessern sei. Die für den Trainingsbereich zuständige Managerin lernte das Transfertraining auf einer Fachmesse kennen und erkannte, dass damit die Probleme aus der Welt geschafft werden könnten. Umfangreiche Vorarbeiten gingen der Schulung der Reisebüroleiter in kleinen Gruppen voraus, die dann mit dieser Methode vor Ort, in ihrem Reisebüro, mit den Angestellten weiterarbeiteten.

Einen neuen Weg in der Weiterbildung beschreitet die Ingolstädter Audi AG. Der Bildungsbedarf ist gewachsen und die Kosten dafür sind überproportional gestiegen. Seminarkosten und Trainerhonorare nehmen rapide zu, von den Produktivitätsausfallkosten gar nicht zu reden. Um dieses Problem in den Griff zu bekommen, hat man bei dem Automobilhersteller nach geeigneter Soft- und Hardware für computergestütztes Training (CBT) gesucht, das auch im eigenen Hause ohne externe Trainer angewendet werden kann – und ist fündig geworden. So genannte Autorensysteme waren die Lösung. Diese Programme gehen in ihren Möglichkeiten weit über die bisher angebotenen und oft als nicht tauglich befundenen Frage- und Antwortspielchen hinaus. Jetzt laufen die Trainingsprogramme nicht nur im firmeneigenen Schulungszentrum, sondern auch und vor allem in den Montagehallen. In aufgestellten Lernkabinen können die Mitarbeiter vor Ort zeit- und kostensparend qualifiziert werden.

Eine andere erfolgreiche Methode sieht vor, dass der Auszubildende auf einer unteren Ebene frühestmöglich selbstständige Entscheidungen trifft. Bei Sears, Roebuck and Co. zum Beispiel musste der Führungsnachwuchs nach einem kurzen, aber intensiven Einführungsprogramm bestimmte Führungsaufgaben in Kaufhäusern oder kleineren Geschäften übernehmen. Er war für Gewinne und Verluste verantwortlich und musste für seine Einheit Entscheidungen treffen. Eventuelle Fehler wurden ihm zugebilligt. Irrtümer, die auf den unteren Ebenen begangen werden, fallen gewöhnlich nicht so sehr ins Gewicht. Der Nachwuchs kann auf diesem Weg Erfahrungen sammeln und Selbstvertrauen entwickeln.

Management Development

Unter Management Development verstehen wir Maßnahmen, die darauf gerichtet sind, Nachwuchskräfte auf die Übernahme von Führungsverantwortung vorzubereiten und Führungskräfte in ihrer Arbeit zu unterstützen.

Dazu gibt es bei den verschiedenen Unternehmen unterschiedliche Maßnahmen. Bei Beiersdorf, bekannt für gute Personalentwicklung, werden folgende Programme durchgeführt: 18 Monate lang erhalten die Teilnehmer innerhalb einer Führungslehre Gelegenheit, durch Selbsteinschätzung, Fremdbeurteilung, Gruppen- und Individualarbeit ihre Fähigkeiten zu erkennen und zu fördern sowie erkannte Schwächen gleichermaßen abzubauen.

Ein ebenfalls eineinhalbjähriges Trainee-Programm für Absolventen von Hochschulen schleust den Führungsnachwuchs durch die verschiedenen Funktionsbereiche, wobei durch Training on the job, aber auch durch begleitende Weiterbildungsmaßnahmen und Seminare die Vorbereitung für die höheren Aufgaben erfolgt. Das von den Japanern gern verwendete Instrument der Job-Rotation bereitet auch hier den Führungsnachwuchs auf kommende Aufgaben vor. Dies fördert insbesondere den universellen Einsatz auf höherer Ebene.

Seit 1975 arbeitet man intensiv mit der Wirtschaftsakademie Hamburg zusammen. In einem betriebswirtschaftlich-kaufmännischen Ausbildungsgang wird der wissenschaftliche Teil an der Akademie, der praxisbezogene Teil im Unternehmen absolviert.

Neue Führungskräfte, gleich ob extern akquiriert oder aus den oben erwähnten Maßnahmen entlassen, erfahren in einem dreiteiligen Seminar die grundlegenden Aspekte des Managements.

Die Arbeit der Führungskräfte wird von Führungsworkshops begleitet, an denen alle zwei Jahre Leitende Angestellte, mittlere Führungskräfte und auch Meister und Vorarbeiter teilnehmen. Ergänzend dazu gibt es für die Führungskräfte Veranstaltungen zu den Themen Strategieentwicklung, Qualitätssicherung, Organisation, Ergebnissituation und zu aktuellen Themen.

Ein interessantes Modell wird, neben anderen, beim Gütersloher Medienkonzern Bertelsmann praktiziert. Hier wird der Führungsnachwuchs in so genannten Juniorenkreisen zusammengefasst. Darin werden die Mitglieder mit der Philosophie des Hauses bekannt gemacht und erhalten die Gelegenheit, auch mit dem Top-Management über aktuelle oder strategische Fragen zu diskutieren. Nicht selten nahm auch der Vorstandsvorsitzende Mark Wössner an diesen Meetings teil. Aus diesen Diskussionen ergeben sich häufig Initiativen oder Projekte der Junioren, die sie später ausarbeiten und beim nächsten Treffen präsentieren.

Einige Bereiche bei Bertelsmann arbeiten mit Paten. Der Pate eines Assistenten ist eine Führungskraft, die schon lange im Unternehmen und in der Hierarchie ziemlich weit oben angesiedelt ist. Im normalen Arbeitsalltag hat das „Patenkind“

noch keinen Kontakt mit dieser Hierarchiestufe. Die Aufgabe des Paten besteht darin, seinen Schützling mit dem informellen System vertraut zu machen und ihm Hinweise zu geben, die sein Verhalten in bestimmten Situationen oder mit bestimmten Personen beeinflussen sollen. Der Pate soll von sich aus auf seinen Schützling zugehen und ihm jederzeit auch für Gespräche zur Verfügung stehen. Da der Pate nicht Vorgesetzter des Nachwuchsmanagers ist, ergibt sich eine wesentlich entspanntere Gesprächsbasis.

Fassen wir zusammen: Management Development beschränkt sich nicht auf Kurse. Zahlreiche unterschiedliche Maßnahmen erleichtern dem Führungsnachwuchs den Einstieg in den Umgang mit hoher Verantwortung. Sie alle aufzuführen wäre müßig, kommen doch tagtäglich neue Methoden und Entwicklungen hinzu. Die oben aufgeführten Beispiele können aber als repräsentativ gelten.

Führungstraining bedeutet immer auch Selbstentwicklung. Wer den Wunsch und Ehrgeiz hat, sich zu verbessern, sollte Gelegenheit haben, sich zusätzliches Wissen und zusätzliche Techniken anzueignen, um weiterzukommen.

Zehn Tipps für Trainer

1. Behandeln Sie Ihre Trainees nicht von oben herab. Es sind Erwachsene und häufig Experten auf ihrem Spezialgebiet.
2. Trainees sollen ihren Standpunkt vertreten. Von einem erfolgreichen Training profitieren Trainee und Trainer.
3. Halten Sie keine Monologe. Jede Stimme wird mit der Zeit langweilig. Lassen Sie die Teilnehmer zu Wort kommen.

noch: Zehn Tipps für Trainer

4. Folgen Sie nicht sklavisch einem Lehrbuch, lesen können die Trainees selbst. Ohne eigene Ideen sollten Sie nicht unterrichten.
5. Bereiten Sie sich gründlich vor. Auch wenn die Teilnehmer den Unterricht bestreiten, sollten Sie den Stoff im Griff haben und ungefähr das Zehnfache von dem wissen, was Sie im Seminar lehren.
6. Trainees mit sehr unterschiedlichem Bildungsniveau sollten nicht in einer Gruppe zusammenarbeiten.
7. Trainingsabschnitte sollten kurz sein. Meist bringen fünf zweistündige Sitzungen mehr als eine Mammutsitzung, die sich über einen ganzen Tag hinwegzieht. Allerdings darf die Zeit nicht so knapp bemessen sein, dass die Trainees den Stoff nicht mehr verarbeiten und ihr neu erworbenes Wissen auch sichern können.
8. Gestalten Sie den Stoff lebendig! Ein Trainer sollte auch Entertainer sein. Unterricht muss interessant und abwechslungsreich sein.
9. Um etwas zu verstehen, muss man es sehen. Visuelle Hilfsmittel erleichtern das Verständnis.
10. Fassen Sie zum Schluss zusammen. Reservieren Sie sich die letzten fünf Minuten zur Klärung eventueller Missverständnisse.

15. Personalprobleme

Selbst wenn Mitarbeiter oder Führungsnachwuchs sorgfältig ausgewählt und eingearbeitet wurden, muss der Manager ihnen mit Rat und Tat zur Seite stehen. Schlüsselbereich jedes Managers ist die Personalentwicklung. Beachten Sie dabei folgende Schritte:

- *Ziele müssen eindeutig sein:* Die Mitarbeiter sollen genau wissen, was Sie von ihnen erwarten. Entwickeln Sie die Ziele gemeinsam mit ihnen. Das ist effektiver als jede einseitig von der Führungsspitze diktierte Zielsetzung. Neben ergebnisorientierten Zielen des Unternehmens sollte sich der Mitarbeiter seine persönlichen Ziele setzen, um menschlich und beruflich weiterzukommen.
- *Legen Sie Richtlinien fest:* Wenn ein Mitarbeiter weiß, was er im Hinblick auf die Ziele tun darf und was nicht, kann er effektiver arbeiten.
- *Entscheiden Sie sich für eine Methode, um Ihre Ziele zu erreichen:* Es hat sich bewährt, die Beteiligten bei der Wahl der Methoden miteinzubeziehen. Als Manager sollten Sie Ihr Know-how beitragen. Doch den Aktionsplan müssten die Beteiligten selbst entwickeln und dafür mitverantwortlich sein. Die Verfahrensweise muss vor der Realisierung eines Plans feststehen. Prüfen Sie, ob alle Beteiligten damit vertraut sind.
- *Kontrollieren Sie ständig, verbessern Sie, falls erforderlich, die Methoden:* Werden angestrebte Resultate nicht erreicht, hat vielleicht auch die Kontrolle versagt.

Als Frederick Ganser, stellvertretender Personalleiter einer großen Versicherungsgesellschaft zusammen mit seinem Chef seine Ziele festlegte, wurden die folgenden Faktoren eingeschlossen:

Arbeitsfaktoren

1. Systeme und Verfahren für das Personalwesen mit dem Personalleiter ausarbeiten.
2. Volle Verantwortung für die Personalbeschaffung übernehmen; alle Stellen müssen jederzeit mit kompetenten Mitarbeitern besetzt sein.

3. Arbeitsmoral verbessern, negative Einflüsse ermitteln und ausschalten.
4. Kommunikation zwischen Unternehmen und Belegschaft verbessern.

Individuelle Faktoren

1. Kenntnisse im Bereich Verhaltensforschung und Personalmanagement erweitern.
2. Dieses Wissen in den Dienst der Firma stellen.

Richtlinien und Einschränkungen wurden vom Personalleiter folgendermaßen umrissen:

Arbeitsfaktoren

1. Das Budget von 850 000 DM darf nicht überschritten werden.
2. Die Fluktuation darf nicht mehr als 10 Prozent betragen.
3. Alle gesetzlichen Bestimmungen sind peinlich genau einzuhalten.

Individuelle Faktoren

Wöchentlich sollten sechs bis acht Stunden für die persönliche Fortbildung eingeplant werden.

Die Methoden zur Realisierung dieser Ziele wurden ebenfalls festgelegt.

Arbeitsfaktoren

1. Bei der Erstellung eines Organisationshandbuchs mitwirken.
2. Den Arbeitsmarkt für möglichen Nachwuchs beobachten.
3. Durch Meinungsumfragen die Einstellungen der Mitarbeiter herausfinden.
4. Vorschlagssystem aufbauen.
5. Mitarbeiterzeitung herausbringen.

Individuelle Faktoren

1. Kurse an der betriebswirtschaftlichen Fakultät belegen.
2. Fachzeitschriften abonnieren und auswerten.

Kontrollmaßnahmen, die mit Frederick Ganser entwickelt wurden und die ihm helfen sollten, seine Ziele auch zu erreichen:

Zur Kontrolle der Arbeitsfaktoren

1. Dem Personalleiter monatlich einen Bericht vorlegen.
2. Mit dem Personalleiter einmal im Monat die erzielten Ergebnisse besprechen.
3. Abweichungen erörtern, Revisionen begründen, mit dem Personalleiter neue Pläne entwickeln.

Zur Kontrolle der individuellen Faktoren

1. Mit dem Personalleiter über persönliche Fortschritte sprechen.
2. Mit Professoren sowie Studienkollegen und anderen maßgeblichen Personen über eigene Leistungen reden, Vorschläge und weitere Fortschritte erwägen.

- Damit seine Bemühungen auch zum Ziel führen, sollte der Manager sich vor allem auf Resultate konzentrieren, weniger auf Methoden. Er muss den Mitarbeitern genau erklären, was er von ihnen erwartet, was sie bei Realisierung der Ziele beachten müssen und welche Leistungsnormen gelten.
- Oft beschränken sich Führungskräfte darauf, Anweisungen, Instruktionen oder Richtlinien zu geben. Sie sagen ihren Mitarbeitern nur, was zu tun ist und wie es getan werden muss. Sie erklären ihnen aber nicht, warum gute Arbeit wichtig ist – für das Unternehmen und für die Mitarbeiter persönlich.

Leistungsnormen erfüllen helfen

Wenn Leistungsnormen gemeinsam festgelegt werden, lassen sie sich leichter erfüllen. Und wenn die Beteiligten gern zusammenarbeiten, hat das Management einen wesentlich besseren Stand.

Wie kann ein Manager den Teamgeist fördern? Der Wunsch nach Zusammenarbeit hängt meist ab von Gefühlen und Einstellungen des Mitarbeiters gegenüber Chef und Firma. Wenn der Mitarbeiter mit den Arbeitsbedingungen zufrieden ist und sich fair behandelt fühlt, garantiert dies meist gute Zusammenarbeit. Es gibt viele Möglichkeiten, Zusammenarbeit und Zusammengehörigkeitsgefühl zu intensivieren:

- Arbeitszufriedenheit durch Erweiterung und Bereicherung der Tätigkeit anstreben und so das Potenzial des Mitarbeiters besser zur Geltung bringen. Komitees, Projekt-Teams, Dezentralisation und Delegation erfüllen denselben Zweck.

- Anforderungen an einen Mitarbeiter auf seine Fähigkeiten abstimmen, um ihn optimal einzusetzen. Wer mit Aufgaben betraut wird, denen er nicht gewachsen ist, verliert schnell den Mut und reagiert defensiv. Unterforderte Mitarbeiter sind dagegen frustriert, gelangweilt und unzufrieden.

- Pflichten und Kompetenzen klar umreißen, damit die Mitarbeiter sich mit ihrer Arbeit identifizieren können. Wer weiß, welchen Anforderungen er genügen muss und welche Resultate von ihm erwartet werden, hat ein Gefühl der Sicherheit. Nichts ist demoralisierender, als in Unkenntnis der Sachlage handeln zu müssen.

- Gute Kommunikationsnetzwerke sind unverzichtbar. Jeder Mitarbeiter sollte schnell und lückenlos Informationen bekommen, die er zur Erledigung seiner Aufgaben braucht. Schlechte Kommunikation bewirkt Frustration, Verwirrung und negative Einstellung.

- Wichtig sind auch realistische Zielsetzungen. Allgemeine Ziele sollten in sinnvolle Teilziele zerlegt werden. Vernünftige Leistungsnormen und erreichbare Ziele sind die Basis für kooperatives Verhalten. Ihre Realisierung vermittelt das Gefühl, etwas Sinnvolles zu leisten.
- Richtlinien und Programme dienen zur Handhabung wiederkehrender Probleme. Standardisierte Verfahren machen zeitraubende Entscheidungen überflüssig. Für die Beteiligten bedeutet das eine Arbeitserleichterung. Es vermittelt ihnen ein Gefühl der Sicherheit. Sie haben mehr Zeit für andere Probleme.
- Ausgewogene Kontrollsysteme können so konzipiert sein, dass negative Reaktionen weitgehend entfallen. Statt Kontrollen werden konstruktive Hilfen zur Realisierung der Ziele angeboten. Das Management muss richtige Leistungskriterien auswählen, vernünftige Leistungsnormen setzen und für sofortiges Feedback sorgen. Schlecht konzipierte Systeme erzeugen Unzufriedenheit. Führen durch Motivieren setzt voraus, dass man die Erwartungen der Mitarbeiter kennt. Da dieses Kapitel Mitarbeiterprobleme behandelt, wiederholen wir bereits erwähnte Empfehlungen wegen ihrer überragenden Wichtigkeit.

Die Praxis zeigt, dass Führungskräfte an einige Grundsätze immer wieder erinnert werden müssen.

Freundlichkeit und Lob sollten von Herzen kommen. Höflichkeit genügt nicht. Ihre Mitarbeiter erwarten mehr von Ihnen. Sie sind von Ihnen abhängig und brauchen Bestätigung. Zeigen Sie persönliches Interesse. Fragen Sie nach ihren Familien- und Freizeitaktivitäten, damit sie sich als Menschen fühlen und nicht nur als Rädchen im Getriebe.

Seien Sie konsequent, sonst verunsichern Sie Ihre Mitarbeiter. Andererseits finden ständig Veränderungen statt, Verhaltensweisen müssen den neuen Umständen angepasst werden. Setzen Sie Ihre Mitarbeiter von Veränderungen in Kenntnis und legen Sie ihnen auch die Gründe dar.

Seien Sie fair. Noch wichtiger als Konsequenz ist Fairness, wenn Sie Kooperationsbereitschaft entwickeln wollen. Wer bestimmte Leute protegiert, kann von den anderen keine Zusammenarbeit erwarten. Fairness bedeutet nicht unbedingt, dass alle gleich behandelt werden müssen. Bei Personalentscheidungen müssen jedoch alle Facetten berücksichtigt werden und das Ergebnis muss gerecht sein.

Rücken Sie die gewünschte Aktion in den Mittelpunkt, *betonen Sie das Positive* und die Erfolge Ihrer Mitarbeiter, statt ihre Schwächen hervorzuheben. Übertreffen Mitarbeiter Ihre Erwartungen, verdienen sie besondere Anerkennung.

Geben Sie Ihren Mitarbeitern so viel Hilfe, wie sie brauchen, um ihre Aufgaben zufrieden stellend zu erfüllen. Sie sollten auch wissen, dass sie sich auf ihren Chef verlassen können. Nur dann entwickelt sich ein Vertrauensverhältnis. Unterstützung bedeutet jedoch mehr als nur gelegentliche Hilfeleistung. Von einer Führungskraft wird erwartet, dass sie die Interessen ihrer Mitarbeiter gegenüber der Betriebsleitung vertritt, bei Auseinandersetzungen für sie und ihre Belange eintritt. Ein guter Manager wird seine Mitarbeiter auf dem Laufenden halten und sie über einschneidende Veränderungen unterrichten.

Beziehen Sie die Mitarbeiter bei Ihrer Entscheidungsfindung mit ein. Es ist besser, aus der Situation heraus zu entscheiden, als auf fertige Lösungen von oben zu warten. Wenn eine Gruppe intelligenter und engagierter Leute sich mit einem Problem konfrontiert sieht, wird sie auch selbst eine Lösung finden.

Für Beschwerden sollte es formale Verfahren geben. Auch wenn gute Führungstechniken Anlässe zu Beschwerden weitgehend eleminieren, wird es doch Probleme geben. Ermutigen Sie Ihre Mitarbeiter, sich auszusprechen, damit Probleme sich nicht verselbständigen und die Zusammenarbeit stören. Wenn Ihre Mitarbeiter wissen, dass Sie sich für sie einsetzen, ist das Problem schon halb gelöst. Da das Problem häufig gerade das Verhältnis zwischen Mitarbeiter und Chef ist, muss es andere Möglichkeiten geben. In manchen Betrieben ist die Personalabteilung für Beschwerden zuständig, in anderen gibt es formellere Verfahren. Ein guter Vorgesetzter wird versuchen, Probleme schon vorher zu lösen. Dem Betriebsklima zuliebe muss er manchmal Entscheidungen treffen, die ihm gegen den Strich gehen. Dennoch darf er den Verursachern solcher Probleme gegenüber keine Ressentiments entwickeln.

Zwischen Mitarbeitern und Managern sollte gute Kommunikation bestehen, jeder sollte wissen, was er vom anderen erwarten kann.

Misserfolge analysieren

Es kommt vor, dass Mitarbeiter die Leistungsnormen nicht erfüllen. Dann muss der Manager die Ursachen ermitteln und entsprechende Maßnahmen einleiten.

Dem ineffizienten Mitarbeiter zu kündigen und einen besser qualifizierten oder motivierteren einzustellen, mag die einfachste Lösung sein. Das ist aber nicht immer möglich und sicherlich nicht immer die beste Lösung. Schließlich ist Kündigung das letzte Mittel. Bevor man sich dazu entschließt, sollten alle anderen Möglichkeiten geprüft werden.

Eine Kündigung ist kostspielig, insbesondere dann, wenn es sich um leitende Angestellte handelt. Dem ausscheidenden Mitarbeiter ist oft eine Abfindung zu bezahlen. Wenn die Trennung nicht einfach über die Bühne geht, wird ein Outplacement-Berater eingeschaltet und auch hierbei sind Honorare bis zur Höhe eines halben Jahresgehaltes fällig. Zuweilen bleibt aber auch nur noch der Weg vor das Arbeitsgericht. Unter diesen Umständen ist gewiss, dass die Angelegenheit lange dauert. Äußerst ungewiss jedoch ist der Ausgang des Verfahrens.

Es kostet viel Geld, einen Nachfolger zu rekrutieren, auszuwählen und einzuarbeiten. Außerdem kostet es Zeit, bis man ihn gefunden hat und er seine Aufgaben voll erfüllt. Inzwischen bleibt die Arbeit liegen oder andere müssen zusätzliche Leistung erbringen und dafür auch noch teure Überstunden machen.

Noch wichtiger sind die zwischenmenschlichen Probleme, wenn der Gekündigte bei seinen Kollegen sehr beliebt war. Bei Kündigungen ist auch der Betriebsrat einzuschalten. Sollte er aus bestimmten, meist sozialen Gründen einer Kündigung widersprechen und diese wird dennoch aufrechterhalten, so kann das zu einer erheblichen Verschlechterung des Betriebsklimas führen.

Manager sollten stets die rechtlichen Konsequenzen einer Kündigung bedenken. Es ist immer vorteilhaft, wenn das Unternehmen über sorgfältig recherchierte juristische Handreichungen verfügt und sicher sein, dass alle Führungskräfte sie kennen und beherzigen.

Es ist also im Interesse der Firma, nach Ursachen für mangelhafte Leistung zu forschen und zu versuchen, die Sache zu bereinigen.

Für die mangelhaften Leistungen kann es Gründe geben, die in der Person des Mitarbeiters begründet sind:

Der Mitarbeiter ist seiner Aufgabe nicht gewachsen

Er besitzt nicht die sprachliche Ausdrucksfähigkeit oder die Voraussetzungen für eine Bürotätigkeit, manuelle Geschicklichkeit oder anderes. Bei seiner Beurteilung ist offensichtlich ein Fehler unterlaufen. Man sollte ihm deshalb einen Arbeitsplatz zuweisen, der seinen Fähigkeiten besser entspricht.

Mangelnde Berufserfahrung

Der Mitarbeiter ist theoretisch in der Lage, die geforderte Leistung zu erbringen, muss aber eingearbeitet werden. Entsprechendes Training kann diesem Mangel abhelfen.

Emotionale Probleme

Sie drücken sich häufig in der Art aus, wie jemand seine Arbeit tut. Bestenfalls handelt es sich um eine vorübergehende Verstimmung, schlimmstenfalls um eine Neurose oder Psychose. In schweren Fällen sollte der Manager auf professioneller Hilfe bestehen. Wichtig ist, dass er das Problem erkennt. Es kann die Arbeitsleistung erheblich beeinträchtigen. Fehlleistungen, Kommunikationsschwierigkeiten, vermehrte Auseinandersetzungen mit anderen und ständige Klagen über Arbeit oder Arbeitsbedingungen können die Folge sein.

Persönliche Arbeitsmotivation

Einer der häufigsten emotional bedingten Leistungsknicks erfolgt, wenn jemand Erwartungen an seine Arbeit hat, die er nicht realisieren kann. Ihm fehlt jegliche Motivation, er bemüht sich nicht mehr. Wahrscheinlich wird er sich nach einer neuen Stellung umsehen. Manche Mitarbeiter sind wenig motiviert, ihre Leistungsnormen entsprechend niedrig. Auch wenn sie sie erfüllen, genügen sie nicht denen des Unternehmens. Erfüllung suchen sie außerhalb ihres Arbeitsbereichs. In ihre Arbeit investieren sie nur noch so viel, dass sie gerade eben nicht entlassen werden. Dieses Phänomen wird im allgemeinen mit „innerer Kündigung“ umschrieben.

Wie solche Mitarbeiter zu motivieren sind, ihre eigenen Ziele auch am Arbeitsplatz zu verwirklichen, haben wir bereits in Kapitel 12 besprochen.

Persönliche Schwierigkeiten

Todesfälle in der Familie, Scheidung, Krankheit, Probleme mit Kindern, damit müssen sich viele Mitarbeiter auseinander setzen. Sie können die Arbeitsleistung eines sonst guten Mitarbeiters vorübergehend beeinträchtigen. Ein Manager sollte in solchen Fällen nachfragen und sein Mitgefühl bekunden. Durch Geduld und Sympathie kann er seinen Mitarbeitern helfen, diese Situationen durchzustehen.

Viele Unternehmen haben spezielle Programme für Notsituationen. Psychologen können konsultiert werden bei familiären, Alkohol- oder Drogenproblemen oder bei Depressionen. Die Sache wird streng vertraulich behandelt. Häufig wird ein externer Berater verpflichtet, der seine Berichte dem Unternehmen nicht zugänglich macht.

Machen Sie Ihre Mitarbeiter im Bedarfsfall auf diese Programme aufmerksam.

Die mangelhafte Leistung Ihres Mitarbeiters kann aber auch betrieblich verursachte Gründe haben:

Ineffizientes Management

Unterschiedliche Führungsstile haben unterschiedliche Auswirkungen. Rücksichtslose Manager und Führungskräfte ohne klare Linie erzielen selten optimale Ergebnisse. Es gibt natürlich immer Mitarbeiter, die unabhängig von ihrer Führungskraft funktionieren. Im allgemeinen spiegelt sich jedoch in der Arbeit einer Abteilung die Effizienz ihres Abteilungsleiters wieder.

Unrealistische Leistungsmaßstäbe

Wenn Leistungsnormen oder Kriterien des Managements nicht den Gegebenheiten entsprechen, existiert das „Versagen" nur in den Köpfen zu anspruchsvoller Führungskräfte.

Ungenügende Abhilfemaßnahmen

Leistungsdefizite können auch durch nachlässige Haltung des Unternehmens bedingt sein. Manchmal werden Abhilfemaßnahmen nicht eingeleitet, weil sie zu kostspielig sind. Oder es kostet zu viel Zeit, die Leistungskapazität wieder herzustellen oder zu entwickeln. Das Management wählt deshalb vielleicht eine ganz andere Verfahrensweise.

Fehlbesetzungen

Wenn ein Mitarbeiter am falschen Platz ist, kann das nicht gut gehen. Viele Positionen werden besetzt, ohne die Bewerber gründlich zu prüfen. Häufig ist ausschlaggebend, wie lange jemand schon dem Unternehmen angehört oder man trifft willkürliche Entscheidungen. Für manche Manager ist nur Fachwissen ausschlaggebend; gesunder Menschenverstand und Herzensbildung sind nicht gefragt, obwohl gerade sie über Erfolg oder Misserfolg entscheiden.

Gleichgültigkeit

Wenn Firmenrichtlinien nicht verbindlich sind, werden die Mitarbeiter dies ausnutzen und weniger leisten.

Zu große Kontrollspannen

Muss ein Manager zu viele Mitarbeiter beaufsichtigen, kann er sich nicht genug um Einzelne kümmern. Die Organisationsstruktur sollte es ihm ermöglichen, mit seinen Mitarbeitern effektiv zusammenzuarbeiten, richtige Leistungsmaßstäbe zu vermitteln, zu führen und zu unterstützen.

Maßnahmen zur Abhilfe

Manager haben verschiedene Möglichkeiten, bei Leistungsknicks ihrer Mitarbeiter korrigierend einzugreifen.

Versetzungen

Dem Mitarbeiter wird ein anderer Arbeitsplatz auf gleicher Ebene zugewiesen; an seinem Lohn oder Gehalt ändert sich nichts. Wer für seine Aufgabe nicht die nötigen Voraussetzungen mitbringt, ansonsten aber tüchtig ist, erhält durch eine Versetzung die Chance, sich in einem anderen Bereich zu bewähren. Er bleibt dem Unternehmen erhalten und kann die Entwicklungsmöglichkeiten der neuen Position nutzen.

Beförderungen

In zahllosen Fällen sind Mitarbeiter weit unterfordert und kommen deshalb nicht zurecht. Sie würden von einer Beförderung profitieren.

Zurückstufungen

Wenn sich ein Mitarbeiter für eine Position als nicht genügend qualifiziert erweist, kann man ihm eine weniger anspruchsvolle Aufgabe zuweisen, die seinen Fähigkeiten eher entspricht. Oft vermeiden Firmen diese Maßnahme, weil sie bei den Betroffenen auf wenig Verständnis stößt. Es kann aber immer einmal vorkommen, dass ein erfolgreicher Mitarbeiter in eine Position aufrückt, der er noch nicht gewachsen ist. Dann ist es für ihn und das Unternehmen besser, wenn er seine frühere Tätigkeit wieder aufnimmt oder eine ihr ähnliche übernimmt. Wichtig ist jedoch, diese Maßnahme mit einem Gespräch zu verbinden, um Missverständnisse zu vermeiden.

Sanktionen

Jede Arbeitgeber-Arbeitnehmer-Beziehung basiert auf dem Wissen, dass bei ungenügender Arbeitsleistung Druckmittel eingesetzt werden. Häufig handhabt man sie unüberlegt, sie vergiften nur das Betriebsklima. Es wäre besser, die Situation durch positive Maßnahmen zu retten.

Manchmal bewirkt die Angst vor ungerechtfertigten Sanktionen, dass ein Mitarbeiter wie gelähmt reagiert. Gehen Sie der Sache auf den Grund. Wird der Leistungsabfall durch Schlendrian bewirkt, machen Sanktionen einen Sinn. Sind aber andere Dinge dafür verantwortlich, sollten die Ursachen geklärt werden.

Die Androhung von Konsequenzen ist meist formlos. Der Vorgesetzte spricht mit dem Mitarbeiter und verlangt bessere Arbeitsergebnisse. Dies ist von der unausgesprochenen Drohung begleitet, dass bei einer Weigerung entsprechende Maßnahmen ergriffen werden.

Wenn Mitarbeiter oder Gruppe darauf nicht reagieren, muss der Manager in Aktion treten. Häufig allerdings werden die angedrohten Maßnahmen nicht umgesetzt. Wenn die Mitarbeiter das einmal erkannt haben, werden alle Drohungen mit Konsequenzen wirkungslos.

Disziplinierung

In vielen Firmen werden Disziplinarmaßnahmen im Personalhandbuch oder der Betriebsverfassung festgelegt. Bei solchen Maßnahmen ist eine Abstimmung des Arbeitgebers mit dem Betriebsrat erforderlich.

Eine mündliche Verwarnung ist noch verhältnismäßig harmlos. Sie kann bei verspätetem unentschuldigten Arbeitsantritt, unerlaubtem kurzfristigen Verlassen des Arbeitsplatzes, Rückgang der Arbeitsleistung und ähnlichen, erstmaligen Verfehlungen ausgesprochen werden.

Die nächste Stufe der Sanktionen ist die Abmahnung. Sie erfolgt schriftlich, und der Empfang muss bestätigt werden. Abgemahnt wird zumeist bei wiederholten Verfehlungen, die den normalen Arbeitsablauf auch erheblich beeinträchtigen. Die schriftliche Abmahnung stellt oft eine Vorstufe zur fristlosen Kündigung dar. Wenn ein Arbeitnehmer innerhalb einer bestimmten Frist die Verfehlung, die den Grund zur Abmahnung darstellte, wiederholt, so muss er mit einer fristlosen Kündigung rechnen.

Das schwerste Geschütz ist natürlich die fristlose Kündigung. Sie ist jedoch nur bei Diebstahl, Arbeitsverweigerung, sexueller Belästigung oder nach mehrmaligen Abmahnungen erfolgreich. Der gekündigte Arbeitnehmer hat immer noch die Möglichkeit, vor dem Arbeitsgericht gegen die Kündigung zu klagen.

Aber auch Manager sind vor einer Kündigung nicht sicher. Auf den Top-Etagen des Managements weht inzwischen ein rauer Wind, wenn es darum geht, unliebsame Leute abzuservieren. Mit steigender Tendenz müssen sich in Deutschland wohl um die 2 000 Manager jährlich nach einem neuen Arbeitgeber umsehen. Dass diese Tatsache nicht besonders publik wird, dafür sorgen Arbeitgeber ebenso wie geschasste Manager. Schließlich steht auf beiden Seiten erhebliche Reputation auf dem Spiel. So wird oft gezahlt, genommen – und geschwiegen.

Grund für diese Entlassungswelle ist das Bestreben, Kosten einzusparen, und auch die Erkenntnis, dass die Einstellung eines „Leitenden" nicht unbedingt eine dauerhafte Beschäftigungsgarantie sein muss. Jahrelang konnte der so genannte „goldene Handschlag" das Beschäftigungsverhältnis per Aufhebungsvertrag beenden. Doch heute stehen andere Maßnahmen auf dem Programm: ungewollte Versetzungen, Suspendierungen, Verurteilungen zur Untätigkeit – „Frühstücksdirektor" lautet die dazu passende Vokabel.

Der Gang zum Arbeitsgericht wird dann sehr schwer, denn oft sind die Arbeitsverträge Leitender Angestellter in einer Weise abgefasst, dass Arbeitsrichter nur noch schmunzeln können.

Besser ist es in solchen Fällen, wenn ein offenes und ehrliches, wenn auch sehr schwierig zu führendes Kündigungsgespräch geführt wird. Dafür allerdings ist eine gründliche Vorbereitung erforderlich:

- Überprüfen Sie die Beurteilungen der letzten Jahre.
- Führen Sie das Gespräch in Ihrem Büro.
- Sprechen Sie die Kündigung selbst innerhalb der ersten Minuten des Gesprächs klar und sachlich aus.
- Vermeiden Sie Schuldzuweisungen.
- Lassen Sie sich auf keine Diskussionen über die Berechtigung der Kündigung ein.
- Vermeiden Sie „tröstende" Platitüden.
- Schieben Sie die Verantwortung für die Kündigung nicht auf andere.
- Bereiten Sie für die Kündigung die Konditionen schriftlich vor.

Sind Disziplinarmaßnahmen dieser Art, bis hin zur Kündigung, wirklich der Weisheit letzter Schluss? Ob durch Bestrafung etwas erreicht werden kann, ist fraglich. Untersuchungen haben ergeben, dass Mitarbeiter, die abgemahnt wurden, dieselbe Regelwidrigkeit wieder begingen. Andere Untersuchungen haben das Gegenteil bewiesen. Deshalb wird diese Frage meist sehr vage entschieden: Bestrafung wirkt nur bei bestimmten Personen und in bestimmten Fällen.

Einen Gegensatz zu diesem Strafkatalog stellt die *positive Disziplinierung* dar. Das traditionelle Disziplinierungskonzept geht davon aus, dass jedes Vergehen bestraft werden muss. Höchstes Strafmaß ist die Kündigung. Sie ist jedoch keinesfalls geeignet, die Leistungsfähigkeit eines Unternehmens zu steigern.

Um dieses Problem zu lösen, wurde eine sehr innovative Methode entwickelt, die positive oder affirmative Disziplinierung. Sie besteht aus einer Reihe von neuen Verpflichtungen statt Bestrafungen.

Der Mitarbeiter wird schon bei seiner Einstellung mit den Bestimmungen bekannt gemacht. Sie werden ihm Punkt für

Punkt erklärt, und er bestätigt schriftlich, dass er sie zur Kenntnis genommen hat.

Wenn er gegen diese Bestimmungen verstößt, wird er wiederholt darauf aufmerksam gemacht. Er verpflichtet sich schriftlich, sein Verhalten zu ändern. Strafe wird nicht angedroht. Nach der zweiten Zuwiderhandlung wird eine erneute Besprechung abgehalten; er wird nachdrücklich auf seine Verpflichtungen hingewiesen und muss wieder schriftlich bestätigen, dass er die betrieblichen Regelungen beachten wird. Nützt das alles nicht, wird er mit der Aufforderung nach Hause geschickt, sich die Sache durch den Kopf gehen zu lassen. Er muss entweder am nächsten Tag zurückkommen und sich definitiv verpflichten, den Anordnungen des Unternehmens zu folgen – oder seine Kündigung einreichen. Dieser Tag wird nicht von seinem Gehalt abgezogen. Die affirmative Disziplinierung soll keine Bestrafung sein. Das Unternehmen beweist damit Vertrauen in seine Mitarbeiter und gleichzeitig in die Wirksamkeit des neuen Konzepts. Kehrt der Mitarbeiter zurück, unterschreibt er eine neue Verpflichtung. Wenn auch dieser Versuch fehlschlägt, wird die Kündigung ausgesprochen.

Ist diese Methode erfolgreich? Im Augenblick wird sie nur von einigen Unternehmen angewandt. Diese jedoch berichten, dass ihnen viel Ärger erspart bleibt. Es lohnt sich also, sie im Auge zu behalten.

Persönliche psychologische Beratung

Manche Firmen haben eigene psychologische Beratungsstellen. Besonders schwere Fälle werden jedoch zu externen Therapeuten geschickt. Betriebspsychologen beschränken sich meist auf leichtere, vorübergehende Störungen. Viele Unternehmen sind aber mit dem Konzept eigener Psychologen nicht einverstanden. Sie betrachten es als Einmischung in die Privatsphäre ihrer Mitarbeiter. Therapie ist ihrer Meinung nach nicht Firmensache.

In den letzten Jahren haben viele Unternehmen versucht, Mitarbeitern bei Alkohol- und Drogenproblemen zu helfen, andere stellen Menschen mit solchen Problemen erst gar nicht ein oder versuchen, die Angelegenheit mit Hilfe einer ordentlichen Kündigung zu regeln, die vordergründig eine andere Begründung hat. Da sich Probleme dieser Art oft erst allmählich entwickeln und nicht von heute auf morgen auftreten, müssen die Firmen entscheiden, ob sie diese Mitarbeiter rehabilitieren oder entlassen wollen.

Hilfe bei persönlichen Schwierigkeiten

Eine wichtige Funktion der Führungskraft ist die Bewältigung individueller Schwierigkeiten innerhalb ihrer Abteilung. Sie sollte sie genau so ernst nehmen wie Arbeitsprobleme und sorgfältig analysieren. Wir empfehlen drei Schritte:

- *Das Problem erkennen.* Ist es wirklich ein Problem? Worin besteht es? Es ist wichtig, das Problem zunächst genau zu definieren.
- *Die Situation klären.* Wen betrifft es? Was sind die näheren Umstände? Wie wirkt es sich aus? Was sind die Ursachen? Untersuchen Sie Zusammenhänge und Fakten. Erwägen Sie mögliche Lösungen. Was kann getan werden, um die Sache in Ordnung zu bringen? Gibt es Alternativen?
- *Die Alternativen prüfen.* Vergleichen Sie Vor- und Nachteile. Entscheiden Sie sich für die beste Möglichkeit. Setzen Sie sie in die Tat um.

Die folgenden Richtlinien könnten bei der Handhabung von Konflikten hilfreich sein:

- Es gehört zu Ihren Aufgaben, die Disziplin und Arbeitsmoral in Ihrer Abteilung aufrechtzuerhalten.
- Bevor Sie eingreifen, sollten Sie nicht nur das Problem, sondern auch seine Ursachen kennen.

- Vergewissern Sie sich, ob der Betroffene auch versteht, was beanstandet wird. Geben Sie ihm Gelegenheit, sein Verhalten zu erklären. Entscheiden Sie erst, wenn Sie alle Fakten kennen.
- Geben Sie dem Betroffenen noch eine Chance, bevor Sie eine Disziplinarmaßnahme veranlassen.
- Handeln Sie umgehend. Durch Verzögerungen verliert die Sache ihre Wirkung.
- Prüfen Sie, ob Sie genügend Beweise haben, bevor Sie eine Maßnahme ergreifen. Kennen alle Beteiligten Ihre Beweggründe?
- Erwarten Sie nicht, dass Probleme sich von selbst lösen.
- Treffen Sie erst Ihre Entscheidung, wenn die erste Aufregung vorüber ist.
- Versuchen Sie nicht, unverbesserliche Mitarbeiter zur Einsicht zu bringen. Haben Sie jedoch das Gefühl, dass emotionale Probleme eine Rolle spielen, die eventuell durch eine Beratung behoben werden können, leiten Sie die Angelegenheit an Ihre Personalabteilung weiter.
- Schieben Sie einen problematischen Mitarbeiter nicht einfach auf einen anderen Posten. Das löst Ihr Problem nur, wenn es für beide, Unternehmen und Mitarbeiter, Vorteile bringt.
- Kritisieren Sie nie einen Mitarbeiter vor anderen. Er würde dadurch sein Gesicht verlieren und Sie hassen.

Wenn eine Führungskraft sich bemüht, persönliche Probleme ihrer Mitarbeiter in den Griff zu bekommen, und nicht nur emotional darauf reagiert, wird sich das Betriebsklima ihrer Abteilung verbessern, die Fluktuation abnehmen und die Produktivität steigen.

Teil V
Koordination und Kontrolle

V

Führungsfähigkeit bedeutet,
die richtige Stelle mit dem richtigen Mitarbeiter
zu besetzen und ihn in Bestform zu halten.

Herbert G. Stockwell

Erzielen Sie Top-Ergebnisse mit automatischen Leistungs-Systemen

- Tipps für die Leistungsbewertung.
- Wie Sie den Widerstand gegenüber Veränderungen abbauen.
- Wie Sie dafür sorgen, dass neue Systeme gern akzeptiert werden.

16. Koordination

Es gehört zu den Aufgaben eines Managers, die verschiedenen Aspekte der Arbeit im Gleichgewicht zu halten. Dazu muss er die Aufgaben seiner Mitarbeiter so koordinieren, dass sie optimale Resultate erzielen.

Dies erreicht er, wenn er bei seinen Entscheidungen die ineinander greifenden Aktivitäten berücksichtigt und verbindet. Er muss darauf achten, alles zu vermeiden, was einer Realisierung der Ziele im Wege steht.

Koordination – eine der Schlüsselfunktionen jedes Managers – wird definiert als Abstimmung von Einzelaktivitäten im Hinblick auf ein übergeordnetes Ziel.

- *Koordination von Mitarbeitern innerhalb einer Gruppe:* Wenn Musiker im Orchester nur ihre Noten spielen, gehört das zwar auch zu ihrer Aufgabe, das Resultat wird aber disharmonisch sein. Koordiniert der Dirigent ihre Arbeit, entsteht Harmonie.
- *Koordinieren von Gruppen innerhalb eines Unternehmens:* Jede Abteilung muss wissen, was die anderen Abteilungen tun, und ihre Projekte in Übereinstimmung mit ihnen vorantreiben. Wenn die Verkaufsabteilung ein

bestimmtes Produkt am Markt einführen will, muss sich die Produktion darauf einstellen; die Einkaufsabteilung muss die benötigten Materialien beschaffen, Buchhaltung und Finanzen müssen die Geldmittel zur Verfügung stellen und entsprechende Beschaffungsmaßnahmen einleiten; die Personalabteilung schließlich muss zusätzliche Mitarbeiter finden.

- *Koordination von Unternehmen:* In einer komplexen Wirtschaftsordnung sind Firmen voneinander abhängig. Das Management muss wissen, was sich auf internationaler Ebene tut und wie und in welchem Umfang, mit welchen Auswirkungen dies die Pläne des Unternehmens betrifft. Bei Materialknappheit oder in einer Energiekrise müssen Unternehmen sich untereinander absprechen und staatliche Maßnahmen berücksichtigen.

Koordination beginnt mit den Entschlüssen des Managers. Werden seine übrigen Schlüsselfunktionen – Planen, Organisieren, Leiten und Kontrollieren – zufrieden stellend erfüllt und ihre Wechselbeziehungen berücksichtigt, dann resultieren daraus harmonische Betriebsabläufe.

Koordination setzt eine genaue und differenzierte Planung voraus. Die Pläne sämtlicher Bereiche müssen miteinander in Beziehung stehen. Kurz- und langfristige Pläne sollten ein Ganzes bilden, damit ihre Ziele sich nicht widersprechen. Führungskräfte der mittleren Ebene dürfen sich nicht nur um ihre Abteilungsziele kümmern und die Betriebsziele übersehen. Pläne lassen sich leichter koordinieren, wenn die damit Beauftragten an ihrer Konzeption beteiligt werden.

Koordination sollte in der Organisationsstruktur verankert sein. Bei der Schaffung von Abteilungen müssen Leitungs- und Verantwortungssysteme ebenso wie Stab-Linien-Systeme als Basis für zukünftige Koordination eingeplant werden. Eine

Funktion oder Aktivität innerhalb der Struktur richtig anzusiedeln, gehört zu den wichtigsten Aufgaben der Koordination.

Führen und Koordinieren gehören eng zusammen. In kleineren Betrieben hängt viel von der Koordinationsfähigkeit des Managers ab. Da er mit der Situation vertraut ist und die Kommunikationswege entsprechend kurz sind, wird ihm die Koordination viel leichter fallen als Führungskräften in großen Unternehmen. Weil alle Betroffenen sich kennen und eng zusammenarbeiten, werden ausgewogene Arbeitsergebnisse leichter erzielt. Erschweren jedoch Größe oder Komplexität einer Organisation diese Beziehung, müssen formale Koordinationssysteme entwickelt werden.

Auch Kontrolle und Koordination sind eng miteinander verbunden. Nur durch regelmäßige Kontrolle der Arbeitsergebnisse können die Kräfte eines Unternehmens ausbalanciert werden. Koordination ist in jeder Arbeitsphase eines Managers erforderlich. Sie ist das Schmiermittel, das einen reibungslosen Ablauf garantiert.

Hierarchien in Unternehmen

Es ist wie bei Maschinen: Je komplizierter sie sind, je mehr Einzelteile für ein störungsfreies Funktionieren erforderlich sind, um so größer ist die Gefahr, dass das große Ganze plötzlich stehen bleibt. So auch in den Unternehmen: Je mehr Hierarchiestufen ein Unternehmen aufweist, umso anfälliger ist es für Störungen und Reibungsverluste jeglicher Art.

Wer schnell auf die wechselnden Erfordernisse des Marktes reagieren will, kann sich in seinem Unternehmen keine bürokratischen Strukturen leisten. Flacher, schneller, synergieorientierter ist das Gebot der Stunde. Die betriebliche Hierarchie wird strikt ausgedünnt.

Viel dazu beigetragen hat die Organisation in Profitcenter und Arbeitsgruppen. Die Leiter dieser Gruppen wurden mit mehr

Entscheidungskompetenz ausgestattet, die Steuerung und Überwachung wird von der Gruppe selbst übernommen. Informationsverarbeitung findet vor Ort statt, und auch die Entscheidungen werden dort getroffen, wo sie anfallen. Und das ist in der einzelnen Organisationseinheit. Aus der Macht über jemanden wird die Verantwortung für etwas.

Die Computertechnologie macht es möglich, dass die Informationen schneller und umfassender weitergegeben werden können und den Gruppen mittels entsprechender Expertensysteme wirksame Entscheidungshilfen geboten werden.

Der amerikanische Bestseller-Autor Tom Peters plädierte gar dafür, das Mittelmanagement ganz abzuschaffen. Bei Daimler wurde der siebenstöckige Hierarchieturm auf vier Etagen reduziert. Cyril Northcote Parkinsons Meinung über Hierarchien bleibt aktuell. Vor vielen Jahren hielt er die katholische Kirche für die beste Organisation, da sie nur über drei Hierarchie-Ebenen verfügt.

Koordination durch Stäbe

Auch wenn bei guter Organisationsstruktur die Koordinationsmöglichkeiten in der Unternehmenshierarchie verankert sind, greifen viele Unternehmen auf zusätzliche Instrumente zurück.

Am häufigsten werden Stabsstellen mit der Aufgabe betraut, Aktivitäten verschiedener Teilbereiche einer Abteilung aufeinander abzustimmen.

Die Aufgaben einer Stabsstelle können allgemein oder fachbezogen sein. Oft erfüllt ein Sachbearbeiter oder der Assistent einer Führungskraft diese Funktion.

Besonders nützlich ist ein Stabsassistent für horizontale Kommunikation und Koordination. Er kann mit untergeordneten Managern als Repräsentant einer höheren Instanz verhandeln. Er übermittelt Informationen, verschafft sich Feedback, deckt Probleme auf, schlichtet persönliche Konflikte und leitet alles Übrige in die Wege, um einen reibungslosen Ablauf zu garantieren. Wie viel er bewirken kann, hängt von seiner Autorität ab. Manchmal tritt er als Vertreter seines Chefs auf und ist dementsprechend einflussreich. Meist muss er jedoch sehr viel diplomatisches Geschick und Überzeugungskraft entwickeln, um seine Ziele zu erreichen.

Dabei handelt es sich eigentlich um Koordination von außen. Eine effiziente Organisation und Kontrolle sollte interne Koordination ermöglichen.

Koordination von Linie und Stab

In unserem technologischen Zeitalter kann ein Unternehmen nicht auf die fachliche Unterstützung von Experten verzichten. Sie helfen den Linienmanagern, Produktion und Gewinne zu steigern.

Linienmanager sind in betriebswirtschaftlicher Hinsicht meist sehr gut ausgebildet. Ihre Erfahrung ist bei Entscheidungen, von denen die Existenz und der Erfolg eines Unternehmens abhängen, einfach unerlässlich.

Dennoch braucht das Top-Management Experten, die mit ihrem Spezialwissen Produktivität und Rentabilität erheblich steigern können. Diese Experten bilden die Stäbe oder Stabsstellen. Da eine Stabsstelle auch eine persönliche Leitungshilfe – eine Assistentenstelle – bezeichnen kann, behalten wir zur Vermeidung von Missverständnissen die Bezeichnung „funktionale Experten" bei. Die Zusammenarbeit von Linienpersonal und Experten hat Vor- und Nachteile:

1. Wenn funktionale Experten einen zu großen Spielraum haben, wird die Linieninstanz geschwächt. Weitere Experten werden benötigt, neue Kosten entstehen.

2. Linienmanager und Stabsstellen reagieren oft aggressiv, wenn sie glauben, ihre Befugnisse und Kompetenzen würden von der anderen Seite in Frage gestellt. Es kann zu erheblichen Auseinandersetzungen kommen. Um Kompetenzübergriffen zuvorzukommen, werden Barrieren errichtet. Sie machen Kooperation und Koordination unmöglich. Dann können weder gute Arbeitsergebnisse erzielt noch Fortschritte gemacht werden.
3. Fachkräfte können ihre Spezialgebiete so überbewerten, dass andere Bereiche darunter leiden.

Diese Gefahren lassen sich vermeiden, wenn man nur wirklich notwendige Stabsstellen errichtet und dafür sorgt, dass zwischen Linien- und Stabspersonal ein gutes Arbeitsklima entsteht. Es ist sehr wichtig, darauf zu achten, dass Stabsmanager ihre Aktivitäten nicht auf Kosten der Linienmanager ausweiten, dass die Kompetenzen der Stabsmanager abgrenzt werden und ihnen nur in ihrem ureigensten Bereich Weisungsbefugnis erteilt wird. Linienmanager müssen in allen Angelegenheiten ihrer Abteilung vorab informiert und befragt werden. Man sollte auf jeden Fall die Situation gründlich analysieren.

Bevor Sie die Unterstützung von Stabsmanagern suchen, beachten Sie Folgendes: Manchmal könnten durch gute Koordination der Linienkräfte bessere Resultate erzielt werden. Zu oft wird bei jedem Problem gleich ein Team von teuren Experten berufen.

Wenn nur vorübergehend, zur Lösung eines aktuellen Problems Fachwissen benötigt wird, dann rechtfertigt das nicht unbedingt gleich die Einrichtung einer Stabsstelle. In solchen Situationen könnte man sich mit externen Beratern behelfen, bis der Bedarf so dringend wird, dass eine volle Stabsstelle benötigt wird.

Ein Linienmanager hat immer den Vorteil, dass er seine Leute direkt kontrollieren kann. Von ihnen hängt es im Grunde ab, ob eine Aufgabe erfüllt wird. Linienmanager können sich meist in den Bereich einarbeiten, in dem sie dank direkter Autorität gute Ergebnisse erzielen. Diese Faktoren sollten erwogen werden, ehe man sich für eine bestimmte Vorgehensweise entscheidet.

Sind, wie bei der Lohnbuchhaltung, für mehrere Abteilungen einheitliche und aufeinander abgestimmte Verfahren erforderlich, muss es eine zentrale Stelle geben, die eine solche Koordination gewährleistet. Diese Stelle benötigt Fachkräfte.

Manchmal hängen die Aktivitäten einer Abteilung von einer detaillierten Kenntnis der Aktivitäten einer anderen Abteilung ab. Dann muss sich eine zentrale Stelle um die Koordination kümmern.

Bislang hat man geglaubt, Experten dürften nicht zwischen Stab und Linie hin- und hergeschoben werden. Die Linienmanager würden in ihnen nur Eindringlinge sehen. Untersuchungen haben jedoch gezeigt: ausschlaggebend sind die Situation und der Grad der Abgrenzung von Kompetenzen, Beziehungen und der notwendigen Koordination.

Um solche Konflikte zu vermeiden, ist zu beachten, dass Linienmanager verstehen, dass Experten ein überlegenes Fachwissen besitzen. Sie sollten deren Vorschläge deshalb nicht einfach übergehen. Wenn die Experten des Stabes sich nicht auf eine übergeordnete Autorität berufen können, werden sie bei Linienmanagern nicht viel erreichen können.

Gleichzeitig müssen aber auch die Experten eines Stabes wissen, dass sie Linienmanager nur bei der Erreichung ihrer Ziele unterstützen und sich nicht in deren Kompetenzen einmischen dürfen. Stab und Linie müssen eine Zusammenarbeit anstreben, um Ergebnisse zu erzielen.

Wenn die gesteckten Ziele erreicht werden, ist es immer ein Verdienst beider Seiten – ein Verdienst der Linie und des Stabes.

Ausschüsse

Viele Geschäftsabläufe werden durch Komitees oder Koordinationsausschüsse geregelt. Bei einer Koordinationssitzung werden verschiedene Meinungen auf einen Nenner gebracht, Vorgehensweisen umrissen sowie Koordination und Kooperation festgelegt, damit alle Beteiligten die Entscheidungen respektieren.

Koordinationsausschüsse fördern partnerschaftliches Management. In einer Sitzung beteiligen sich die Anwesenden aktiv an der Entwicklung eines Konzepts. Das motiviert sie, sich für die Realisierung der festgelegten Ziele einzusetzen. Verbunden damit ist eine enge Zusammenarbeit mit den anderen Mitgliedern des Ausschusses.

Ausschüsse taugen nur so viel wie ihre Mitglieder und deren Verständnis für die angestrebten Ziele. Sind sie weder kompetent noch kooperativ, bewirken sie eher das Gegenteil ihrer Bestimmung.

Für den Erfolg eines Ausschusses, der mit einem ad hoc-Team, einer Matrix-Organisation durchaus vergleichbar ist, ist nicht nur die fachliche Zusammenstellung, sondern ebenfalls die charakterliche Abstimmung von ausschlaggebender Bedeutung.

Die englischen Professoren Charles Margerison und Dick McCann haben eine Idealkonstellation von acht Mitgliedern verschiedener Arbeitsneigungen und Ressourcen erkannt. Die Charakteristika gehen auf den Schweizer Psychoanalytiker C. G. Jung zurück. So sollte das Team bestehen aus

- einem Berater, der mit viel Geduld Informationen sammelt und Entscheidungen sorgfältig vorbereitet
- einem Kreativen, der mit neuen Ideen Bestehendes in Frage stellt, gerne neue Wege geht und experimentiert
- einem Überzeuger, der Ideen aufnimmt und die Möglichkeit hat, andere dafür zu begeistern

- einem Bewerter, der sich insbesondere um die Verwirklichung von Ideen bemüht und Neues oder Ungewohntes auf die Praxistauglichkeit überprüfen kann
- einem Entscheider, der Pläne in die Tat umsetzen kann und Druck hinter eine Sache bringt
- einem Macher, der ausführt, was andere vorgegeben haben. Auch Routinearbeiten sind ihm kein Greuel
- einem Prüfer, der sich um die Details bemüht und einen ausgeprägten Sinn für Zahlen und Ordnung hat
- einem Bewahrer, der im Team für Stabilität sorgt und Veränderungen eher skeptisch gegenübersteht

Diese Mischung verschiedener Charaktere und Talente sollte eigentlich zusammen mit einem Moderator, den nichts „umwerfen“ kann, für erfolgreiche Arbeit prädestiniert sein.

Ausgewogenheit

Unternehmen sind ständig dem Einfluss externer Faktoren ausgesetzt. Deshalb müssen Manager äußere Bedingungen, interne Personalveränderungen sowie die Dynamik einer Geschäftssituation im Auge behalten, um das Gleichgewicht der Abläufe zu bewahren. Wird die Stelle eines Abteilungsleiters besetzt, kann auf einen nachgiebigen Chef ein hart durchgreifender folgen. Damit verändern sich automatisch die Machtverhältnisse im Unternehmen. Das Management muss darauf achten, dass die Aktivitäten der anderen Abteilungen nicht darunter leiden.

Unter solchen Umständen das Gleichgewicht aufrechtzuerhalten, kann sehr schwierig sein. Um Veränderungen vorzubereiten, muss das Management ständig seine Rolle sowie die Beziehungen zwischen Managementebenen hinterfragen.

Um Koordinationsmaßnahmen anzupassen und optimal zu nutzen, ist Folgendes zu beachten:

- Das Management muss die Ziele des Unternehmens und seiner Einheiten ständig überprüfen, Akzente und Prioritäten setzen. Dabei dürfen Teilziele nicht vernachlässigt werden.
- Prüfen Sie die Teilziele, damit sie nicht im Widerspruch zu den Hauptzielen stehen.
- Alle Betriebsabläufe sollten sich im Gleichgewicht befinden. Häufig boxen Manager nur ihre eigenen Projekte durch und vergessen dabei den großen Zusammenhang. Dadurch werden nicht nur die primären Ziele gefährdet, sondern auch die anderen Manager entmutigt. Sie erkennen, dass das Steckenpferd des Chefs Vorrang vor den allgemeinen Unternehmenszielen hat.

  Das geschieht häufig dann, wenn eine Fachkraft zur Führungskraft aufsteigt. Hat sie vor ihrer Berufung zum Beispiel im Bereich Forschung und Entwicklung gearbeitet, so kann man davon ausgehen, dass dieser Bereich auch während ihrer Zeit als Führungskraft eine hervorragende Bedeutung hat.
- Halten Sie sich auf dem Laufenden: Veraltete Methoden ohne neue Konzepte werden dem Unternehmen schaden. Wenn eine Abteilung davon besonders betroffen wird, muss dies negative Auswirkungen auf die ganze Firma haben.
- Entwickeln Sie ein System für regelmäßige Kontrollen. Nur so können Sie sicher sein, dass die Geschäftsabläufe sich im Gleichgewicht befinden. Computer-Informationssysteme können dabei sehr hilfreich sein.
- Das Gleichgewicht sollte nicht nur im unmittelbaren Tätigkeitsbereich des Managers, sondern auch in den nachfolgenden Bereichen aufrechterhalten werden. Je weiter unten in der Hierarchie ein Problem auftaucht, desto leichter ist es zu beheben.

- Kontrollieren Sie, ob alle Stellen die festgelegten Leistungen erbringen.
- Befasst sich jeder Mitarbeiter bei angemessenem Arbeits- und Zeitaufwand mit wichtigen Geschäfts- oder Arbeitsabläufen? Oder werden die Energien Ihrer Mitarbeiter an relativ bedeutungslose Dinge verschwendet?

Manager sollten Pflichten und Grenzen ihres Kompetenzbereichs kennen. Der Konflikt zwischen Pflichten und Befugnissen ist immer wieder problematisch. Regelungen sollten schriftlich fixiert und allen Beteiligten bekannt sein. Eine effiziente Koordination setzt voraus, dass innerbetriebliche Konflikte aus der Welt geschafft oder zumindest auf ein Minimum reduziert werden.

Das Management muss sich bemühen, seine Mitarbeiter an den Entscheidungen zu beteiligen, und ihnen Gelegenheit geben, Ideen zu entwickeln und Beschwerden zu äußern.

Warum können viele Manager nicht richtig koordinieren? Ein Grund ist die Spezialisierung des Führungsnachwuchses. Hat ein Management-Trainee seine Grundausbildung absolviert, kommt er in eine bestimmte Abteilung, in der er im Lauf der Jahre aufsteigt. Wird im allgemeinen Führungsbereich eine Kraft gesucht, hat der die besten Chancen, der sich auf seinem Spezialgebiet bewährte. Sein Hintergrundwissen in anderen Unternehmensbereichen ist jedoch eher dürftig. Er muss sich in dieser relativ späten Phase seiner Karriere auf sämtlichen Ebenen sachkundig machen. Da er unmöglich alles in den Griff bekommen kann, wird er sich vor allem auf die Dinge konzentrieren, die ihm bekannt sind.

In Japan werden Manager nicht zu Spezialisten ausgebildet. Versetzungen während der ersten zehn Jahre ermöglichen es ihm, sich mit allen Bereichen des Betriebs vertraut zu machen. Wird eine Führungskraft für den allgemeinen Management-Bereich gesucht, hat das Unternehmen Nachwuchskräfte, die die Firma fast auswendig kennen.

Management-Training sollte strategisches Denken fördern. Deshalb sollte auch derjenige Anerkennung bekommen, der seine Ziele im Hinblick auf das Gesamtziel realisiert, etwa ein Ingenieur, der Herstellungstechniken verbessert und damit Produktionsgewinne steigert, selbst wenn das seiner Abteilung Kosten verursacht. Dadurch wird auch der Abteilungsleiter ermutigt, die Interessen des Unternehmens über die seiner Abteilung zu stellen.

Das allgemeine Management sollte allen spezialisierten Abteilungen ihre gegenseitige Abhängigkeit klarmachen. Abteilungsleiter sollten die Gesamtziele miteinander besprechen. Ein Organigramm mit detaillierten Stellenbeschreibungen hilft, Missverständnisse und Kompetenzschwierigkeiten zu vermeiden.

Externe Koordination

Bei vielen Entscheidungen muss ein Manager Faktoren außerhalb des Unternehmens miteinbeziehen. Kein Unternehmen kann heute etwas planen, ohne wirtschaftspolitische Entscheidungen, Gesetze und Auflagen zu berücksichtigen. Solche Dinge müssen einem Manager bekannt sein, zum Beispiel die Umweltschutzgesetzgebung, wenn die Umwelt von seinen Entscheidungen betroffen wird.

Entscheidungen werden aber auch von der Wirtschaftslage im In- und Ausland beeinflusst, vom technologischen Fortschritt und dem Verhalten von Lieferanten, Konkurrenten, Kunden und nicht zuletzt von der Öffentlichkeit.

Als in den siebziger Jahren, ausgelöst durch politische Ereignisse, künstlich ein Mangel an Rohöl herbeigeführt wurde, gab diese Knappheit erst den Anstoß zur Entwicklung benzinsparender Antriebsaggregate. Und erst die wichtige und deshalb von den Umweltschutzverbänden und der Öffentlichkeit sehr engagiert geführte Diskussion um den „sauren Regen“ und das Ozonloch führte zu einem Umdenken auf der Seite der Politik und der Industrie. Die Kraftfahrzeuge wurden mit Katalysatoren ausgerüstet, den Heizkraftwerken wurden Entschwefelungsanlagen verordnet.

Welche Methoden für externe Koordination angewandt werden, hängt von der Situation ab. Im Umgang mit Behörden müssen Manager nicht nur Gesetze und Bestimmungen, sondern auch bereits gefällte Urteile kennen. Sie sollten Veränderungen voraussehen und zu erwartende Auflagen in ihre Überlegungen einbeziehen. Viele Manager sind Mitglieder in politischen Parteien oder Wirtschafts- und Fachverbänden, die eine einflussreiche Lobby bilden.

Der Einfluss von Verbraucherverbänden lässt sich am Beispiel der Automobilindustrie zeigen. Kritik veranlasste die Hersteller, ihre Konzepte radikal zu verändern. Das Management kann es sich nicht leisten, solche Forderungen zu ignorieren.

In den USA war es der Anwalt Ralph Nader, der anlässlich von Unfällen, bei denen wegen mangelhafter Verarbeitung und Sicherheitsmängel der Kraftfahrzeuge Menschen zu Schaden kamen, Schadenersatzklagen in Millionenhöhe gegen die Automobilhersteller anstrengte. Dadurch zwang er der Politik das Thema „Produkthaftung“ auf und die Automobilhersteller zu neuen Sicherheitskonzepten. Ohne solche Initiativen gäbe es wohl kaum die Pflicht, Sicherheitsgurte in Autos einzubauen, und für die Insassen die Pflicht, diese auch anzulegen. Oder wäre auch ohne solche Einflüsse das Anti-Blockiersystem ABS oder der Aufprallschutz Airbag entwickelt worden?

Ein weiteres Beispiel: 1995 wurden die Ozon-Killer Fluorchlorkohlenwasserstoffe (FCKW) verboten. Die Hersteller von Kühlschränken suchten, mehr oder weniger intensiv, nach Lösungen. Nur in Neumünster, bei der Eiskalt Kühlmöbel GmbH, konnte man sich schon frühzeitig zurücklehnen. Der Hersteller Erich Handrick hat dieses Problem schon lange gesehen und nicht abgewartet. In Texas fand er ein FCKW-freies Kühlmittel, die Kältemaschinen werden in Frankreich gebaut, und den FCKW-freien Kunstschaum für die Kühlschränke fand der Eiskalt-Chef gleich in der Nähe.

Der Erste zu sein, sichert erhebliche Marktvorteile, insbesondere dann, wenn man in einer Zeit, in der die Verbraucher in Sachen Umweltschutz sehr hellhörig geworden sind, die gesetzlichen Verbote nicht erst abwartet, sondern freiwillig, lange vor den Konkurrenten, mit einer Lösung aufwarten kann.

Technologie ist ein externer Faktor. Der Fortbestand einer Firma kann davon abhängen, ob sie mit den neuesten Entwicklungen Schritt hält. Dies kann durch gute Zusammenarbeit mit verschiedenen Institutionen aus diesem Gebiet erreicht werden. Viele Unternehmen fördern die Mitgliedschaft ihrer Ingenieure in entsprechenden Verbänden und ermutigen sie, sich über Forschungsprojekte zu informieren. Der Erfolg eines Unternehmens hängt oft auch von anderen Unternehmen ab. Deshalb ist es unerlässlich, dass es seine Aktivitäten mit denen anderer Unternehmen koordiniert. Produktionsabteilungen müssen sich mit Lieferanten absprechen, Versandabteilungen mit der Transportbranche. Koordination setzt voraus, dass man sich in diesen Bereichen auskennt, Branchenverzeichnisse, Kataloge, Berichte studiert, Fachverbände besucht, persönliche Kontakte knüpft ....

Koordination lässt sich nicht erzwingen. Wenn Mitarbeiter gebeten werden, ihre Aktivitäten zu koordinieren, wird man pro forma Zusagen bekommen, meist aber nicht mehr. Durch ein positives Programm lassen sich Aktivitäten von der Spitze bis zur Basis koordinieren. Es beginnt mit der Planung und durchdringt alle Betriebsbereiche.

17. Kontrolle

Eine entscheidende Aufgabe des Managements ist Kontrolle. Sie soll gewährleisten, dass die tatsächlichen Ergebnisse sich mit den geplanten decken. Ein systematischer Kontrollprozess besteht aus drei Schritten:

- Erstellung von Leistungsnormen
- Vergleich der erzielten Resultate mit den Maßstäben
- Korrekturen.

Leistungsnormen müssen entwickelt werden, damit alle Führungskräfte wissen, was von ihnen erwartet wird und wie ihre Leistung an ihnen gemessen werden kann. Folgendes ist dabei zu beachten:

Verantwortlich für die Ausarbeitung von Leistungsmaßstäben sind sowohl die mit der Ausführung Beauftragten als auch deren Vorgesetzte.

Um Leistungsnormen festzulegen, sollte der Manager folgende Frage schriftlich beantworten: „Welche Bedingungen sollten erfüllt sein, wenn die Aufgabe zufrieden stellend ausgeführt ist?“ Auch der Mitarbeiter sollte sich diese Frage stellen.

In ihrer endgültigen Form sollten Leistungsnormen die wichtigsten Bereiche umreißen, für die der Einzelne persönlich verantwortlich ist.

Anschließend sollten Manager und Mitarbeiter Endresultate planen oder Bedingungen festlegen, die jeden Verantwortungsbereich abdecken und ermöglichen, Zielvorgaben zu erreichen. Diese Endresultate bestimmen die Leistungsnormen.

Endresultate sollten nicht allgemein gehalten werden, sondern realistische Pläne sein, die ausgeführt werden können: das Ergebnis einer Aktion, entwickelte oder verbesserte Beziehungen oder erzielte Fortschritte. Dies soll quantitativ, qualitativ, zeitlich oder anders messbar sein, so dass am Ende der Planungsperiode Erfüllung oder Nichterfüllung einfach festzustellen ist. Endresultate müssen bestimmen:

- Was konkret getan werden muss.
- Wie jede Aufgabe bewältigt werden muss.
- Wie die Arbeit aufzuteilen ist.
- Wie gut die Arbeit durchgeführt werden muss.
- Von wem die jeweilige Aufgabe bewertet wird.
- Wann die Aufgaben begonnen und erledigt sein müssen.

Da Leistungsnormen individuelle Arbeitsleistungen ermitteln und an ihnen gemessen wird, ob das Geplante erreicht wurde, müssen diese besonders gut durchdacht sein und von allen Managern und Mitarbeitern akzeptiert werden.

Um Leistungsnormen vernünftig und optimal gestalten zu können, sollten sie auf die wichtigsten Bereiche eingegrenzt werden.

Beschränken Sie Leistungsmaßstäbe nicht nur auf materielle Faktoren wie Kosten, Produktion, Verkauf und so weiter. Berücksichtigen Sie auch immaterielle Größen wie Mitarbeiterförderung, Verbesserung zwischenmenschlicher Beziehungen, persönliche Weiterbildung.

Vergleichen Sie in jedem Bereich die „Ist-Situation“ mit dem, was am Ende der Phase erwartet wird.

Kontrollpunkte

Das Management darf sich nicht erst am Ende einer Periode überzeugen, ob alles nach Plan läuft. Um Probleme sofort zu erkennen, müssen strategische Kontrollpunkte festgelegt werden. Sie sollten aber erst dann gesetzt werden, wenn die bis dahin geleistete Arbeit eine realistische Bewertung zulässt.

Ein Beispiel dafür ist die Qualitätskontrolle: Vor einem neuen Produktionsprozess wird geprüft, ob die Vorarbeit korrekt durchgeführt wurde. Es ist leichter, Defekte bei den Einzelteilen zu beheben, bevor sie zusammengebaut sind.

Auf höherer Managementebene sollte der Kontrollpunkt gegen Ende eines bestimmten Zeitabschnitts festgesetzt werden (zum Beispiel nach einem Monat), um Aspekte der Arbeit überprüfen zu können, ehe die neue Periode beginnt. Probleme bei Zeiteinteilung oder Qualität können rechtzeitig korrigiert werden.

Das bereits angeführte Ausnahmeprinzip ist bei der Auswahl von Kontrollpunkten besonders effektiv. Der Manager muss lediglich Abweichungen von erwarteten Normen feststellen und entsprechende Maßnahmen einleiten.

Bei mengenmäßig bestimmbaren Größen können Jahresergebnisse durch die Zahl der Kontrollpunkte geteilt werden, um erforderliche Korrekturen vorzunehmen. Bei immateriellen Zielen ist es schwierig, Zwischenergebnisse an einzelnen Kontrollpunkten zu ermitteln.

Martin L. Paulsen, Abteilungsleiter der Wang Laboratories in New Mexico war beunruhigt, weil einer seiner besten Kunden unzufrieden war. Es hatte Probleme bei der Fakturierung gegeben. Die Firma war unter anderem wiederholt gemahnt worden, obwohl die Rechnungen schon beglichen waren.

Eine Analyse ergab, dass sämtliche Zahlungen direkt an die Zentrale gehen sollten. Deshalb wurden eingehende Beträge manchmal falschen Projekten zugeordnet.

Paulsen schlug vor, dass die Kunden direkt bei der Filiale zahlen sollten, die den Betrag an die Zentrale weiterleiten würde. Durch Verlegung des Kontrollpunktes wurden die Buchhaltung übersichtlicher, Fehler vermieden, der Umsatz gesteigert und die Kunden zufrieden gestellt.

Leistungsbewertung

Wenn Leistungsnormen aufgestellt und Kontrollpunkte gesetzt sind, muss der Manager Methoden wählen, um festzustellen, ob Anforderungen und Leistungen sich decken. Dazu gehören:

Persönliche Beobachtung

Meist inspizieren Manager die ihnen unterstellten Bereiche von Zeit zu Zeit, um nach dem Rechten zu sehen. Man nennt dies auch „Management by walking around" (Management durch Umhergehen). Dabei geht es um Quantität und Qualität der Arbeit, Einstellung der Mitarbeiter und um Arbeitsabläufe. Der Manager kann sofort eingreifen und ein Gefühl für die Situation entwickeln. Die Mitarbeiter erleben den Manager, sehen sein Interesse und strengen sich entsprechend an.

Bei immateriellen Faktoren ist dies besonders hilfreich. Wahrscheinlich gibt es keine bessere Möglichkeit, um Moral, Ausbildungsstand sowie die Behandlung der Mitarbeiter zu überprüfen und die Verbindung mit den Beschäftigten aufrechtzuerhalten.

Die persönliche Beobachtung hat auch Nachteile. Man wird selten präzise Daten erhalten. Außerdem kostet sie viel Zeit, die der Manager für andere Dinge braucht. Oft wird er des „Herumschnüffelns" bezichtigt. Sein Kontakt beschränkt sich auf eine kleine Gruppe innerhalb seines Wirkungsbereichs.

Statistik

Da niemand alles persönlich überprüfen kann, müssen Manager sich auf Statistiken, Stichproben, Computerausdrucke und ähnliches verlassen.

Stichproben werden bei Qualitäts- und Produktionskontrolle sowie anderen einfachen Bereichen durchgeführt. Die Firma Save-a-Watt Electrical Products Co. notiert die Anzahl der produzierten Wechselschalter und der Ausschussstücke. Statt jeden einzelnen Schalter zu prüfen, wird nach mathematischer Wahrscheinlichkeit ermittelt, wie viele fehlerhaft sind. Stellt man zum Beispiel fest, dass einer von hundert nicht dem Standard entspricht, wird pro Stunde von einem Prozent der Produktion eine Stichprobe gemacht. Überschreitet der Ausschuss diese Quote, wird eine genauere Prüfung eingeleitet.

Statistische Wahrscheinlichkeit kann bei umfangreichem Datenmaterial hilfreich sein. Wenn Produkte in großen Mengen hergestellt werden, lässt sich so ermitteln, wann die Fehleranzahl eine Umstellung der Produktion rechtfertigt.

Management Information Systems (MIS) sind eine Art betrieblicher Informationsdienst. Computer-Information erreicht den Manager sofort. So kann er relativ schnell erkennen, welcher Leistungsbereich hinter den Erwartungen zurückbleibt.

Symptome erkennen

Wenn ein Problem nicht direkt erkennbar ist, können Symptome Hinweise geben. Arbeitsmoral lässt sich nur schwer messen. Manche Unternehmen führen Statistiken über Fluktuation, Fehlzeiten und Verspätungen, Beschwerden sowie Verbesserungsvorschläge und bewerten sie als Symptome für die Moral einer Gruppe. Steigende Fluktuation, Fehlzeiten und Beschwerden können ein tiefer sitzendes Problem andeuten.

Schriftliche Berichte

In den meisten größeren Betrieben ist der schriftliche Bericht die wichtigste Methode, um Informationen über Leistungen zu erhalten. Üblicherweise unterscheidet man zwischen Tages-, Wochen- und Monatsberichten. Sie sind standardisiert und enthalten statistisches Material. Der Manager legt sie in regelmäßigen Abständen seinem Chef vor, der die erzielten Resultate mit den Anforderungen vergleicht. Auf den Bögen ist häufig Platz für Kommentare, die dem Top-Management Gründe für mögliche Abweichungen darlegen. Fast alle periodischen Berichte bestehen aus Zahlenmaterial und beziehen sich auf Routineangelegenheiten. Zum Teil verlangt die Unternehmensleitung auch ausführliche periodische Berichte, wenn es darum geht, immaterielle Faktoren zu erfassen. Manche Situationen erfordern Sonderberichte, zum Beispiel bei Vorschlägen für eine Änderung der Methoden, dem Kauf neuer Ausstattungen oder der Einführung einer neuen Personalpolitik. Diese Berichte werden dann zu Studien zusammengefasst.

Nachteilig erweist sich die Fülle an Material. Deshalb sollten Zusammenfassungen gegeben werden, die wirklich nur die wichtigsten Punkte (positive und negative) auflisten.

Die Berichte sollten pünktlich eingehen, sonst können Probleme nicht rechtzeitig gelöst werden. Da das Abfassen von Berichten viel Zeit kostet, sollte im Unternehmen generell überlegt und vorher festgelegt werden, welche Berichte unbedingt nötig sind und auf welche – zumindest in schriftlicher Form – verzichtet werden kann.

Leistungsvergleich

Fast alle periodischen Berichte ermöglichen einen Vergleich zwischen Normen und tatsächlicher Leistung. Die meisten Manager können aufgrund ihrer Kenntnis beurteilen, ob in einem Fall ein fünfprozentiger Produktionsabfall annehmbar ist, während in einem anderen eine einprozentige Abweichung äußerst kritisch sein kann. Manager sollten genügend Autorität und Flexibilität haben, um Resultate als Teil des Kontrollprozesses analysieren, einschätzen und bewerten zu können.

Wenn der Bericht vom Verfasser verlangt, Abweichungen aufzulisten, Gründe dafür anzugeben und Korrekturen vorzuschlagen, kann der Vorgesetzte die notwendigen Entscheidungen einfacher treffen. Der ausführende Manager kann sie dann leichter in die Tat umsetzen.

Der Vergleich der Leistung mit den Normen sollte von den direkt Beteiligten vorgenommen werden; die Korrekturmaßnahmen führt am besten der direkte Vorgesetzte durch (oder er schlägt sie zumindest vor). In Situationen, in denen das Top-Management über Wohl und Wehe des Unternehmens zu entscheiden hat, müssen die erforderlichen Entscheidungsgrundlagen unverzüglich bereitgestellt werden können. Umgekehrt sind die Entscheidungen des Top-Managements dem ausführenden Manager dann auch möglichst schnell mitzuteilen.

Korrekturmaßnahmen

Wenn nach dem Ausnahmeprinzip gehandelt wird, orientieren sich Manager eher an Abweichungen als am gesamten Problem. So schnell wie möglich sollten die Gründe für die Abweichung festgestellt und Abhilfe geschaffen werden. Eventuell muss der ursprüngliche Plan noch einmal herangezogen werden, um festzustellen, ob der Fehler im Plan oder in seiner Ausführung liegt.

Ein bekannter Hersteller von Kosmetikartikeln führte ein neues After-Shave ein, das rechtzeitig zu Weihnachten auf den Markt kommen sollte. Nach den ersten Berichten entsprachen die Verkaufszahlen nicht den Erwartungen. Lag der Fehler bei der Verkaufsplanung, der Verteilung oder dem Handel? Untersuchungen ergaben, dass bei der Planung die Verkaufszahlen zu hoch angesetzt worden waren. Eine kurzfristige Änderung erlaubte dem Unternehmen, die Produktion zu drosseln und erhebliche Lagerkosten zu vermeiden.

Manchmal liegen die Gründe für eine Abweichung in der Durchführung des Plans. Probleme bei der Rohstoffbeschaffung, Mangel an Arbeitskräften oder ungenügende Ausrüstung können die Ursache sein oder auch Unvermögen des Managements sowie schlechte Arbeitsmoral. Viele Abweichungen sind einfach zu korrigieren, andere ziehen eine gründliche Überarbeitung des gesamten Ablaufes nach sich.

Um festzustellen, welche Bedeutung einer Abweichung zukommt, muss zwischen offensichtlichen und versteckten Problemen unterschieden werden. Einfach zu verstehen ist ein plötzlicher Anstieg der Materialkosten, der projektierte Gewinne empfindlich reduziert. Korrekturmaßnahmen schließen Verwendung von günstigerem Rohmaterial oder Preissteigerungen für Kunden ein, oder sie gleichen die höheren Kosten durch Gewinne bei anderen Artikeln aus.

Ein Absatzrückgang kann auch weniger offensichtliche Gründe haben. Er kann in der schlechten allgemeinen Wirtschaftslage begründet sein. Doch die genaue Betrachtung zeigt, dass die Konkurrenz davon unbeeinflusst blieb. Eine Analyse kann andere Ursachen aufdecken wie besseres Marketing der Konkurrenz, Bevorzugung anderer Produkte durch die eigenen Vertreter, schlechte Qualität oder interne Probleme.

Zu häufig gibt die Intuition eines Managers den Ausschlag. Wird sie nicht durch präzise Analysen gestützt, können seine

Entscheidungen sehr kostspielig werden. Natürlich ist Intuition wichtig. Ein gutes Management kann sich aber nicht allein darauf verlassen.

Der Grund für eine Abweichung ist der so genannte „kritische Faktor". Er zeigt an, dass etwas korrigiert werden muss, um das Problem zu lösen. Dieser kritische Faktor ist oft schwer zu lokalisieren und zu identifizieren. Dazu bedarf es einer gründlichen Analyse. Manager sollten sich folgende Fragen stellen:

- „Wie ist diese Situation entstanden?"
- „Ist diese Situation nur Teil eines größeren Problems?"
- „Ist die Abweichung symptomatisch für größere Schwierigkeiten?"
- „Wo liegen die Wurzeln des Problems?"
- „Ist das Problem behoben, wenn die offensichtlichen Abweichungen korrigiert sind?"

Manager sollten nicht zögern, Experten für die technischen Bereiche hinzuzuziehen. Wie ein praktischer Arzt einen Spezialisten konsultiert, wird sich ein guter Manager in schwierigen Fällen nicht auf den eigenen Sachverstand verlassen. Bei der Produktion kann ein Ingenieur mit einer technischen Analyse helfen, bei einem zwischenmenschlichen Aspekt sollte ein Experte in Personalfragen hinzugezogen werden.

Korrekturen

Verantwortliche Manager haben Korrekturmaßnahmen durchzuführen und benötigen dabei die volle Unterstützung des Top-Managements. Es empfiehlt sich, Führungskräften die Verantwortung für die Korrektur von Problemen klarzumachen. Das geschieht am besten, wenn sie für das Erreichen von

Zielen persönlich verantwortlich gemacht werden. Dabei sollte Verantwortlichkeit positiv statt negativ bewertet werden, Belohnung und Anerkennung im Erfolgsfall betont werden.

Ziel jeder Korrekturmaßnahme müssen die angestrebten Ergebnisse sein, da auch der Erfolg an ihnen gemessen wird.

Zum Schluss sollte überprüft werden, ob vorgeschlagene Lösungen tatsächlich das Problem beheben und nicht nur die Symptome kurieren. Regelmäßiges Feedback zeigt, ob die Korrekturen die gewünschten Ergebnisse erbringen. Warten Sie nicht bis zum nächsten fristgemäßen Bericht. Bleiben die erhofften Resultate aus, wird ein guter Manager so lange von vorne anfangen, bis er eine zufrieden stellende Lösung gefunden hat.

Die Northern Tier Utility Co. wurde mit Kundenbeschwerden bombardiert. Anrufe wegen der Strom- und Gasunterbrechungen wurden ignoriert oder mit großer Verzögerung bearbeitet. Ein von der Firma beauftragter Berater fand heraus, dass das Problem im Schichtwechsel lag. In der Eile kam es immer wieder vor, dass Kundenanfragen übersehen wurden.

Deshalb wurde folgendes Kontrollsystem entwickelt: Jeder Kundenberater füllte vor seinem Schichtwechsel eine Checkliste aus mit den Punkten:

- Zeit des Anrufs
- Name, Adresse, Telefonnummer des Kunden
- Problem
- Maßnahmen des Kundenberaters

Bei einer Weiterleitung an den Außendienst:

- Zuständigkeit
- Zeit
- Arbeit abgeschlossen
- Ergebnis

Damit alle Kundenberater das Kontrollsystem beachteten, wurde es eingehend besprochen. Vorgesetzte halfen Einzelnen bei ihrem ersten Bericht; bei verspäteten oder mangelhaften Berichten wurden die Betroffenen noch einmal sorgfältig instruiert.

Zwei Wochen nach der Einführung des neuen Systems waren die Beschwerden von 14 auf 8 pro Tag gesunken. Nach zwei Monaten lag der Durchschnitt bei 3 Beschwerden. Das neue Kontrollsystem half den Außen- und Kundendienstmitarbeitern, ihre Zeit besser einzuteilen. Sie konnten schneller reagieren und Kosten einsparen.

Budget-Kontrollen

Das geläufigste Kontrollmittel ist das Budget. Es ist für die Planung von Bedeutung. Die Budget-Ziele lassen sich auch für die Kontrolle verwenden.

Budget-Kontrolle bedeutet, die Resultate mit den Zahlen des Budgets zu vergleichen. So gesehen, übernimmt das Budget die Rolle der Soll-Phase im Kontrollsystem.

Die tatsächlichen Leistungen werden regelmäßig am Budget gemessen, Abweichungen analysiert. Dies geschieht üblicherweise in Form von Berichten, in denen Ziele als Budget-Ziele ausgedrückt werden.

Effiziente Budget-Kontrolle beruht auf einem gut entwickelten Berichtssystem; die verantwortlichen Manager sind immer auf dem Laufenden. Die Berichte werden regelmäßig und so oft, wie es die Situation erfordert, erstellt. Informationen müssen aktuell sein. Verzögerungen verringern ihren Aussagewert. Besonders effektiv sind Vergleiche mit vorangegangenen (vergleichbaren) Zeiträumen und den spezifischen Zielen des aktuellen Abschnitts. So ist es sinnvoll, immer in Prozent anzugeben, zu welchem Anteil das Planziel schon erfüllt ist. Auch Hochrechnungen auf das voraussichtliche Endergebnis und die Abweichung vom Planungsziel können zu einer rechtzeitigen Korrektur beitragen.

Budgets können für jede einzelne Abteilung und das gesamte Unternehmen erstellt werden. Dabei lässt sich ein einzelner Bereich wie Verkauf oder Produktion abdecken, aber auch Gewinne oder Verluste des Gesamtunternehmens.

Budget-Kontrolle verschafft dem Management den notwendigen Überblick über die Organisationsabläufe. Die Aktivitäten erscheinen in ihrer relativen Bedeutung, und der Manager kann erkennen, wie sich einzelne Aspekte zueinander verhalten.

Ein weiterer Vorzug der Budget-Kontrolle besteht darin, die Ausgaben jeder Arbeitsphase kontrollieren zu können. Das Budget drückt die Ziele in Zahlen aus und gibt dem Manager dadurch einen besseren Überblick über die erwarteten Ergebnisse. Es zeigt die Schwächen einer Organisation auf: strukturelle Probleme, Fehler beim Management und der Planung.

Budget-Kontrollen haben jedoch den Nachteil, dass sie sich nur auf materielle Faktoren stützen und immaterielle außer Acht lassen. Die Kosten des Kundenservice werden ausgewiesen, seine Qualität jedoch lässt sich nur an der Zufriedenheit der Kunden und der Anzahl der Reklamationen messen.

Häufig werden auch Symptome mit grundlegenden Problemen verwechselt. Wir sind so auf Zahlen fixiert, dass wir vergessen, worauf sie beruhen. Wenn Werbekosten im Vergleich zum Umsatz steigen, wollen wir sie kürzen. Aber vielleicht stellen Art oder Platzierung der Werbung das eigentliche Problem dar.

Viele Firmen führen Budget-Kontrollen nur routinemäßig durch. Das ist sinnlos, es verhindert mehr als es bewirkt.

Dennoch ist das Budget, unabhängig von der Größe eines Unternehmens, ein wichtiges Instrument zur Planung und Kontrolle. Regelmäßige Vergleiche zwischen Erzieltem und Erwartetem sollten von jedem Manager verlangt werden.

Wenn das Budget nicht nur aus bedeutungslosen Zahlen besteht, sondern dynamisch die Prozesse widerspiegelt, ist es ein unverzichtbares Mittel, um Gewinne zu erzielen und ein Unternehmen erfolgreich zu organisieren.

18. Der menschliche Aspekt der Kontrolle

Manager müssen immer die möglichen Reaktionen der von ihren Entscheidungen betroffenen Mitarbeiter bedenken. Da die Kontrolle heikle Bereiche berührt, ist mit Widerständen der Kontrollierten zu rechnen. Damit Kontrollen effektiv bleiben, muss sich das Verhalten aller Beteiligten ändern. Der einzige Zweck des Kontrollierens ist die Veranlassung von Korrekturen, damit gesteckte oder vereinbarte Ziele auch erreicht werden.

Viele Faktoren bestimmen die Reaktion gegenüber Kontrollen. Entscheidend ist das Verhältnis der Mitarbeiter zur Firma – vor allem aber zu ihren Vorgesetzten und zu ihrer Arbeit. Wichtig ist auch, bis zu welchem Grad sie am Entscheidungsprozess und an der Durchführung beteiligt sind.

Kontrollen sind unbeliebt. Menschen fühlen sich unwohl, wenn ihre Tätigkeiten überprüft oder eingeschränkt werden, besonders wenn dies zu Sanktionen führen kann, die ihre Zukunft bedrohen oder sie zwingen, eingefahrene Verhaltensmuster zu ändern. Allein das Wort „Kontrolle" hat einen negativen Beiklang. Es klingt eher nach Strafaktion als dem Versuch des Managements, bei der Arbeit zu helfen.

Häufig hört man den Vorwurf, das Kontrollsystem sei kalt und technokratisch. Es erscheint als mechanisches Monster, das alle überwacht und jeden Fehler penibel aufzeichnet, um ihn einem Chef zu berichten, der nur auf Abweichungen zu warten scheint.

Leistungsmaßstäbe erscheinen Mitarbeitern oft nebulös und unfair, von einem Management auferlegt, das ihre Probleme nicht versteht. Der Sinn des Kontrollsystems als Hilfe zur Zielerreichung wird nicht verstanden. Untersuchen wir, warum sich Menschen gegen Kontrollen sträuben.

Ziele werden nicht angenommen

Ein Problem des Managements ist Desinteresse an festgelegten Zielen. Mitarbeiter haben das Gefühl, dass der Aufwand sich für sie nicht lohnt.

Barbara Collins ist Verkaufsleiterin für Sweet Sixteen Cosmetics in Atlanta. Ihr Chef teilte ihr mit, dass der Schwerpunkt des Verkaufs von Warenhäusern auf Fachgeschäfte verlagert werden sollte. Frau Collins hatte sich sehr um Kontakte mit Warenhäusern bemüht und musste nun wieder von vorne anfangen. Sie widersprach der Ansicht, der Fachhandel sei ein besserer Absatzmarkt und empfand die Entscheidung als willkürlich, unvernünftig und ihr gegenüber unfair.

Konnte die Firma in einer solchen Situation auf ihre Kooperation rechnen? Sie hatte die Zielvorgaben nicht akzeptiert. Die Resultate würden schlecht ausfallen, und bei der Kontrolle würden zum Missfallen des Chefs beträchtliche Abweichungen festgestellt werden.

Hätte die Firma sie in den Änderungsprozess miteinbezogen, ihr Gründe für die neue Verkaufsstrategie dargelegt, ihre Vorschläge berücksichtigt und das Ziel entsprechend modifiziert, wäre diese Situation nicht entstanden.

All dies wäre kein Problem gewesen, hätte das Management Gefühle und Gedanken seiner Mitarbeiterin berücksichtigt. Barbara Collins fühlte sich unfair behandelt: Sie war nicht gefragt worden, die Firma hatte ihre erfolgreichen Kontakte zu den Warenhäusern ignoriert, ihre Mühe schien vergeblich. Sie hatte sich mit dem Produkt identifiziert, weil der Verkauf eines „Prestige-Produkts“ an Warenhäuser ihr Selbstvertrauen gestärkt hatte. Das zählte nun nicht mehr. Die Betriebsleitung hätte anderes ansprechen müssen – ihr Bedürfnis, mehr Geld zu verdienen und sich mit einem bekannten Produkt zu identifizieren: Statt als billige Kosmetik im Warenhaus hätte sie es auch als Top-Artikel im Fachhandel verstehen können.

Bei der Festlegung von Zielen und Kontrollen darf eine Führungskraft nie persönliche Interessen und soziale Zwänge der Mitarbeiter übersehen. Gefühl und Einstellung spielen immer eine Rolle, weil wir es mit Menschen zu tun haben.

Leistungsnormen werden nicht akzeptiert

Häufig stimmt ein Mitarbeiter zwar mit den Zielen überein, steht aber der Kontrolle ablehnend gegenüber, weil er die Leistungsnormen zu hoch findet. Joe Pitts Arbeitsleistung wurde in einem Jahr dreimal neu bewertet. Jedes Mal wurde eine höhere Quote festgelegt. Pitt hatte die erste Änderung akzeptiert. Er wusste, dass er höheren Anforderungen gewachsen war. Die folgenden Änderungen empfand er jedoch als unsinnige Schikane.

Einwände dieser Art schmettern Manager meist mit dem Argument ab, Mitarbeiter hätten stets das Gefühl, zu sehr angetrieben zu werden. Zu Recht oder Unrecht fühlen sich alle, deren Quoten erhöht wurden, unfair behandelt. Übertriebene Leistungsnormen – bei Produktion, Verkaufsquoten oder Gewinnvorgaben – schaffen das Gefühl, vorgegebene Ziele nicht erreichen zu können und führen zu Produktivitätsverlust. Bei der Festlegung von Leistungsnormen sollte der Manager seine Mitarbeiter einbeziehen. Wenn objektive Kriterien als Grundlage dienen, müssen sie erklärt werden, damit die Beteiligten sich dazu äußern können.

Die Auswirkung sozialer Zwänge

Gruppenzwänge können für oder gegen das Management arbeiten. Gruppenmitglieder suchen vor allem Bestätigung bei den Kollegen, weniger beim Chef. Erfolgreiche Manager sind in der Lage, die Gruppenakzeptanz mit den Betriebszielen in Einklang zu bringen. Das erfordert Wissen und Erfahrung, kann aber der Schlüssel zum Erfolg sein.

Der Konflikt zwischen Gruppenzwang und Management ist auf unteren Ebenen stärker ausgeprägt. Fabrikarbeiter sind eher geneigt, den Anordnungen eines Gruppensprechers zu folgen als denen eines Managers. Büroangestellte schließen sich häufiger gegen ihren Chef zusammen. Auf den oberen Ebenen unterstützen die sozialen Zwänge eher das Management. Wenn die Mitarbeiter hier das Kontrollsystem für gerecht halten, wird ihre Gruppe sich hinter das Management stellen und mit ihm die Betriebsziele verwirklichen.

Andere Gruppierungen innerhalb einer Organisation können sich neutral verhalten oder bleiben kalkulierbar. Die Betriebsführung darf das Gruppenverhalten und -denken nicht außer Acht lassen, um sich die Unterstützung der Gruppe zu sichern oder ihren Widerstand zu überwinden.

Akzeptanz der Kontrolle

Da der eigentliche Zweck der Kontrolle die Zusammenarbeit aller zur Zielerreichung ist, müssen die Mitarbeiter ständig daran erinnert werden, dass es in ihrem Interesse ist, wenn sie die Ziele des Managements unterstützen. Wichtige Punkte für das Management sind:

- Berücksichtigen Sie persönliche Bedürfnisse und soziale Zwänge. Positive Kontrollinstanzen sollen die Mitarbeiter motivieren, die Leistungsnormen zu erfüllen und damit auch ihre eigenen Ziele zu realisieren. Wenn die

Beteiligten die Leistungsmaßstäbe für angemessen und fair halten, werden sie sich engagieren.

- Machen Sie die Zielvorgaben attraktiv. Kontrollen lassen sich einfacher durchführen, wenn jeder Mitarbeiter weiß, was von ihm erwartet wird und warum. Wenn ihm die Ziele attraktiv erscheinen, wird er seine Bemühungen intensivieren und die vom Management eingerichteten Kontrollmaßnahmen akzeptieren.
- Erklären Sie die Kontrollmaßnahmen. Belegschaft und Führungskräfte sollten wissen, wie Leistungsnormen festgelegt werden und welche Maßnahmen man am besten gemeinsam trifft. Leistungsnormen dürfen nicht geändert werden, ohne die Betroffenen zu beteiligen.
- Berücksichtigen Sie besondere Faktoren: Sind die jeweiligen Bedingungen oder Probleme Ausnahmen, muss die Kontrolle flexibel genug sein. Soll das Kontrollsystem jedoch einen Sinn haben, dürfen sich die Leistungsnormen nicht beliebig ändern. Ein sinnvolles Kontrollsystem hat einen gewissen Spielraum. Verkaufsquoten können je nach Jahreszeit gesenkt oder erhöht werden, Produktionsnormen richten sich nach dem Angebot an Rohmaterialien … So wird vermieden, dass die Leistungsnormen stets neu festgesetzt werden müssen.

Grundsätze eines erfolgreichen Kontrollsystems

- Beteiligen Sie die von dem Kontrollsystem betroffenen Mitarbeiter an dessen Ausarbeitung.
- Die angestrebten Resultate müssen klar, fair und realisierbar sein. Kontrollierte Mitarbeiter sollten den Wunsch haben, sie zu erzielen.
- Indikatoren sollten den Stand der Dinge anzeigen.

noch: Grundsätze eines erfolgreichen Kontrollsystems

- Jeder Mitarbeiter sollte sich mit Hilfe des Kontrollsystems über seine Leistungen informieren können, um seine Ziele zu erreichen.
- Der Kontrollierte sollte seine Befugnisse in bezug auf Entscheidungen, Ausgaben, Fehlerspielraum, Verfahrensweisen und Zeitfaktoren kennen.
- In das Kontrollsystem muss Verantwortlichkeit integriert sein.
- Das Kontrollsystem muss den Sinn der Arbeit verdeutlichen.
- Das Management sollte nach dem Ausnahmeprinzip (Management by Exception) verfahren, statt übermäßig zu kontrollieren.
- Das Endziel jedes Kontrollsystems ist Selbstkontrolle!

Testfrage: Werden Überwachungssysteme von den überwachten Personen als Automatisierung empfunden oder werden sie, wenn man sie richtig erklärt, gerne akzeptiert?

Antwort: Gerne akzeptiert, wenn man sie richtig erklärt und auf Gegenargumente eingeht.

Widerstand gegen Veränderungen

Durch Kontrolle werden Probleme offenbar. Als Folge müssen oft Gegenmaßnahmen ergriffen werden, die technische oder menschliche Aspekte der Arbeit betreffen. Mechanische Korrekturen sind wesentlich einfacher vorzunehmen, als die Arbeits- und Denkweise von Mitarbeitern zu ändern. Die Betriebsleitung muss hier auf Schwierigkeiten gefasst sein. Da die meisten Menschen sich mit ihren Methoden identifizieren, stößt ein Änderungsversuch oft auf Widerstand. Mitarbeiter sehen darin einen Angriff auf ihre Person, nicht aber eine Hilfe. Selbst rein technische Maßnahmen können Widerstände auslösen.

Arbeiter befürchten, dass ihre Quote erhöht wird, dass sie Neues hinzulernen müssen oder ihre derzeitigen Fähigkeiten abgewertet werden.

Solche Widerstände manifestieren sich in Fehlzeiten, Kündigungen, Versetzungsgesuchen und Beschwerden über Kleinigkeiten. Es handelt sich dabei um die Symptome eines tieferen Problems – der Furcht vor möglichen Auswirkungen.

Die offensichtlichsten Ursachen hierfür sind wirtschaftliche Gründe. Mitarbeiter befürchten, Änderungen könnten eine Abwertung ihrer Fähigkeiten, den Abbau von Überstunden und Prämien oder gar die Entlassung bedeuten. Dies Problem trifft häufig bei Automation oder anderen technologischen Neuerungen zu.

Änderungen bedeuten auch Ungewissheit in bisher stabilen Situationen. Wenn eine neue Verwaltungsstruktur eingeführt wird, werden Angestellte, die Aufstiegschancen und Anforderungen zu kennen glaubten, verunsichert. Sie werden sich der Veränderung widersetzen und ihre Mitarbeit verweigern.

Ein anderes Problem sind die psychologischen Auswirkungen von Veränderungen. Sind Sie selbst davon betroffen? Wie wirken sie sich auf die zwischenmenschlichen Beziehungen aus?

Ein Unternehmensberater hatte vorgeschlagen, den Einkauf eines Gebiets zu zentralisieren, um bessere Mengenrabatte, günstigere Verhandlungspositionen und effektivere Kontrollen zu erzielen. Obwohl die Effizienz des neuen Verfahrens auf der Hand lag, widersetzten sich die Abteilungsleiter. Sie werteten es als Misstrauensbeweis der Betriebsleitung.

Bei jeder Veränderung durch die Betriebsleitung wächst die Zahl der Anordnungen. Die meisten Menschen befolgen Anordnungen nur ungern. Sie sind an ein gewisses Maß an Eigenständigkeit gewöhnt und werden sich wahrscheinlich neuen Kontrollen widersetzen. Sie sehen darin nicht nur eine Beschneidung ihrer Handlungsfreiheit, sondern auch einen harten Schlag für ihr Selbstbewusstsein.

Es wird nicht immer möglich sein, den Widerstand gegen Veränderungen zu überwinden. Er ist zu sehr in der menschlichen Psyche verankert. Aber die Unternehmensleitung kann versuchen, Widerstände zu verringern und so ihre Ziele zu realisieren. Dazu kann Folgendes beitragen:

- *Wirtschaftlicher Anreiz:* Ein Großteil des Widerstands hat wirtschaftliche Ursachen wie die Angst, den Arbeitsplatz zu verlieren oder weniger zu verdienen. Die einfachere (wenngleich teuere) Lösung wäre, während der Umstellung den Lohn und den Arbeitsplatz zu garantieren. Diese Regelung wird nach Absprache mit dem Betriebsrat von einigen Firmen praktiziert.

- *Bessere Kommunikation:* Durch umfassendere Informationen könnte die Furcht vor dem Unbekannten vermieden werden. Nicht nur die Art der Maßnahmen sollte erläutert werden, sondern auch ihre Begründung. Diese Informationen sollten nicht nur verstanden, sondern auch akzeptiert werden. Bei wichtigen Maßnahmen muss die Kommunikation in beiden Richtungen funktionieren. Nur dann ist gewährleistet, dass Vorgesetzte und Belegschaft die Probleme erkennen und Widerstände verhindern.

- *Beteiligung:* Häufig widersetzen sich Mitarbeiter den Veränderungen. Sie wollen um jeden Preis an ihren gewohnten Verhaltensmustern festhalten. Werden sie in den Entscheidungsprozess einbezogen, hilft ihnen das,

Verhaltensmuster neu zu definieren. Ihre Bereitschaft, Veränderungen durchzuführen, wird gesteigert.

- *Verhandlung:* Wenn die Gruppe nicht entscheidet, wird sie zumindest konsultiert. Die Unternehmensleitung wird ihre Vorschläge anhören, abwägen und Veränderungen im Originalplan akzeptieren.
- *Vorläufige Änderungen:* Maßnahmen sollten erst getestet werden, ehe sie endgültig beschlossen werden. So können die Mitarbeiter ihr Verhalten in der Situation überprüfen. Sie gewinnen einen besseren Überblick und lassen sich leichter überzeugen, dass die Veränderungen sich nicht nachteilig für sie auswirken. Sollten in der Testperiode jedoch zuviele negative Faktoren sichtbar werden, wird das ihre Akzeptanz in Frage stellen. Das Management sollte die Beteiligten auf alle Eventualitäten (positive wie negative) vorbereiten. Ist bekannt, dass negative Faktoren auftauchen können, die aber durch positive Aspekte aufgewogen werden, sind die Mitarbeiter eher bereit, sich darauf einzulassen.

Veränderung in Einzelfällen

Eine Korrektur betrieblicher Abläufe bedeutet häufig, das Verhalten eines Mitarbeiters zu verändern. Sämtliche erwähnten Techniken kommen auch hier zum Tragen: Mitarbeiter-Beteiligung, Kommunikation in beiden Richtungen, Probelauf neuer Ideen ... Ein Gespräch unter vier Augen ist meist am effektivsten. Der Manager muss sein Augenmerk auf das Hauptziel richten, die Korrektur der Situation ohne Ressentiments zu bewirken.

Michael Peters, der Verkaufsleiter einer Firma, überprüft den wöchentlichen Verkaufsbericht von Gerd Holdt. Dieser ist zwar ein guter Verkäufer, aber seine Berichte sind unter aller Kritik. Der Verkaufsleiter zitiert ihn in sein Büro und sagt:

„Holdt, wie um alles in der Welt haben Sie die Uni geschafft? Sie können nicht mal einen einfachen Verkaufsbericht schreiben!“

Betrachten wir den Fall: Was hätte erreicht werden müssen? Dafür zu sorgen, dass Holdt in Zukunft anständige Berichte abliefert. Lässt sich das durch einen Anschnauzer erreichen? Holdt wurde weder erklärt, was er besser machen könnte, noch, an wen er sich wenden sollte. Er musste sich klein und als Versager vorkommen. Was wird der Gemaßregelte denken? Nimmt er sich vor: „Ich muss unbedingt herausfinden, was ich falsch gemacht habe, damit es nächstes Mal klappt?“ Wahrscheinlich ist er wütend und keineswegs einsichtig. Das Resultat ist Verbitterung statt Verbesserung.

Wie hätte der Verkaufsleiter die Sache anpacken sollen? Sehen wir uns seine Zielvorstellungen an:

1. Er will Holdt beibringen, wie ein Verkaufsbericht geschrieben wird.
2. Er will erreichen, dass Holdt in Zukunft ordentliche Berichte abliefert.
3. Er will vermeiden, dass auf der Seite von Holdt gegenüber der Firma oder seiner Person Widerstände aufgebaut werden.

Es wäre besser gewesen, sich mit Holdt zusammenzusetzen und ihm zu zeigen, welche Korrekturen angebracht gewesen wären. Statt Holdt Dummheit vorzuwerfen, hätte Peters fragen sollen: „Wissen Sie eigentlich, wie man aussagefähige Verkaufsberichte schreibt?“ Der Schwerpunkt liegt auf der Korrektur des Problems, nicht auf der Person oder dem Fehler. Dann hätte er vorschlagen können, gemeinsam die Sache durchzugehen. So hätte er Feedback von Holdt bekommen und gewusst, dass der nächste Bericht zufrieden stellend ausfallen würde.

Zusammenfassung

1. Lesen Sie noch einmal Dale Carnegies „Prinzipien für den Umgang mit Menschen“ auf S. 236 ff.
2. Besprechen Sie das Problem mit dem Mitarbeiter sofort, wenn der Fehler entdeckt wird.
3. Tun Sie dies unter vier Augen.
4. Beginnen Sie das Gespräch mit einer Frage ohne Vorwurf.
5. Warten Sie die Antwort des Mitarbeiters ab. Seien Sie aufmerksam, geduldig, offen. Lassen Sie ihn die ganze Geschichte erzählen. Dies ist wichtig, wenn das Problem mit ihm und nicht mit einem technischen Aspekt zu tun hat.
6. Konzentrieren Sie sich auf die Sache, nicht auf die Person.
7. Beschließen Sie das Gespräch mit einem konkreten Plan. Seien Sie konstruktiv und präzise. Vergewissern Sie sich, dass Ihr Mitarbeiter alles versteht und akzeptiert.

Etwas bewegen

Führungskräfte größerer Unternehmen sind meist weisungsabhängig. Zwar haben sie einen gewissen Spielraum in ihren Verantwortungsbereichen und einigen Einfluss auf die Entwicklung der Firmenziele, doch selbst Geschäftsführer sind den Gesellschaftern und Vorstandsvorsitzenden, dem Aufsichtsrat oder den Aktionären verantwortlich.

Das ist der erfolgreiche Manager

- Er fordert seine Leute heraus (statt sie durch lasche Vorgaben einzuschläfern oder fortwährend um ihre Gunst zu buhlen).
- Er fördert die Initiative und ermutigt seine Mitarbeiter; in seiner Umgebung findet man Angestellte, die ihre Arbeit selbstständig schaffen (statt gedemütigter und entmutigter Befehlsempfänger).
- Er glaubt an die Vorzüge der Teamarbeit und ist für Änderungen aufgeschlossen (statt einzelgängerisch allein auf seinen Vorstellungen zu beharren).
- Er informiert bereitwillig und entwickelt gemeinsam mit den Mitarbeitern Ansätze zur Lösung von Problemen (statt Informationen zurückzuhalten und als Machtmittel zu benutzen).
- Er äußert sich anerkennend, wenn ein Mitarbeiter gute Arbeit leistet (statt dies als selbstverständlich hinzunehmen).
- Er bemerkt schlechte Arbeit und weist darauf hin (statt aus Angst vor Konflikten kommentarlos darüber hinwegzugehen).

(Hans-Dieter Kulhay, Dale Carnegie Training)

Weil die Möglichkeiten vieler Manager begrenzt sind, könnten zahlreiche Anregungen dieses Buches nur halbherzige Annahme finden. Eine typische Reaktion könnte lauten: „Das klingt sehr gut – meinen Chef werde ich aber nie dazu bewegen können."

Kein Fortschritt ist ohne Auseinandersetzung möglich. Der Leser dieses Buchs kann sehr wohl seinen Vorgesetzten dazu motivieren, einige Vorschläge zu akzeptieren. Nur die unbeweglichsten Individualisten im Management sind überhaupt nicht offen für Ideen ihrer Mitarbeiter. Wer seinen Chef dazu bewegen kann, Verbesserungsvorschläge zu akzeptieren, wird viel eher Karriere machen als derjenige, der nur gehorcht und sich keine Gedanken macht, ob ein Arbeitsablauf optimiert werden kann.

In den vorangegangenen Kapiteln haben wir darüber nachgedacht, wie Sie Ihre Ideen weitergeben und die Einstellung Ihrer Mitarbeiter verändern können. Die gleiche Methode hilft, dem Vorgesetzten Verbesserungsvorschläge zu vermitteln und seine Einstellung zu ändern.

Meist werden Managementkonzepte informell im täglichen Gespräch oder formell durch mündliche oder schriftliche Präsentationen weitergegeben.

Der informelle Weg

Wie ein höherer Vorgesetzter auf Vorschläge unterstellter Manager reagiert, hängt von seiner Persönlichkeit ab. Wer einen aufgeschlossenen Chef hat, findet es wesentlich einfacher, seine Ideen an den Mann zu bringen. Meist wird der Mitarbeiter jedoch seine Vorschläge rechtfertigen und seinen Vorgesetzten mühsam überzeugen müssen.

Konkrete Vorschläge sind besser als allgemeine. Statt seinem Chef zu sagen „Warum machen wir nicht ein Brainstorming, um Alternativen für unser Problem zu finden?" sollte ein Manager präzisieren „Offensichtlich läuft es mit dem neuen Produkt nicht so recht. Wenn wir uns mit allen Beteiligten zusammensetzen und ein gemeinsames Brainstorming machen, kämen wir vielleicht auf Lösungen, an die bislang noch keiner gedacht hat." Sie sollten Ihre Vorschläge gut begründen. Robert Kern wollte mit Sandra Denner eine neu geschaffene Position der Verkaufsabteilung besetzen. Sein Chef zögerte, diese Stelle einer Frau zu geben. Kern lieferte ihm aber diverse Beispiele für ihre Fähigkeiten im Umgang mit Kunden. Es gelang ihm, seinen Chef umzustimmen. Frau Denner erhielt einen Vertrag, der nach der sechsmonatigen Probezeit verlängert wurde. Seither sucht die Unternehmensleitung für solche Stellen nur noch Frauen.

Wenn Sie ihrem Chef eine Idee „verkaufen" wollen, dann sollten Sie immer einige sehr wichtige Punkte beachten:

- Analysieren Sie Ihren Chef. Wenn Sie nicht verstehen, was seine Arbeit für ihn bedeutet, welche Ziele er für die Abteilung oder den Betrieb hat und wie seine Reaktionen auf ähnliche Vorschläge waren, wird es schwierig sein, ihn zu überzeugen.
- Glauben Sie an Ihre Ideen. Bereiten Sie sich gründlich vor. Gehen Sie Ihre Vorschläge durch. Wenn möglich, sprechen Sie mit anderen Abteilungsleitern und den Beteiligten darüber, testen Sie Ihr Konzept. Sie können Ihrem Chef dann Fakten vorlegen, keine unausgegorene Idee.
- Sprechen Sie Ihren Chef zu einem geeigneten Zeitpunkt an. Hat er den Kopf frei? Ist er in guter Stimmung? Ist die Situation günstig?
- Zeigen Sie ihm, welchen Gewinn Ihre Idee bringen wird.
- Achten Sie auf seine Reaktionen. Wenn Ihr Chef nicht das geringste Interesse zeigt, ist es klüger, sich zurückzu-

ziehen und die Idee zu einem besseren Zeitpunkt vorzubringen. Ist aber Interesse erkennbar, sollten Sie die Sache konsequent durchfechten.

- Fassen Sie sich kurz. Meist genügen ein paar Sätze. Je länger Sie reden, desto eher schwindet sein Interesse. Bereiten Sie sich auch auf die Präsentation Ihrer Vorschläge vor.
- Seien Sie auf Fragen gefasst. Halten Sie Fakten und Zahlen parat. Jeder Betriebsleiter wird wissen wollen, was neue Systeme oder Verfahren kosten.
- Erzielen Sie eine Entscheidung. Wenn Sie das Interesse Ihres Chefs geweckt haben, sollten Sie auf verbindliche Aussagen drängen. Selbst wenn es nur ein „Ich werd's mir überlegen" ist, fragen Sie, wann mit seiner Antwort zu rechnen ist.
- Fassen Sie nach. Lassen Sie die Sache nicht einfach sterben. Versuchen Sie, den Grund herauszufinden, wenn Sie immer wieder abgewiesen werden. Sie sollten aber Ihren Chef nicht durch übermäßige Beharrlichkeit verärgern.
- Seien Sie flexibel. Ein Teilerfolg ist besser als gar keiner. Kompromisse sind manchmal notwendig.

Der formelle Weg

Komplexe oder wichtige Sachverhalte werden meist schriftlich vermittelt. Viele Manager, die rhetorisch sehr gewandt sind, haben Schwierigkeiten, ihre Ideen zu Papier zu bringen. In den meisten Unternehmen sind schriftliche Berichte sehr wichtig. Ein Manager muss in der Lage sein, gute Berichte zu verfassen. Dazu gehört mehr als nur allgemeine Ideen. Der Leser sollte nach der Lektüre genauso viel wissen wie der Verfasser. Ein Bericht muss deshalb sorgfältig geplant sein.

Eine Managerin der Firma Goody Gumdrops Co. entdeckte bei einer Messe ein neues Lagersystem und berichtete dies ihrem Chef. Er bat sie um schriftlichen Bericht. Sie besorgte diverse Unterlagen, beschrieb entscheidende Faktoren und übergab den Bericht ihrem Chef. Er kam mit Fragen gespickt zurück.

Hätte sie ihren Bericht sorgfältiger geplant, wären die Antworten zu den Fragen bereits im Bericht enthalten gewesen. Es hätte nicht mehr Zeit gekostet, den Bericht genauer vorzubereiten, als die Fragen nachträglich zu beantworten. Versuchen Sie es auf folgende Weise:

- *Definieren Sie das Problem:* Als erstes sollten Sie in Erfahrung bringen, was der Chef wirklich wissen will. Sonst arbeiten Sie drei Wochen und ernten nicht mehr als ein höfliches Kopfnicken. Sie können Ihre eigene Arbeit in das Projekt einplanen. Wenn Ziel und Zweck eines Berichtes unklar sind, werden Sie Ihre Zeit mit nebensächlichen Aspekten vergeuden. Scheuen Sie sich nicht, Fragen zu stellen.
- *Beschaffen Sie sich Fakten:* Sobald die Zielvorgaben bekannt sind, müssen die notwendigen Informationen ermittelt werden. In dem erwähnten Fall hätte die Managerin versuchen müssen, sämtliche vorhandenen Informationen zu beschaffen. Die Unterlagen des Herstellers müssen gründlich studiert werden, aber das ist nur der Anfang. Vielleicht existiert ein ähnliches System auf dem Markt. Auch die Unterlagen der anderen Hersteller müssen herangezogen werden. Anwender des neuen Systems sollten befragt werden, um herauszufinden, ob es tatsächlich eine Verbesserung darstellt.

  Außerdem sollte ein Termin mit dem Vertreter der Firma vereinbart werden, um sich das System erklären zu lassen. Im Falle eines komplexeren Systems wäre es klug, bei Firmen nachzufragen, die es bereits benutzen. Dies kostet Zeit und Energie, aber der Aufwand lohnt sich.

- *Analysieren Sie die Fakten:* Sind die Fakten vorhanden, müssen sie geordnet, zusammengefasst und analysiert werden. Welche Vorteile bietet das neue System verglichen mit dem alten? Es ist besser, mehrere Angebote zu haben, um Vorzüge und Beschränkungen der einzelnen Systeme zu kennen und um fundierte Empfehlungen geben zu können.

Der Verfasser sollte beim Sammeln und Analysieren der Fakten systematisch vorgehen. Das effektivste System ist die Einteilung in Kategorien. Für jede Kategorie gibt es einen Umschlag oder Ordner. Informationen (Berichte über Verhandlungen, Verkaufslisten, Kostenaufstellungen ...) werden in zugehörigen Ordnern gesammelt. Damit spart man stundenlanges Sortieren und Klassifizieren.

Das Abfassen des Berichts

Ein guter Bericht muss einfach zu lesen sein, in Sprache und Form auf den Leser zugeschnitten. Ein Fachmann, der einen Bericht für Nicht-Fachleute abfasst, sollte – so weit es das Thema zulässt – möglichst wenig Fachjargon benutzen.

Der Verfasser eines Berichts sollte wissen, was sein Auftraggeber in Bezug auf Inhalt Sprache, graphisches Material ... von ihm erwartet. Manche Manager bevorzugen knappe Ausführungen, andere lieben Details oder schätzen Schaubilder, Diagramme und Statistiken. Identifizieren Sie sich mit Ihrem Leser. Berücksichtigen Sie seine Wünsche und Interessen.

Obwohl es keinen allgemein gültigen Berichtsstil gibt, haben sich diese Empfehlungen bewährt:

Umreißen des Problems

Ausgangspunkt oder Absicht sollten erwähnt werden, falls der Bericht auf die Initiative des Verfassers zurückgeht: „Da unser vorhandenes Ablagesystem langsam und häufig auch ungenau arbeitet, untersuchte ich ein neuentwickeltes elektronisches System, das die bestehenden Mängel zu beheben verspricht." Vergessen Sie nicht, in der Einleitung die Namen der Personen zu erwähnen, die hilfreiche Informationen beigesteuert haben.

Zusammenfassung und Vorschläge

Im Gegensatz zu einem Roman sollte ein Bericht mit einer Zusammenfassung und Vorschlägen beginnen. Der Leser erhält sofort Schlüsselinformationen und muss sich nicht erst durch einen Wust von Details kämpfen. Wenn er genügend Zeit hat, kann er den vollständigen Bericht lesen.

Gut recherchiertes Material

Jeder Bericht sollte darauf basieren; Details und Fakten, die Zusammenfassung und Vorschläge unterstützen, sollten vorhanden sein. Es hängt vom Thema ab, wie viel Information benötigt wird, konkretes Material darf jedoch nicht fehlen. Schaubilder, Photos, Diagramme und Statistiken machen jeden Bericht anschaulicher.

Drücken Sie sich klar und präzise aus, vermeiden Sie Phrasen und Allgemeinplätze. Berücksichtigen Sie Interessen und Herkunft Ihrer Leser. Ihr Stil ist von entscheidender Bedeutung. Ein guter Autor schreibt Ideen, nicht nur Worte. Ein hilfreicher Tipp: Reservieren Sie für jede neue Idee einen eigenen Absatz. Beginnen Sie jeden Absatz mit einem Satz, der diese Idee zusammenfasst.

Wie lang sollte ein Bericht sein? Lang genug, um das Wichtigste zu vermitteln, kein Wort länger. Vermeiden Sie Wiederholungen. Ein typischer Fehler ist, ständig dieselbe Idee in anderen Worten zu wiederholen.

Dewey Olson von IBM führte in einem Artikel in der Zeitschrift *The Office* folgende Grundsätze für die Abfassung von Berichten auf:

1. Verschaffen Sie sich Aufmerksamkeit durch einen knappen, informativen Einleitungssatz. Kommen Sie zur Sache. Beginnen Sie zum Beispiel mit: „XYZ verschleudert jährlich 3 Millionen DM durch fehlerhafte Teile.“ Überlegen Sie sich, womit Sie die Aufmerksamkeit Ihres Lesers gewinnen können.
2. Wecken Sie Interesse, überzeugen Sie Ihren Leser von dem Gewinn, den ihm die Lektüre Ihres Berichts bringt, und zwar gleich im ersten Absatz, sonst wird Ihr Bericht ungelesen abgeheftet.
3. Überzeugen Sie, indem Sie an den Verstand, nicht an die Gefühle appellieren. Leser wollen durch Fakten überzeugt werden. Warum ist Ihre Lösung die bessere? Ist es überhaupt eine Lösung? Zählen Sie nicht einfach Fakten auf, analysieren Sie sie. Zeigen Sie Ihrem Leser, wie Ihre Schlussfolgerungen zustande kamen. Beginnen Sie mit bekannten Dingen, um sein Vertrauen zu gewinnen. Entwickeln Sie dann Ihren Ansatz; definieren Sie Ihre Terminologie, und erhärten Sie Ihre Forderungen.
4. Machen Sie Ihrem Leser Appetit, indem Sie ihn motivieren. Machen Sie ihm das Lesen leicht. Erzählen Sie ihm, warum Ihre Idee funktionieren wird. Nur Bedürfnisse zu schaffen, reicht nicht. Er muss auch den Wunsch haben, diese Bedürfnisse zu befriedigen.
5. Bringen Sie die Sache ins Rollen, indem Sie Methoden und Maßnahmen umreißen, die zu den gewünschten Resultaten führen. Berichte, die das versäumen, bewirken nichts.

Selbst wenn der Bericht abgegeben wurde, ist die Arbeit des Verfassers noch nicht getan. Er muss ihn vielleicht mit seinem Vorgesetzten, anderen Führungskräften oder mit dem Firmenchef durchsprechen und Antworten vorbereiten. Da nicht alles Material in den endgültigen Bericht einfließen wird, sollten die Unterlagen aufbewahrt werden, um im Bedarfsfall darauf zurückgreifen zu können.

Mündliche Präsentation

Auch wenn es in der Wirtschaft üblich ist, Berichte schriftlich abzufassen, kann es Situationen geben, in denen ein mündlicher Bericht notwendig ist. Schriftliche Berichte müssen vor Ausschüssen und Gremien oft durch eine mündliche Präsentation und das Angebot zusätzlichen Informationsmaterials ergänzt werden.

Der mündliche Bericht sollte wie der schriftliche Bericht vorbereitet werden. Der Berichterstatter muss sich auf seine Hörer einstellen. Den meisten fällt es leichter, einen Bericht zu schreiben, als ihn mündlich zu geben. Dabei hat der Redner nur diese eine Chance. Werden seine Ideen nicht akzeptiert, sind sie damit erledigt. Ein schriftlicher Bericht kann in aller Ruhe noch einmal gründlich gelesen werden.

Viele Führungskräfte entwickeln ihre rhetorischen Fähigkeiten und ihr Selbstvertrauen durch entsprechendes Training. Anderen seine Ideen zu vermitteln, gehört zu den Hauptaufgaben eines Managers. Er sollte nicht nur seine Arbeit tun, sondern seine neuen Ideen vermitteln können. Kommunikation trägt nicht nur zu dem Fortbestand der Firma bei, sie sichert auch Wachstum, Weiterentwicklung und Aufstieg der daran beteiligten Führungskräfte.

Führen durch Motivieren

Eine Idee mag noch so genial sein, ohne Mitarbeiter kann sie nicht durchgeführt werden. Die entscheidende Bedeutung des Einzelnen für den Erfolg einer Organisation ist Thema dieses Buchs. Um dieses Konzept in die Praxis umzusetzen, müssen Führungskräfte ihren Mitarbeitern die Chance geben, ihre persönlichen Ziele zu verwirklichen.

Dies beginnt mit der richtigen Besetzung von Stellen und der Unterstützung der Mitarbeiter, damit sie ihre Aufgaben erfüllen. Wenn der richtige Mensch an der richtigen Stelle ist, wird er gern arbeiten. Gute Manager begeistern sich für ihre Aufgabe und identifizieren sich mit ihr.

Es kommt jedoch immer wieder vor, dass die Arbeit keine Herausforderung mehr bedeutet. Sie wird routinemäßig und lustlos verrichtet. Gutes Management wird die Situation erkennen, dem Mitarbeiter eine interessante Aufgabe verschaffen oder ihm mehr Verantwortung übertragen.

Manager sollten die Möglichkeit haben, sich horizontal und vertikal zu verändern. Versetzungen auf derselben Ebene werden oft misstrauisch betrachtet. Sie könnten dem Prestige schaden, da es sich nicht um Beförderungen im eigentlichen Sinn handelt.

Aufgeschlossenere Managementexperten denken, dass bei horizontalen Versetzungen nicht nur der Mitarbeiter, sondern auch der Betrieb profitiert. Sie stimulieren, da neue Probleme, neue Menschen und neue Situationen einbezogen werden müssen. So werden Mitarbeiter in verschiedene Bereiche eingearbeitet und können vielseitig eingesetzt werden. Der Betrieb verfügt über ein Reservoir effizienter Manager, die verschiedenste Funktionen innerhalb des Unternehmens ausfüllen können.

Bei der Wahl dieser Kriterien sollten Fähigkeiten, Interessen und Wünsche der Mitarbeiter berücksichtigt werden. Häufig befördert man Mitarbeiter, obwohl die neue Stelle nicht ihren Fähigkeiten entspricht. Nicht nur die Dauer der Betriebszugehörigkeit und Kompetenz im jeweiligen Betätigungsfeld sollten ausschlaggebend sein, auch Führungstalente sollten berücksichtigt werden. Wird dies außer Acht gelassen, schadet es nicht nur dem Betrieb, es stürzt auch den betroffenen Manager in Gewissenskonflikte, wenn er bemerkt, dass er der neuen Aufgabe nicht gewachsen ist.

Um dies zu vermeiden, sollte das Management jede Beförderung gründlich durchdenken und mit vorgesehenen Mitarbeitern eingehend über die neue Aufgabe sprechen. Wenn eine Führungskraft nicht befördert werden kann, soll ihr erklärt werden, dass es nicht an ihren Fähigkeiten liegt, sondern die Zeit dafür noch nicht reif ist. Viele Mitarbeiter bleiben auch lieber auf ihren Posten. Beförderungen sollten nicht unterlassen werden, weil Seniorität oder augenblickliche Unersetzlichkeit eines Mitarbeiters gerade dagegensprechen. Wer seine Fähigkeiten nicht voll ausschöpfen kann, wird sich anderweitig umschauen.

Gute Führungskräfte kennen die Interessen und Motivationen ihrer Mitarbeiter. Sie bemühen sich, die Interessen von Firma und Mitarbeitern miteinander zu vereinbaren, um Effizienz und Loyalität ihrer Mitarbeiter zu fördern.

Mitarbeiter fördern

Die meisten Menschen verfügen über brachliegende Fähigkeiten. Es ist ein wichtiges Anliegen dieses Buches, darauf aufmerksam zu machen, damit sie entsprechend eingesetzt werden können. Bei autoritären Management-Methoden wird dieses Potenzial meist übersehen.

Etwas bewegen

Wenn Sie Ihre Mitarbeiter nach gründlicher Ausbildung kurz- und langfristige Entscheidungen selbständig treffen lassen, werden Sie verborgene Fähigkeiten fördern, Ihr Unternehmen wird davon profitieren.

Natürlich sind nicht alle Mitarbeiter gleich fähig. Dennoch sollte jeder seine Talente entfalten können, Kreativität entwickeln und Effizienz erreichen.

Schlussbemerkung

Für welche Führungspraxis sich ein Unternehmen auch immer entscheidet – ausschlaggebend sind die Resultate. Um erfolgreich zu sein, muss ein Unternehmen auf lange Sicht planen und darf nicht allein auf momentanen Gewinn setzen.

Es gibt viele Methoden, ein Unternehmen zu führen. Moderne Managementtechniken arbeiten mit hochentwickelten Computern, mathematischen Formeln und komplexen Managementsystemen. Unabhängig von der Art und Form des Unternehmens gibt es einen allgemein gültigen Faktor: Letztlich entscheiden die menschlichen Ressourcen über Erfolg und Misserfolg eines Unternehmens.

Gehen Sie mit der Ressource Mensch sorgsam um. Gutes Management kann das kreative Potenzial seiner Mitarbeiter erschließen und nutzbar machen. Der Einzelne wird zufriedener sein und mehr Erfolg haben. Führen durch Motivieren ist kein Allheilmittel für Missstände, auch keine Patent-Antwort auf konkrete Managementprobleme. Es ist eine Philosophie für organisatorische Aktivitäten. Es ist *menschliches Management.*

Dale Carnegie zitiert im Vorwort zu seinem Bestseller *Wie man Freunde gewinnt* William James: „Verglichen mit dem, was wir sein könnten, sind wir nur halbwach. Wir nutzen nur einen Bruchteil unserer körperlichen und geistigen Fähigkeiten."

Das Dale Carnegie Management-Seminar

Das Dale Carnegie Management-Seminar hat nachweislich entscheidende Beiträge zu einer besseren Führungspraxis geleistet. Der Seminarplan ist sowohl auf einzelne Führungskräfte als auch auf Manager und Gruppen eingerichtet. Das Training hat sich als außerordentlich wirkungsvoll erwiesen, bei minimalem Zeit- und Kostenaufwand.

Besonders wertvoll ist die Teilnahme für Führungskräfte, die für allgemeine Unternehmens- und Abteilungsziele verantwortlich sind. Vielschichtigkeit und Praxisnähe des Seminars werden täglich von großen und kleinen Betrieben unter Beweis gestellt.

Dale Carnegie-Trainings werden in über 70 Ländern der Welt durchgeführt. Hinweise und Kontaktanschriften im deutschsprachigen Raum finden Sie auf der nächsten Seite.

Es gibt verschiedene Trainingsprogramme mit folgenden Schwerpunkten: Persönlichkeit und Führungsqualität/Zielorientiertes Management/Motiviertes Verkaufen/Effektive Kundenbeziehungen/Produktive Teamarbeit/Präsentations-Training/Workshops für Kompetenz und Motivation.

Die meisten dieser Programme werden nach der Intervallmethode durchgeführt. Die Trainingsveranstaltung einmal pro Woche wechselt mit anschließenden Anwendungsmöglichkeiten im Berufsalltag ab. Auf diesem Weg werden schon während des Trainings spürbare Verbesserungen erkennbar. In Dale Carnegie-Programmen geht es weniger um die Theorie, als vielmehr um die praktische Umsetzung.

Dale Carnegie Trainings-Programme

Kontaktanschriften:

Jup Juppe, Siedlerstr. 3, 63128 Dietzenbach
Telefon 0 60 74/8 26 60
Deutschland Mitte, Südwest

Willi Zander, Von-Millau-Str. 12, 85604 Zorneding
(bei München), Telefon 0 81 06/2 00 91, Telefax 0 81 06/2 99 91
Deutschland Südost, Rhein/Ruhr, Österreich

Kurt Straumann, Giebelweg 3, CH-6343 Buonas
Telefon 0 41/7 90 22 82, Telefax 0 41/7 90 32 83
Schweiz

Fordern Sie unverbindliche Informationen an!

Literaturhinweise

Birkenbihl, Vera F.: Management – Motivation – Menschenführung (Hörbuch), Metropolitan

Comelli, Gerhard/von Rosenstiel, Lutz: Führung durch Motivation. Mitarbeiter für Organisationsziele gewinnen, Beck

Drucker, Peter F.: Die ideale Führungskraft. Die hohe Schule des Managers, Econ

Drucker, Peter F.: Management im 21. Jahrhundert, Econ

Enkelmann, Nikolaus B.: Das Enkelmann-Seminar: Der erfolgreiche Weg, Metropolitan

Fournies, Ferdinand F.: Warum Mitarbeiter nicht tun, was sie tun sollten – und was Sie dagegen tun können, Metropolitan

Jaehrling, Dieter: Fröhlich führen, Metropolitan

Jetter, Frank/Skrotzki, Rainer: Management Training Führungskompetenz/Sozialkompetenz, Metropolitan

Peters, Tom: Kreatives Chaos. Die neue Management-Praxis, Heyne

Schmidt, Warren H./Finnigan, Jerome P.: Topmanager: A Practical Guide for Managing in a Total Quality Organization, Jossey-Bass

Seiwert, Lothar J.: Mehr Zeit für das Wesentliche, mvg

Sprenger, Reinhard K.: Aufstand des Individuums. Warum wir Führung komplett neu denken müssen, Campus

Von Rosenstiel, Lutz: Fach- und Führungsnachwuchs finden und fördern, Schäffer

Stichwortverzeichnis

Stichwortverzeichnis